Juli

August

September

Oktober

November

Dezember

W0027259

Mein Basteljahr
365 Ideen für die ganze Familie

Mein Basteljahr

Das gab es noch nie: 365 Bastelideen für das ganze Jahr in einem Buch zusammengefasst!

Vom 1. Januar bis zum 31. Dezember finden Sie jeden Tag ein neues Motiv, denn es gibt immer eine Gelegenheit, kreativ zu sein! Neben vielfältigen Ideen für Weihnachten, Ostern, Konfirmation, Kommunion sowie Muttertag, Valentinstag und Fasching haben wir passend zu jeder Jahreszeit die schönsten Motive zusammengetragen: Vom sommerlichen, maritim angehauchten Fensterbild bis hin zum Flugdrachen für den windigen Herbst oder einem stimmungsvollen Adventskalender ist alles dabei, was das Bastlerherz höher schlagen lässt!

Ganz gleich, ob Sie alleine, mit der Familie oder mit Freunden basteln, ob Sie Dekorationsideen für Ihr Zuhause oder Anregungen für schöne Geschenke und Mitbringsel suchen, hier finden Sie bestimmt das Richtige!

Freuen Sie sich auf eine riesengroße Auswahl und starten Sie mit uns in ein fröhliches, buntes Bastel-jahr für Groß und Klein!

Wir wünschen Ihnen eine schöne Zeit und viel Spaß beim kreativ sein!

Inhalt

ab Seite 14

Januar

Vorlagen ab Seite 31

ab Seite 62

März

Vorlagen ab Seite 79

ab Seite 40

Februar

Vorlagen ab Seite 55

ab Seite 88

April

Vorlagen ab Seite 104

Mai

ab Seite 114

Vorlagen ab Seite 131

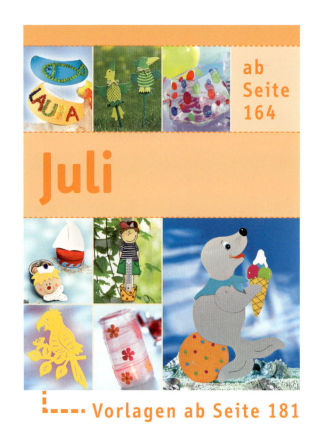

Juli

ab Seite 164

Vorlagen ab Seite 181

Juni

ab Seite 140

Vorlagen ab Seite 156

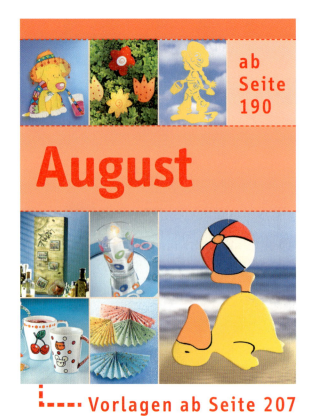

August

ab Seite 190

Vorlagen ab Seite 207

Vorwort

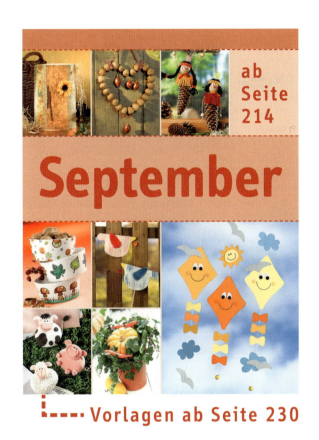

September ab Seite 214

¦---- Vorlagen ab Seite 230

November ab Seite 266

¦---- Vorlagen ab Seite 282

Oktober ab Seite 238

¦---- Vorlagen ab Seite 255

Dezember ab Seite 292

¦---- Vorlagen ab Seite 309

Ihre Grundausstattung

Folgende Materialien und Werkzeuge sollten Sie zur Hand haben. Sie werden für die meisten Modelle in diesem Buch benötigt und sind in den einzelnen Materiallisten nicht mehr aufgeführt.

- Bleistift, Radiergummi, Anspitzer
- Kugelschreiber
- feine und dicke Permanentmarker oder Filzstifte in Schwarz und Rot
- Lackmalstift in Weiß
- Buntstift in Rot
- Lineal, Geo-Dreieck
- Schere
- Cutter mit geeigneter Unterlage
- Paus- oder Kopierpapier, Kreidepapier, Transparentpapier
- dünne Pappe für Schablonen
- Prickelnadel mit weicher Unterlage
- Nähnadel, Stopfnadel
- Nähfaden in verschiedenen Farben
- Haar- und Borstenpinsel in verschiedenen Stärken
- Malschwämmchen
- scharfes Messer, Seitenschneider
- Flach- und Rundzange, Bastelzange
- Lochzange, Bürolocher
- Hammer
- Bohrmaschine
- Lappen oder Küchenpapier
- Klebestift
- Klebefilm
- UHU Alleskleber, UHU Alleskleber kraft
- Sekundenkleber
- doppelseitiges Klebeband
- Klebepads
- Heißklebepistole
- Holzleim
- Schaschlikstäbchen, Zahnstocher
- wetterfester Klarlack

Hinweis

Mit „Rest" ist immer ein Stück gemeint, das maximal die Größe A5 hat.

Vorlagen übertragen

Mit Schablone

Mit einem Bleistift Einzelteile von der Vorlage auf Transparentpapier übertragen, das Transparentpapier auf dünnen Karton kleben und ausschneiden. Die Schablonen auf das Werkstück legen und mit einem Bleistift die Umrisse umfahren.

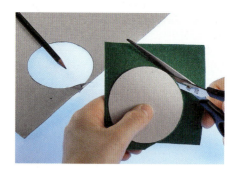

Direkt übertragen

1 Die Vorlage mit Transparentpapier abpausen. Zwischen das Werkstück und das Transparentpapier Kopierpapier legen, mit Klebefilm befestigen und die Linien mit einem Stift übertragen.

2 Alternativ auf der Rückseite des Transparentpapiers mit einem weichen Bleistift die Linien nachfahren. Das Blatt mit der Rückseite auf das Werkstück legen und mit einem harten Bleistift nachfahren.

Laternen

Material
- Laternenbügel
- Laternenstäbe aus Holz
- Laternenstab (batteriebetrieben)
- Teelichthalter und Teelichter

1 Die Vorlage übertragen. Vorder- und Rückseite nach der jeweiligen Anleitung fertigen. Die Rückseite wird spiegelbildlich gefertigt.

2 Das Mittelteil zuschneiden. Die Längsseiten links und rechts im Abstand von 8 mm zum Rand mit einer Falzlinie versehen. Aus dem so markierten Kleberand beidseitig kleine Dreiecke herausschneiden und den Kleberand nach innen knicken. Die Mitte ggf. für das Teelicht bzw. die Kerzenhalterung markieren. Das Mittelteil nach und nach an Vorder- und Rückseite kleben.

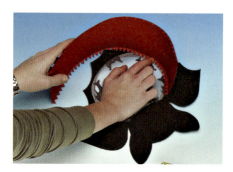

Hinweise: Bitte beachten Sie, dass einige Vorlagen spiegelbildlich abgebildet sind. Das ist für die zweite Variante des direkten Übertragens besonders praktisch.

Einige Vorlagen wurden auf den Vorlagenseiten verkleinert abgebildet. Bitte diese Vorlagen mit dem angegebenen Vergrößerungsfaktor kopieren und diese Kopien dann wie normale Vorlagen verwenden.

So geht's

3 Das Teelicht bzw. die Kerzenhalterung fixieren. Das Mittelteil an zwei Stellen zum Einhängen eines Laternenbügels lochen.

Hexentreppen falten

1 Die Enden von zwei gleich langen und gleich breiten Papierstreifen rechtwinklig aufeinander kleben. Den unten liegenden Streifen (gelb) über den oberen (rot) falten.

2 So bis zur gewünschten Länge falten. Die überstehenden Streifenenden abschneiden, je nach Modell den letzten oder vorletzten Faltenabschnitt ankleben.

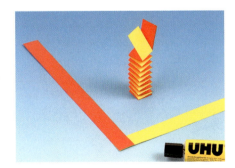

Windowcolor

Material
- Malfolie (z. B. Prospekthüllen aus PE oder PP), Windrad-, Mobile- oder Adhäsionsfolie, 0,2 mm - 0,7 mm stark
- Stecknadel

1 Das ausgewählte Motiv direkt von der Vorlage auf die benötigte Folie übertragen. Dazu die Folie mit kleinen Klebefilmstreifen auf der Vorlage fixieren. Anschließend das Motiv mit der entsprechenden Konturenfarbe nachziehen.

2 Die Konturenfarbe braucht einige Stunden bis sie völlig getrocknet ist. Bitte die Hersteller-Hinweise beachten! Die Konturen am besten über Nacht trocknen lassen. Auf keinen Fall in den ersten drei Stunden die Farbe berühren, da die Zeichnung dann sehr schnell verwischt.

3 Wenn die Konturen vollständig getrocknet sind, kleine Fehler oder unsaubere Linien noch mit dem Cutter korrigieren und evtl. neu nachzeichnen. Dabei nicht zu viel Druck ausüben, damit die Folie nicht zerschnitten wird. Anschließend die Flächen in den gewünschten Farben bis zum Rand ausfüllen. Windowcolor sehr großzügig auftragen, sie schrumpft im Trocknungsprozess erheblich. Wird die Farbe zu sparsam aufgetragen, wirkt sie nach dem Trocknen eher blass. Für fließende Übergänge mit dem Schaschlikstab oder einem Zahnstocher die noch frischen Farben ineinander ziehen. Dabei öfters die Spitze des Stabes mit einem Tuch sauber wischen, sonst wirkt die Farbenmischung unrein.

4 Wenn das Motiv mit Glaskügelchen oder Streuflitter verziert werden soll, diese in die noch feuchte Farbe einstreuen.

5 Das fertig ausgemalte Bild vollständig trocknen lassen. Die Farbe braucht je nach Hersteller ca. 24 Stunden, bis sie ganz getrocknet ist. Anschließend das Motiv vorsichtig von der Folie abziehen, ggf. mit der Adhäsions-, Windrad- oder Mobilefolie ausschneiden und aufkleben.

Tipps & Tricks

▶ Da die Farben in getrocknetem Zustand anders aussehen als in den Tuben, empfiehlt es sich, Farbmuster auf ein Stückchen Folie zu malen. Das erleichtert die Farbauswahl.

▶ Beim Arbeiten mit Windowcolor entstehen oft kleine Luftbläschen. Man sieht sie manchmal erst, wenn die Farbe getrocknet ist. Halten Sie die Malfolie mit der frisch aufgetragenen Farbe gegen eine Lampe oder ein Fenster. Wenn Sie die kleinen Bläschen sehen, können Sie diese jetzt noch mit einer Nadel aufstechen.

▶ Wenn Sie ein Bild wieder vom Fenster ablösen wollen, kann das bei kalten Temperaturen manchmal schwierig sein. Windowcolor wird dann hart und spröde und bricht leicht. Warten Sie bis die Sonne die Scheibe erwärmt hat oder verwenden Sie einen Föhn.

▶ Falls Sie Motive verschenken oder lagern wollen, sollten Sie immer eine Folie zwischen die einzelnen Bilder legen, damit sie nicht zusammenkleben.

▶ Mit schwarzem Filzstift lassen sich fehlerhafte schwarze Konturen ausbessern.

▶ Mit Konturenfarbe lässt sich leichter malen, wenn sie in kleine Plastikflaschen abgefüllt wird.

Kränze binden

Material
- Rebschere
- geglühter Bindedraht, ø 0,65 mm

1 Den Bindedraht an dem Rohling befestigen, so dass dieser aus der Mitte heraus über das angelegte Grün geführt werden kann.

2 Das Grün in 10 cm bis 12 cm lange Abschnitte schneiden. Zuerst etwas längere Zweige anlegen; darunter wird später der Abschluss versteckt. Die etwas kürzeren Zweige büschelweise anlegen und den Bindedraht über das untere Drittel der Zweige führen. Das Bündel wird mit der weniger geschickten Hand gehalten, während die geschicktere Hand bindet. So lange Grün anlegen, bis der Kranz geschlossen ist.

3 Die längeren Zweige vom Anfangspunkt hochheben und das Drahtende darunter verstecken. Vorsicht: Die Anfangszweige mit einbinden! Falls doch ein Übergang zu sehen sein sollte, empfiehlt es sich, dort die Schleife zu platzieren. Den Draht abzwicken und in den Kranz zurückstecken.

Holz

Material und Werkzeuge
- Schneiderkopierpapier
- Laub- oder Dekupiersäge
- Schmirgelpapier, z. B. mit einer Körnung von 80, 120 oder 240
- evtl. Schraubzwinge
- Holzfeile
- Hammer

1 Zuerst alle Motivteile auf das Sperrholz übertragen. Dazu das Schneiderkopierpapier mit der beschichteten Seite nach unten auf das Sperrholz legen, darüber die Vorlage platzieren und die Konturen mit einem Bleistift oder Kugelschreiber nachziehen. Zusätzliche Einzelteile mit etwas Abstand zum Grundmotiv auf das Sperrholz übertragen. Darauf achten, dass die Motivteile nicht überlappen.

2 Alle Teile mit der Laub- oder Dekupiersäge aussägen. Die Kanten sorgfältig mit Schmirgelpapier glätten. Für das Aussägen innen liegender Bereiche zunächst ein großes Loch in die Fläche bohren (Bohrer mit ø 6 mm), das Sägeblatt durchführen und die Fläche aussägen.

3 Alle Teile wie abgebildet bemalen und trocknen lassen. Danach die Augen und Innenlinien mit einem dünnen schwarzen Stift ergänzen. Für das Weiß der Augen und kleine Lichtreflexe wird bei einige Modellen ein weißer Lackmalstift verwendet. Zum Schluss alle benötigten Löcher bohren und die Teile wie in der jeweiligen Anleitung beschrieben zusammensetzen. Für den Außenbereich oder einen schönen Glanz das Motiv mit wetterfestem Klarlack behandeln.

Tipps & Tricks

▶ Die Angaben in diesem Buch sind Mindestangaben. Ein etwas größeres Stück lässt sich beim Aussägen besser festhalten und ist dadurch sicherer zu handhaben.

▶ Um ein Ineinanderfließen der Farben zu vermeiden, sollte die erste Farbe vollständig trocken sein bevor die nächste aufgetragen wird.

▶ Zum Aufmalen der Augen oder Nasen evtl. eine Kreis- oder Ellipsenschablone verwenden.

▶ Soll das Motiv alt wirken, empfiehlt sich Krakelier-Lack. Wenn das Motiv damit bestrichen wird, entstehen feine Risse. Dafür als Erstes das ausgesägte Holzteil mit der gewünschten Grundfarbe streichen und trocknen lassen. Nun die Teile mit Krakelier-Lack bestreichen. Wenn auch dieser trocken ist, alles mit der gewünschten Farbe bemalen. Die Farben sollten zügig und möglichst in eine Richtung aufgetragen werden. Die kleinen Risse entstehen schnell.

▶ Für schöne Drahtlocken die Drahtenden um einen runden Gegenstand wickeln, z. B. einen Pinselstiel.

So geht's

Farben mischen und verdünnen

Es gibt ein paar Grundsätze und Regeln, die das Arbeiten mit Acrylfarben einfacher machen.

▶ Am besten mit der hellsten Farbe beginnend die Form etwas größer als geplant ausmalen. Dann ein wenig der nächstdunkleren Farbe auf den Pinsel nehmen und vorsichtig in die noch nasse Grundfarbe mischen. Der Ansatz vermischt sich und wird nach mehrmaligem Ineinanderstreichen gleichmäßig. Dann den nächsten Farbton ansetzen und verreiben. Die Farbe, zu der man verstreicht, muss immer feucht sein.

▶ Ist eine Farbfläche noch zu transparent (nicht farbintensiv genug), dann nach dem Trocknen einen zweiten Farbauftrag vornehmen.

▶ Beim ersten Farbauftrag ganz wenig oder gar kein Wasser zur Farbe geben, sondern diese mit einem dicken Borstenpinsel kräftig einarbeiten. Beim zweiten Farbauftrag kann die Farbe mit Wasser etwas flüssiger gemacht werden. Das Ineinanderreiben ist dann einfacher.

Es empfiehlt sich, eine Auswahl an Pinseln bereitzuhalten, z. B. Rundpinsel, Haar- und Borstenpinsel.

Je nachdem, wie groß die zu bemalende Fläche ist, größere oder kleinere Pinsel wählen.

Für feine Linien und Konturen am besten einen Haarpinsel verwenden. Borstenpinsel müssen manchmal mit der Schere etwas in Form geschnitten werden. Kinder sollten am besten mit kurzen Pinseln malen, da diese leichter zu führen sind.

Nadelfilzen

Material

Diese Materialien werden bei allen oder den meisten Filzfiguren benötigt und werden daher in den jeweiligen Materiallisten nicht mehr genannt.

- Schaumstoffunterlage oder Styroporplatte, ca. 20 cm x 20 cm, ca. 5 cm hoch. Für den Anfang reicht ein Schwamm aus, z. B. ein feinporiger Autoschwamm.
- Filznadeln (grob, mittel und fein)
- Schafwolle: kardiertes, das bedeutet gekämmtes Schafwollvlies oder Märchenwolle
- Küchenwaage

Hinweis

Nicht so gut geeignet sind Wolle am Band und Merinowolle, da diese sehr langfaserig sind und den Aufbau der Motive erschweren.

Mit Styroporformen

1 Die Wolle um die Styroporform legen und mit der dicken Filznadel grob umfilzen. Die Styroporform zuerst ummanteln, bevor die Detailarbeit beginnt.

2 Nach dem groben Umfilzen zur mittleren Nadel wechseln und so lange filzen, bis eine glatte Oberfläche entstanden ist. An groben Einstichlöchern mit einer feinen Nadel nachfilzen.

Ohne Styroporformen

1 Die Wolle grob in Form legen und mit der dicken Filznadel locker vorfilzen.

2 Durch häufiges Einstechen in die Ränder die Formen herausarbeiten. Auch von der Seite einstechen. Das Modell immer wieder wenden, damit es nicht auf die Unterlage gefilzt wird und alle Seiten gleichmäßig verfilzen.

3 So lange filzen, bis das Modell die gewünschte Form, Größe und Höhe hat. Ist das Modell noch zu klein, weitere Wolle auflegen und annadeln.

Flächen nadeln

Das Wollvlies in der benötigten Farbe und Form auf die Unterlage legen und mit der Filznadel bearbeiten. Das Filzstück immer wieder von der Unterlage abziehen, umdrehen und zusätzlich von der anderen Seite nadeln. Den Rand beidseitig sorgfältig bearbeiten, dazu seitlich in den Filz einstechen.

Details auffilzen

Für Details Wolle zu einem Strang oder einer kleinen Kugel formen. Auf die zu bearbeitende Form das Ei legen und an dieser Stelle mehrfach fest einstechen. Die überstehenden Formen abschneiden und nochmals nachfilzen.

Tipps & Tricks

Wolle immer reißen und nicht schneiden, weil sich die längeren Enden der Wolle leichter filzen lassen.

Schminken

Grundausstattung

- Pinsel, Größen 1 bis 8
- Schwämmchen
- Hautcreme
- Feuchttücher
- Spiegel
- Becher
- Haarreif
- Schere

Einsatz von Schwämmchen und Pinsel

1 Fast alle Masken werden zuerst mit einem Schwämmchen grundiert. Manchmal in einer Farbe, manchmal in mehreren Flächen.

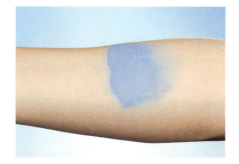

2 Bei mehrfarbigen Grundierungen können weiche Übergänge ebenfalls gut mit dem Schwämmchen gestaltet werden. Bei klar abgegrenzten Flächen mit der Kante des Schwämmchens arbeiten.

So geht's

Drachen bauen

3 Linien und Rankenmuster mit Pinseln in passender Form und Größe arbeiten. Den richtigen Schwung am besten am eigenen Arm ausprobieren. Vor allem bei Ranken und Tattoos den Pinsel mit voller Fläche aufsetzen, anschließend den Druck vom Pinsel nehmen und dünnere Linien malen.

Tipps & Tricks

Beginnen Sie immer mit der hellsten Farbe und enden Sie mit der dunkelsten. So erzielen Sie die besten Effekte und die Farben decken gut.

Verwenden Sie ausschließlich wasserlösliche Schminke, die später gut mit Wasser wieder zu entfernen ist. Halten Sie immer ein paar Papierhandtücher und Wattestäbchen für eventuelle Korrekturen bereit.

Geben Sie etwa 10 bis 15 Minuten vor Schminkbeginn etwas Wasser in die Farbdöschen und leeren Sie es anschließend wieder aus. So wird die Farbe etwas gelöst und deckt besser.

Bitte beachten Sie beim Kauf von Glitzerpulver, dass dieses aus Polyester ist und nicht aus recyceltem Glas oder Metall. Der Polyesterglitzer hat den Vorteil, dass er nur durch leichtes Anfeuchten an den aufgetragenen Stellen haftet und keine zusätzliche Fixierung braucht. Das schont den Geldbeutel und die Haut der Kinder!

Für die Haare gibt es spezielle Sprays in verschiedenen Farben, die leicht auswaschbar sind.

Werkzeuge und Hilfsmittel

- Lochzange
- doppelseitiges Klebeband, 1 cm bis 1,9 cm breit
- Windradfolie oder transparente Prospekthülle aus Polyethylen oder Polypropylen
- kleine Wirbel (erhältlich als Anglerzubehör)
- Metallringe
- Drachenschnur
- Tonpapier oder Fotokarton

1 Die Maße des gewünschten Modells gemäß Vorlage auf Tonpapier oder Fotokarton übertragen. Die so entstandene Schablone samt „Nahtzugaben" mit Klebefilm auf dem entsprechenden Bespannungsmaterial fixieren, übertragen und ausschneiden.

2 Das Drachengerüst herstellen bzw. das Drachensegel entsprechend der Zuschnitt- und Modellskizzen sowie anhand der Anleitung arbeiten.

3 Damit der Drachen gut fliegt, muss er unbedingt im Gleichgewicht (=Waage) sein. Auf den Vorlagen sind für jedes Modell die Befestigungspunkte für die Waageschnur angegeben. In diesem Buch werden ausschließlich Drachen mit zweischenkliger Waage gezeigt. Die Waageschnur am Drachengerüst festknoten. Das Drachensegel dafür an der entsprechenden Stelle mit einem Loch versehen (Lochzange!), die Schnur durchziehen und das andere Ende ebenso am Waagepunkt befestigen.

4 Die Stelle, an der die Drachenschnur mit der Waage verbunden wird, heißt „Zugpunkt". Für die Verbindung an dieser Stelle einen Metallring anbringen. Der Zugpunkt ist verschiebbar und muss so ausbalanciert werden, dass bei bespannter Waage die obere Schnur im rechten Winkel zum Drachen steht.

5 Die Enden der Waageschnüre mit Klebstoff sichern. Die Stellen, an denen die Löcher für die Waageschnur entstehen sollen, vor dem Lochen beidseitig mit Klebefilm überkleben. Dadurch wird das Loch stabiler und ein Ausfransen verhindert.

6 Die Länge des Drachenschwanzes ist von der Drachengröße abhängig. Er sollte in etwa die vier- bis siebenfache Länge der Drachenhöhe aufweisen. Für den Bänderschwanz Krepp- bzw. Transparentpapier oder Folie zu zuschneiden. Mehrere Bänder aufeinander legen und an einem Ende zusammenkleben. Die Klebestelle mit Klebefilm verstärken, mittig lochen und mit einer Schlaufe aus Drachenschnur und einem Wirbel befestigen. Den Wirbel am Drachen einhängen. Für einen Schleifenschwanz einzelne Folienquadrate (12 cm x 12 cm) ausschneiden und wie eine Ziehharmonika falten. Die Schleifen mittig im Abstand von ca. 10 cm bis 15 cm auf der Schnur festknoten. Ein Ende der Schnur mit Schlaufe und Wirbel versehen.

Befestigung der Ringe für die Waage

1 2 3

Modellieren

Material
- FIMO® oder lufttrocknende Modelliermasse
- Pressspanplatte als Arbeitsunterlage
- Wellholz
- kleines Küchenmesser
- ggf. Modellierholz
- Schaschlikstäbchen, Zahnstocher

1 Den Arbeitsplatz gut abdecken. Als Unterlage am besten eine unbeschichtete Pressspanplatte verwenden. Die fertigen Figuren und Formen verbleiben zum Trocknen auf der Platte und lassen sich später leicht wieder abnehmen.

2 Für einige Formen werden Schablonen benötigt. Ihre Herstellung ist auf Seite 6 beschrieben. Die Schablone auf die ausgewellte Modelliermasse legen und den Umriss leicht mit einem Zahnstocher nachziehen. Anschließend das Motiv mit einem Messer ausschneiden.

3 Die anderen Einzelteile wie beschrieben modellieren und ggf. mit einem Schaschlikstäbchen oder Zahnstocher an den entsprechenden Stellen durchbohren. Damit auch die Gesichter und sonstigen Konturen in die Modelliermasse drücken. Achtung: Waagerechte und senkrechte Bohrungen (z. B. für Arme und Beine) dürfen sich nicht kreuzen! Sonst ist es unmöglich, ggf. benötigte Kordeln und Drähte durchzuschieben.

4 Bei den meisten der in diesem Buch gezeigten Figuren reicht es nicht, die Einzelteile durch Zusammendrücken zu verbinden. Sie müssen „geschlickert" werden. Schlick ist mit Wasser zu Brei aufgeweichte Modelliermasse, die sich gut verstreichen lässt. Zuerst die „Klebeflächen" mit einem Schaschlikstäbchen etwas aufrauen, indem viele kleine Löcher nebeneinander eingestochen werden, dann eine Fläche mit Schlicker bestreichen und beide Teile aufeinander drücken. Die Kleberänder zusätzlich mit einem Schaschlikstäbchen sorgfältig verstreichen. Werden große Teile zusammengeklebt, zusätzlich einen Zahnstocher dazwischen stecken.

5 Die Trocknungszeit hängt vom Material, der Größe des Motivs, der Luftfeuchtigkeit und der Raumtemperatur ab. Kleine, flache Figuren sind nach etwa zwei Stunden trocken, große, dicke Figuren benötigen mitunter bis zu drei Tagen. Nun können die Modelle auch bemalt werden, z. B. mit Acrylfarbe.

6 Figuren aus FIMO® nach dem Modellieren den Herstellerangaben entsprechend im Backofen aushärten und abkühlen lassen.

7 Abgefallene Einzelteile lassen sich leicht mit Schlicker wieder anbringen, durchgetrocknete Teile mit UHU Alleskleber kraft.

Tipps & Tricks

▶ Erst weiße, dann farbige Teile modellieren, so müssen zwischendurch nicht die Hände gewaschen werden. Haarende Haustiere beim Modellieren unbedingt auf Abstand halten!

▶ Angebrochene Packungen mit Modelliermasse am besten in einem verschlossenen Plastikbeutel aufbewahren. So bleibt die Masse feucht und formbar.

Wangen röten

Bei einigen Papier- und Holz-Modellen im Buch werden die Wangen mit Buntstift gerötet. Dazu mit einem Cutter Buntstiftspäne abschaben, mit dem Zeigefinger oder einem Wattestäbchen aufnehmen und auf die gewünschte Stelle reiben.

So geht's

Serviettentechnik

Die Stelle, auf die das Motiv aufgebracht werden soll, gleichmäßig mit Serviettenlack bestreichen und diesen etwas antrocknen lassen. Die unbedruckten Lagen der Serviette entfernen. Die oberste, bedruckte Lage der Serviette auf die Stelle legen, auf die der Serviettenlack aufgetragen wurde. Mit der Hand oder einem Fächerpinsel nun vorsichtig von der Mitte nach außen über das Motiv streichen, so dass keine Falten entstehen. Das Motiv mit Backpapier abdecken und mit dem Bügeleisen auf Stufe 3 überbügeln. Zum Versiegeln nochmals eine Schicht Serviettenlack auftragen. Wieder trocknen lassen.

Geschirr bemalen

Material
- Grafitstift
- Transparentpapier
- Kreppklebeband
- Konturenstift
- Porzellanmalfarbe und -stifte

1 Die Vorlagen mit Grafitstift auf Transparentpapier übertragen. Dieses zurechtschneiden, seitenverkehrt auf das Geschirr legen und mit Kreppklebeband fixieren. Anschließend die Linien mit einem Kugelschreiber oder einem harten Bleistift nachfahren und die Vorlage entfernen.

2 Die Konturen mit einem Konturenstift zeichnen. Gut trocknen lassen, bevor die Flächen ausgemalt werden. Am besten die Kontur einbrennen, da sie sonst durch die feuchte Farbe etwas verlaufen kann.

3 Porzellanmalstifte vor Gebrauch immer gut schütteln und mehrmals auf die Spitze drücken, bis Farbe erscheint. Die Farben aus den Gläschen je nach Größe der auszumalenden Fläche mit einem feinen Pinsel oder Zahnstocher auftragen. Pinsel nach Gebrauch sofort reinigen. Über bereits angetrocknete Farbe nicht noch einmal mit einem Stift malen, da die erste Farbschicht dann womöglich wieder abblättert. Mit Stiften deshalb relativ zügig und sorgfältig malen.

4 Den Farbton Hautfarbe, der bei einigen Modellen benötigt wird, aus Elfenbein und je einem Klecks Cognac und Rosa mischen.

5 Korrekturen können vorgenommen werden, solange die Farbe noch nicht eingebrannt ist. Die gewünschten Motivteile nach dem Auftragen mit einem Zahnstocher oder mit einem mit Spiritus getränkten Wattestäbchen entfernen.

6 Die bemalten Gegenstände laut Herstellerangaben trocknen lassen und danach im Ofen einbrennen: Das Geschirr in den kalten Ofen stellen und bei einer erreichten Temperatur (160°C bis 170°C) 30 bis 90 Minuten einbrennen. Abkühlen lassen und ggf. Grafitreste abwischen.

Januar

Januar

Schneemann Rübe

- Styroporkugel, ø 3 cm ◆ Styroporkugel, ø 5 cm ◆ Wolle, 10 g in Weiß, 1 g in Dunkelorange und Rest in Schwarz ◆ 2 Perlen in Schwarz, ø 2,5 mm
- Besen, 10 cm lang ◆ Zylinder in Schwarz, ø 3,5 cm (an der Krempe)
- Zahnstocher

Vorlage Seite 31

1 Die große Kugel für die Standfläche unten 1,5 cm abschneiden. Die kleine Kugel mit 2 g, die große Kugel mit 3 g Wolle in Weiß umfilzen. Auf die große Kugel laut Vorlage schwarze Punkte auffilzen.

2 Aus 5 g weißer Wolle laut Vorlage eine 1 cm dicke Schnee-Grundplatte für den Schneemann filzen.

3 Beide Kugeln mit einem Zahnstocher zum Schneemann verbinden. Dafür den Zahnstocher auf 4 cm kürzen und beidseitig anspitzen. Jeweils zur Hälfte in den Kopf und den Körper einkleben.

4 Die Nase aus Wolle in Dunkelorange filzen und auf dem Gesicht annadeln, die Perlen als Augen annähen und den Mund auffilzen. Den Hut aufkleben, den Schneemann auf seine Schnee-Grundplatte stellen und mit dem Besen dekorieren.

Tipp: Den Schneemann können Sie auch als Anhänger für den Christbaum arbeiten. Dafür durch den Hut einen stabilen Faden ziehen und ihn daran aufhängen.

1

2

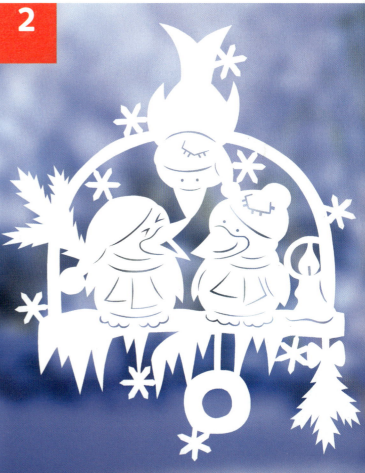

Klatsch und Tratsch

- Fotokarton in Weiß, A2

Vorlage Seite 32

1 Die Vorlage mit Hilfe eines Kopierers vergrößern. Die Vorlage auf den passenden Fotokarton übertragen.

2 Das Motiv mit Schere und Cutter ausschneiden. Vorhandene Bleistiftstriche vom Kopieren der Vorlage mit einem weichen Radiergummi entfernen. Kleine Kreise mit einem Bürolocher oder einer Lochzange ausstanzen.

Tipp: Dekorieren Sie das Motiv zusätzlich mit einzeln ausgeschnittenen Schneeflocken! So zaubern Sie im Nu eine tolle, fröhliche Winterstimmung auf Ihr Fenster!

Schaf im Glück

◆ Prägekartonrest mit Spiralen in Cremeweiß ◆ Fotokartonreste in Cremeweiß, Hellbraun, Hellgrün, Grün und Orange ◆ Stickgarn in Cremeweiß, 4 x 25 cm lang

Vorlage Seite 33

1 Auf den Kopf Nase und Haarteil kleben. Auf dem Haar das Ohr befestigen. Mit schwarzem Filzstift Mund und Auge, mit dem Buntstift Streifen auf die Socken malen. Socken und Kopf am Körper befestigen.

2 Die Sitzbank von hinten gegen die Kufe kleben. Das Schaf von hinten an der Bank befestigen. Die vier Blätter des Kleeblatts am Stiel befestigen, in die Mitte den Kreis kleben und den Stiel an der Bank fixieren. Den Rest des Stiels ebenfalls an der Bank befestigen.

3 Vier Fäden weißes Stickgarn von hinten auf die Borte kleben (die Borte hierbei mit etwas Klebefilm auf dem Tisch fixieren, damit man die Fäden glatt ziehen kann). Die Fadenenden auf die gleiche Weise am Schaf befestigen. Die Schneeflocken von vorn auf das Stickgarn kleben.

Tipp: Falls Ihnen ein Schaf am Fenster zu einsam ist, können Sie auch ein zweites zur Gesellschaft fertigen.

Schäfchen an Borte

◆ Prägekartonrest mit Spiralen in Cremeweiß ◆ Fotokartonreste in Cremeweiß, Hellblau und Hellbraun ◆ Glöckchen in Silber, ø 1 cm
◆ Borte in Weiß, ca. 8 cm breit, Länge variiert je nach Tisch
◆ Buntstift in Blau ◆ Nähgarn in Weiß ◆ ggf. Bügeleisen und Bügelbrett

Vorlage Seite 33

1 Schäfchen in doppelter Ausführung für beide Enden der Borte anfertigen. Mit dem Buntstift Streifen auf Mütze und Socken malen. Nase und Locke auf den Kopf kleben, die Augen mit schwarzem Filzstift aufmalen. Arme, Muff und Füße auf dem Körper befestigen.

2 Die Mütze zusammensetzen und auf den Kopf kleben. Am Mützenende mit Nähnadel und Nähgarn das Glöckchen befestigen.

3 Die Borte an beiden Enden zu einer Spitze zusammenfalten und mit Nadel und Faden fixieren. Eventuell kurz glatt bügeln. Das Schäfchen mit Nadel und Nähgarn an der Spitze der Borte positionieren.

Tipp: Das Schäfchen sieht auch als Fensterschmuck sehr niedlich aus. Oder es erinnert Sie an der Wohnungstür an warme Kleidung!

Januar

Weihnachtsbaumanhänger

◆ Graupappe, 1 mm dick (z. B. Rückseite von Zeichenblock) ◆ Decorlack in Hautfarbe, Mittelbraun, Schwarz, Weiß, Karminrot, Grün und Gold ◆ Malglitter in Gold ◆ Golddraht, ø 0,35 mm ◆ Wachsperlen in Gold, ø 3 mm ◆ Rundholzstäbchen, ø 3 mm

Vorlage Seite 34

1 Die Vorlagen abpausen und von allen Motivteilen Kartonschablonen anfertigen. Die Umrisse auf die Pappe übertragen und die Motivteile mit dem Cutter ausschneiden. Die Teile wie auf dem Foto bemalen.

2 An einigen Stellen etwas Malglitter auftragen und mit dem Filzstift vor allem an den Geschenken Verzierungen anbringen. Damit die Oberfläche nicht so glatt ist, mit einer Prickelnadel viele kleine Vertiefungen einstechen. Die Motive zusammenkleben.

3 Gemäß Abbildung an den Motiven ein Loch einstechen und einen etwa 30 cm langen Draht anbringen, um das Rundholzstäbchen wickeln, abstreifen, etwas dehnen und die Perlen auffädeln. Damit die Perlen nicht alle ganz nach unten rutschen, die Drahtspirale an der gewünschten Stelle etwas zusammendrücken oder verdrehen.

Tipp: Anstelle der Pappe können Sie auch 0,15 mm dicke Alu-Prägefolie verwenden. Die Folie wie Fotokarton mit der Schere schneiden. In die Motive mit einem leer geschriebenen Kugelschreiber Muster einprägen. Die bemalten Motivteile zusammenkleben.

5

6

Die Heiligen Drei Könige

◆ 3 Wäscheklammern, 7,5 cm lang ◆ Fotokarton in Weiß, Braun, Ocker und Hautfarbe ◆ Alukarton in Gold ◆ Acrylfarbe in Rot, Weiß, Blau und Gold ◆ Glitter Glue in Gold ◆ 6 Rohholzperlen, ø 1 cm (Hände) ◆ 6 Marionettenfüße, 1,5 cm x 2 cm ◆ Papierdraht in Rot, Blau und Weiß, jeweils 6 cm (Arme) und 8 cm (Beine) ◆ Messingdraht, ø 0,4 mm, 20 cm lang (Sterne) ◆ Abacafasern in Schwarz

Vorlage Seite 31

1 Die Klammern rot, blau und weiß grundieren, die Holzperlen und Marionettenfüße golden bemalen. Die Köpfe, Kopfbedeckungen und Sterne aus Fotokarton und Alukarton zuschneiden.

2 Das goldene Mittelteil vom Turban an den braunen Kopf legen und das weiße Turbanteil (gestrichelte Linie auf dem Vorlagen) aufkleben. An den Kronen von hinten die Abacafasern als Haare ankleben und dann mit der Schere kürzen. Die Kronen auf die Köpfe kleben und die Gesichter aufmalen. Die Augen von Caspar mit dem stumpfen Ende eines Schaschlikstäbchens auftupfen. Turban und Kronen sowie die Sterne und Klammern mit Glitter Glue verzieren.

3 Den Kopf auf die Klammer kleben. Durch die Klammerspirale den Armdraht und den Sterndraht jeweils halb durchstecken. Auf die Enden der Armdrähte jeweils eine Holzperle kleben, die Sterndrahtenden direkt an der Klammerspirale miteinander verdrehen, dann an den Enden jeweils einen Stern befestigen.

4 Auf die Enden des Beindrahtes jeweils einen Marionettenfuß kleben. Die Mitte des Beindrahtes innen an der großen Klammeröffnung so ankleben, dass sich die Klammer noch öffnen lässt.

Schneeballverkäufer

- Fotokartonreste in Hellblau, Mittelblau, Hellbraun, Braun, Orange, Gelb und Weiß ◆ Nylonfaden in Schwarz, 4 x 5 cm lang ◆ 2 Schaschlikstäbchen, ø 3 mm, ca. 10 cm lang ◆ Buntstift in Orange

Vorlage Seite 34

1 Die Mützenkrempe auf Mütze und Kopf kleben. Bommel und Ohren aufkleben. Die Nase positionieren und Mund und Augen mit schwarzem Filzstift aufmalen. Für den Bart mit der Nadel Löcher vorbohren und die Nylonschnüre hindurchfädeln. Von hinten fixieren.

2 Die Schalteile mit Karomuster versehen und zusammenkleben. Den Körper von hinten am Schal befestigen.

3 Die Tischplatte auf dem Unterbau fixieren. Das Schild aufkleben. Mit Filzstift den Schriftzug schreiben.

4 Die Schneebälle zu einem Häuflein zusammenkleben. Dazu ein Stück weißen Fotokarton etwas kleiner als das Häuflein ausschneiden und die Schneebälle daraufkleben. Hase und Häuflein auf der Tischplatte fixieren. Die Handschuhe auf den Körper und den einzelnen Schneeball vor dem Hasen auf die Tischplatte kleben. Rechts und links die Schaschlikstäbchen befestigen. In einem begrünten Blumentopf oder -kasten platzieren.

7

8

Eisige Gesellen – putzmunter

- lufttrocknende Modelliermasse in Weiß ◆ Acrylfarbe in Kirschrot, Zinnoberrot und Weiß ◆ Knopf in Grün, ø 1,4 cm ◆ Bindedraht, ø 0,35 mm, oder Nähgarn in Blau ◆ Bindedraht, ø 0,65 mm ◆ Filzstreifen in Orange, ca. 1,2 cm breit, 20 cm lang ◆ Filzstreifen in Hellgrün, ca. 1,2 cm breit, 18 cm lang ◆ Strickschlauch in Blau, 3 cm breit, 8 cm lang ◆ Strickschlauch in Blau-Weiß, 3 cm breit, 13 cm lang ◆ Reisigzweiglein ◆ Nähgarn in Gelb ◆ evtl. Kokosflocken ◆ Schaschlikstäbchen

Vorlage Seite 36

1 Für den kleinen Schneemann eine eiförmige Masse als Grundform verwenden: Die Standfläche abschneiden, die „Spitze" leicht abflachen und somit einen ca. 4 cm hohen Körper modellieren. Den Kopf (ø 3,5 cm) aufsetzen und die winzige, rübenförmige Nase ergänzen.

2 Den großen Schneemann entsprechend modellieren, jedoch mit einem ca. 6,5 cm hohen Körper und einem kleineren Kopf (ø 3 cm).

3 Nach dem Trocknen, Bemalen und Lackieren jeweils den Strickschlauch gemäß Abbildung unten etwas aufrollen, auf den Kopf setzen und fixieren; beim kleinen Schneemann direkt über dem Kopf mit dünnem Bindedraht oder blauem Nähgarn abbinden. Die Mütze des großen Schneemanns nur am Zipfel mit Bindedraht oder Garn zusammenraffen.

4 Beiden Schneemännern einen Filzschal um den Hals binden. Die Enden fransig einschneiden. Gelbes Nähgarn durch die Löcher des Knopfes fädeln. Den Knopf auf den Bauch des kleinen Schneemanns kleben.

5 Einige Reisigzweiglein mit dem dicken Bindedraht um ein gekürztes Schaschlikstäbchen binden, die Drahtenden abkneifen und den Besen am Bauch des großen Schneemanns anbringen.

Januar

Sportfreunde auf der Piste

◆ Fotokarton in Gelb, A4 ◆ Fotokartonreste in Hellgrau, Grau, Braun, Schwarz, Türkis und Orange ◆ Schnipselkartonrest in Rosa ◆ Papierdraht in Beige, 12 cm und 7 cm lang ◆ Nylonfaden in Schwarz, 4 x 7 cm lang

Vorlage Seite 34

1 Das Katzengesicht zusammenkleben und mit dem Filzstift den Mund aufmalen. Für die Schnurrhaare mit einer Nadel Löcher einstechen, durch diese die Nylonschnüre fädeln und von hinten fixieren.

2 Den Schal zusammenfügen und am Körper befestigen. Ebenso mit Arm und Handschuh verfahren. Den zweiten Fuß von hinten gegen den Körper, den Kopf von vorne auf den Schal kleben. Die Katze auf den Skiern positionieren.

3 Papierdraht zuschneiden und durch die vorgebohrten Löcher der Teller stecken. Von hinten fixieren. Einen Draht am Körper, den anderen am Handschuh befestigen. Den Griff auf den Handschuh kleben.

4 Die Maus samt Kiste zusammensetzen, mit Filzstift das Auge aufmalen. Das Ganze auf den hinteren Ski kleben.

9

Kerzenständer aus Draht

◆ Messingdraht, ø 1 mm ◆ Kupferdraht in Pink-Metallic, ø 0,5 mm
◆ Faden in Gelb oder Draht in Gold, ø 0,3 mm ◆ 6 bunte Facettensteine mit Loch zum Aufhängen, ca. ø 1 cm
◆ Teelicht im Glas in Dunkelrot

Vorlage Seite 32

10

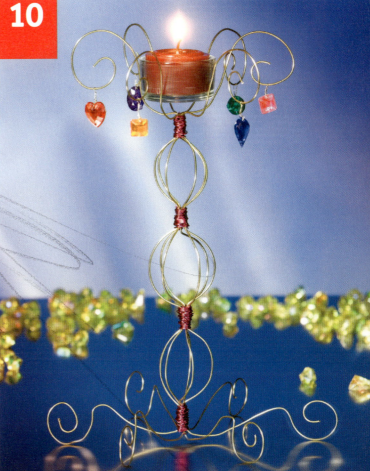

1 Sechs Drahtstücke à 40 cm zuschneiden. Alle Stücke anschließend nach der Vorlage biegen.

2 Kerzenbehälter, Stiel und Fuß entstehen von alleine, indem man die sechs zurechtgebogenen Stücke im Kreis in gleichmäßigen Abständen aufstellt und an den geraden Stellen mit Draht in Pink zusammenbindet. Somit ist der Ständer fertig.

3 Die bunten Steinchen auf einen Faden oder dünnen goldenen Draht fädeln und oben an den Kerzenständer hängen. Das Teelicht in die Mitte setzen.

Pep mit Moonrockpapier

◆ 2 Papp-Sammelstehordner ◆ 2 Bogen Moonrockpapier mit Farbverlauf in Orange-Gelb und Rot-Rosa, 50 cm x 70 cm

1 Den Sammelstehordner auf die Rückseite des Moonrockpapiers auflegen und mit einem Bleistift die Umrisse umfahren, bis alle vier Seiten – aneinanderhängend – aufgezeichnet sind.

2 Diese Ummantelung exakt ausschneiden.

3 Den Ordner immer seitenweise mit Klebstoff bestreichen und die Ummantelung aus Moonrockpapier ankleben.

Tipp: Aus einem Bogen Moonrockpapier kann schnell eine tolle Schreibtischunterlage gemacht werden. Gehen Sie einfach in den Copy-Shop und lassen Sie den Bogen (50 cm x 70 cm) laminieren.

11

12

Winterhäuser

◆ Fotokarton in Dunkelblau, A2 ◆ Fotokarton in Hellblau, Mittelblau, Blau, Hellgrün und Türkis, A4 ◆ Tonpapier in Weiß, A3
◆ Transparentpapier in Gelb, A2 ◆ Snow-Pen ◆ Schneeflocken mit Strass, ø ca. 3 cm (Fertigteil) ◆ Hologrammflitter in Silber ◆ Strukturschnee
◆ Acrylfarbe in Hellblau

Vorlage Seite 35

1 Fenster und Türen der Häuser mit einem Cutter ausschneiden, die Häuser an den Klebekanten aneinander kleben.

2 Den Strukturschnee pur auf zwei Borten auftragen. Für die mittlere Borte den Schnee mit etwas hellblauer Acrylfarbe mischen und nach dem Auftragen sofort mit Flitter bestreuen. Alles gut trocknen lassen.

3 Die Häuser mit Transparentpapier hinterkleben. Dafür das Transparentpapier auf die Rückseite der Häuserreihe legen, mit Bleistift die Kontur umfahren, dann das Papier etwas kleiner ausschneiden und mit Klebestift hinter die Häuserreihe kleben.

4 Sämtliche Hausdächer mit Snow-Pen bemalen. Gut trocknen lassen, dann die Häuser und die Tannen hinter den Borten befestigen. Die Schneeflocken nach Wunsch zwischen den Motiven am Fenster arrangieren.

Tipp: Die Häuserreihe kann auch hübsch als Kreis zusammengeklebt werden. Diesen Kreis um drei Gläser mit Teelichtern stellen. So hat man ein schönes Tischlicht. Sie können die Häuserreihe auch komplett weiß gestalten.

Januar

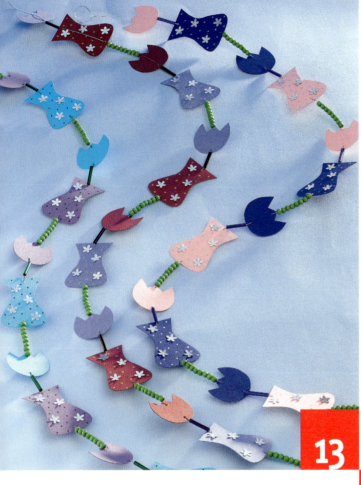

Blumen in Vasen

Pro Kette ◆ Tonkartonreste in Lila und Hellblau oder Helllila und Bordeaux oder Dunkelblau und Rosa ◆ Indianerperlen in Grün, ø 3 mm ◆ Glasstifte in Grün, Blau oder Lila, ø 2 mm, 1,8 cm lang ◆ Streublüten in Hellblau, ø 8 mm ◆ Filzstift in Gold oder Silber ◆ Silberdraht, ø 0,3 mm, 1 m lang

Vorlage Seite 33

1 Die Vasen und Blütenköpfe in der gewünschten Anzahl aus Tonkarton ausschneiden und jeweils oben und unten mit einer Nadel vorstechen.

2 Je vier Streublüten vorne und hinten auf die Vase kleben und die Zwischenräume mit kleinen schwarzen, gold- oder silberfarbenen Filzstiftpunkten verzieren.

3 Am unteren Ende den Draht zu einer Öse drehen und abwechselnd Vase, Glasstift, Tulpenkopf und acht Indianerperlen aufziehen. Am oberen Ende auch wieder eine Öse drehen.

13

14

Immer griffbereit!

◆ Moonrockpapier mit Farbverlauf in Orange-Gelb, 70 cm x 18 cm
◆ starke, transparente Windradfolie, 2x A4 ◆ Papierdrahtrest in Orange

Vorlage Seite 36

1 Eine Vorlage aus Pappe herstellen und die Grundform der Zettelboxen mit Filzstift auf die Folie übertragen und ausschneiden.

2 Alle Linien gut knicken. Mit einem feuchten Tuch die schwarzen Filzstiftlinien entfernen. Die Klebeflächen mit Holzleim bestreichen und etwas antrocknen lassen.

3 Die Boxen aus Folie auf das Moonrockpapier kleben und oben für die Aufhängung zwei Löcher anbringen. Ein Stück Papierdraht durchziehen.

Tipps: Sie benötigen mehr Zettelboxen? Dann verlängern Sie den Aufhängestreifen oder machen ein großes Rechteck daraus.

An Stelle der selbst gefertigten Boxen aus Windradfolie können Sie auch kleine stabile Papiertragetüten oder transparente kleine Tragetüten aufkleben.

Die sausende Maus

◆ Fotokarton in Weiß, A3 ◆ Fotokartonreste in Hellgrau, Hellbraun, Hellblau, Blau, Orange, Schwarz und Rot ◆ Abstandsklebeband, 1 cm breit, 15 cm lang
Vorlage Seite 37

1 Den Helm auf den Kopf der Maus kleben. Rallyestreifen auf dem Helm, Brille und Nase auf dem Kopf positionieren. Die Brillengläser auf die Brille kleben und die Augen mit Filzstift aufmalen. Das linke Ohr von vorn, das rechte Ohr von hinten am Helm fixieren.

2 Den Handschuh am Arm, den Schuh am Bein befestigen. Kopf und Arm von vorn, Bein und Schwanz von hinten am Körper fixieren.

3 Den Hut des Pilzes mit den Punkten versehen. Den Stiel von hinten dagegen kleben. Die Maus auf dem Pilz befestigen.

4 Mit Abstandsklebeband den aufspritzenden Schnee und den Pilz samt Maus auf die weiße Piste kleben.

15

16

Ski heil!

◆ Fotokarton in Hellblau und Grau, A2 ◆ Fotokarton in Weiß, A3
◆ Fotokartonreste in Orange, Schwarz, Gelb, Violett, Pink und Meergrün
◆ 2 Schaschlikstäbchen, 20 cm lang ◆ Füllwatte
Vorlage Seite 37

1 Die Einzelteile ausschneiden und die Innenlinien (gepunktet auf den Vorlagen) aufzeichnen.

2 Die Weste samt gelbem Flicken und die Krawatte mit Herz aufkleben. Die Sonnenbrille, die Nase und die Mütze auf den Kopf kleben. Am Mützenzipfel einen Pompon aus Füllwatte anbringen. Die Skier von unten und die Laschen von oben an die Füße kleben.

3 Zwischen den Handteilen die Skistöcke mit aufgestecktem Fotokartonkreis kleben.

4 Für das runde Schild einen kleineren grauen Kreis (gestrichelte Linie auf den Vorlagen) und einen größeren blauen Ring (durchgezogenen Linie) ausschneiden. Den blauen Ring auf den grauen Kreis kleben und darauf den Sportler fixieren. Den Schriftzug und die Schneeflocken aus Füllwatte ergänzen.

Januar

Freiheit für Schneemänner!

◆ Fotokarton in Meergrün, A3
◆ Fotokartonreste in Mittel- und Hellgrau, Weiß, Orange und Dunkelrot

Vorlage Seite 38

1 Die Einzelteile ausschneiden und die Gewandteile, die aufgesetzt werden, mit einem schwarzen Filzstift umranden. Das Gesicht und alle gepunktet gezeichneten Linien (siehe Vorlagen) aufzeichnen. Die Wangen röten. Die Möhrennase und die Krone aufkleben.

2 Die Gewandteile laut Abbildung überlappend fixieren. Den Arm ankleben und zwischen die Handflächen den Stab mit dem Schneeball kleben. In die linke Hand das zweiteilige Buch kleben.

3 Den Kopf auf den Körper kleben und den Schneemann auf dem zusammengefügten Schornstein mit aufgesetzter Schneefläche fixieren.

Hugo und Heinzi, die schaukelnden Zwerge

◆ lufttrocknende Modelliermasse in Weiß und Terrakotta ◆ Lederriemen in Orange, ø 3 mm, 2 x 1 m lang ◆ gewachste Baumwollkordel in Braun, ø 1 mm, 2 x 13 cm und 2 x 15 cm lang ◆ Teelicht ◆ Schaschlikstäbchen, 2 x 3 cm lang (Hälse) ◆ Terrakottakleber

Vorlage Seite 38

1 Für die Schaukel mit dem Wellholz eine weiße Platte 5 mm dick ausrollen und ein Rechteck, 4,5 cm x 12 cm, zuschneiden. In die Ecken vier Löcher bohren. Als Teelichthalter einen Streifen, 2,5 cm x 15,5 cm, ausschneiden. Die Unterseite aufrauen, einen Ring um das Teelicht formen und das Ganze auf die Schaukel schlickern.

2 Aus einer Kugel, ø 3 cm, einen Zwergenkörper formen, drei Knöpfe eindrücken und für Arme und Beine zweimal durchbohren. Auf dem Kopf, ø 2,5 cm, die Mütze aus einer weiteren, oben spitz geformten Kugel befestigen, ø 2 cm. Eine kleine Kugel, ø 0,5 cm, als Nase anbringen und die Augen eindrücken. Den Bart mit einem Schaschlikstäbchen nach unten einziehen.

3 Für die Füße und Hände je zwei Kugeln, ø 1,5 cm, anfertigen und durchbohren. Den Kopf mit dem Schaschlikstäbchen und mit Schlicker auf dem Körper befestigen. Die Kordeln durch den Körper ziehen und die Perlen anknoten.

4 Die Zwerge nach dem Trocknen mit Terrakottakleber neben das Teelicht auf die Schaukel kleben und die beiden Lederriemen durch die Löcher ziehen.

Achtung: Das Teelicht niemals unbeaufsichtigt brennen lassen!

Drehhänger

Drehhänger in Rosa-Gelb ◆ Tonkartonreste in Gelb, Altrosa, Flieder und Rosa ◆ 32 Holzwürfelperlen in Weiß, Kantenlänge 8 mm ◆ Baumwollfaden in Weiß, 1 m lang
Drehhänger in Brauntönen ◆ Tonkartonreste in Hautfarbe, Terrakotta, Hellbraun und Dunkelbraun ◆ je 32 Holzperlen in Natur, ø 8 mm und 1 cm ◆ Baumwollfaden in Braun, 1 m lang
Vorlage Seite 38

Drehhänger in Rosa-Gelb

1 Alle Teile aus Tonkarton ausschneiden: Den großen Kreis in Gelb fünfmal, den mittleren Kreis in Altrosa zehnmal, den kleinen Kreis in Flieder zehnmal und den Minikreis in Rosa sechsmal.

2 Ans Fadenende einen Holzwürfel knoten. Die Teile der Reihe nach erst größer und dann wieder kleiner werdend im Wechsel mit den Würfelperlen mit Nadel und Faden auffädeln.

Drehhänger in Brauntönen

1 Für den Drehhänger in Brauntönen fünf große Kreise in Hautfarbe, zehn mittlere Kreise in Terrakotta, zehn kleine Kreise in Hellbraun und fünf Kreise in Dunkelbraun ausschneiden.

2 Am Fadenende eine große Perle anbinden und die Kreise wie beim Drehhänger in Rosa-Gelb mit einer kleinen und einer großen Holzperle im Wechsel auffädeln.

Tipp: Für die Kreise gibt es im Fachhandel in verschiedenen Größen Stanzen oder Schablonen zu kaufen. Mit ihnen können Sie kreisrunde Formen schneller und exakter ausschneiden.

19

20

Schön mit Papiermosaik

◆ Schale aus Pappemaché, ø 25 cm, 5 cm hoch ◆ Stifte-Köcher aus Pappmaché, ø 7 cm, 18 cm hoch ◆ Seidenpapier in Hellgrün, Dunkelgrün, Mittelblau und Dunkelblau ◆ Acrylfarbe in Dunkelblau ◆ Serviettenlack

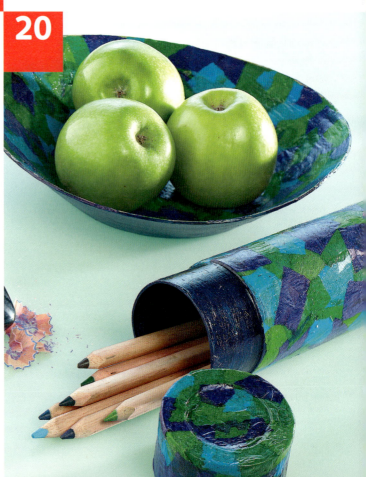

1 Den Teil des Köchers, der in geschlossenem Zustand vom Deckel bedeckt wird, und die Außenseite der Schale mit blauer Acrylfarbe bemalen.

2 Aus dem Seidenpapier so viele kleine Stücke reißen, wie für die Beklebung der Schale und des Köchers gebraucht werden.

3 Die Außenseite des Köchers, den Deckel und die Innenseite der Schale mit Holzleim bestreichen und mit den Seidenpapierstückchen beliebig bekleben. Nach dem Trocknen sowohl die Farbe als auch die Beklebung mit Serviettenlack überziehen.

Tipp: Ein witziges Papiermosaik können Sie auch durch Bekleben mit Zeitungspapierstückchen und mit Fotos aus Illustrierten erzielen.

Januar

25

Tino und Rhino, zwei Nashörner

Pro Nashorn ◆ Fichtenleimholzplatte, 1,8 cm stark, Rest ◆ Acrylfarbe in Weiß und Grau, ggf. Rot ◆ Baumwollkordel, ø 3 mm, 2 x 20 cm, 1x 6 cm lang ◆ ggf. Blumendraht, ø 0,65 mm, 15 cm lang (Halsband) ◆ Bohrer, ggf. ø 1 mm (Herz) und ø 3 mm (Schwanz, Beine)

Vorlage Seite 39

1 Die Nashörner nach den Arbeitsschritten auf Seite 8 arbeiten, anmalen und die Kanten leicht abschleifen.

2 In die ca. 1,5 cm tiefe Bohrung für den Schwanz die mit einem Knoten versehene Schwanzkordel einkleben. Die Kordeln für Arme und Beine durch die 3-mm-Bohrungen im Körper ziehen, die bemalten Holzperlen auffädeln und mit einem Knoten abschließen.

3 Ggf. das Herz auf Draht ziehen und dem Nashorn um den Hals legen.

Tipp: Kordeln lassen sich leichter durch die Bohrungen stecken, wenn Sie auf die Enden etwas Klebstoff auftragen und das Kordelende mit den Fingern zusammendrehen.

21

22

Kästchen für Krimskrams

◆ Holzkästchen mit 4 Schubladen, 20 cm x 15 cm x 7 cm
◆ Schubladen-Kommode aus Holz, 11,7 cm x 55,3 cm x 13 cm
◆ Acrylfarbe in Rot, Gelb, Orange, Pink und Rosa bzw. Dunkel-, Mittel- und Hellblau, Hell- und Dunkelgrün und Petrol ◆ Klarlack-Spray ◆ Moosgummiwürfel, 1 cm Seitenlänge ◆ Moosgummiröllchen, 9 mm x 45 mm ◆ Zirkel

1 Alle Teile gemäß der Abbildung mit Acrylfarbe bemalen und trocknen lassen.

2 Für das rote Kästchen die Moosgummi-Röllchen aufschneiden, dünn mit Farbe einstreichen und damit Kringel aufdrucken. Die Quadrate mit einer Seite eines Moosgummiwürfels aufdrucken.

3 Für das blaue Kästchen mit dem Zirkel Kreise (ø 3,5 cm) auf die Schubladen gemäß der Abbildung aufzeichnen und diese mit einem dünnen Pinsel mit Farbe nachziehen.

4 Die Kästchen trocknen lassen und dann mit Klarlack besprühen.

Tipp: Zum Bestempeln können Sie auch Weinkorken und Schaumstoff, aus denen man Dreiecke oder Rauten schneidet, verwenden. Achten Sie darauf, zum Stempeln nur wenig Farbe zu benutzen.

Schneeglöckchen, Weißröckchen

Tontopffigur ◆ 2 Tontöpfe, ø 4,5 cm ◆ durchbohrte Rohholzkugeln, 1 x ø 4 cm, 2 x ø 1,5 cm ◆ Tonkarton in Weiß, A5 ◆ matte Acrylfarbe in Hautfarbe, Lemon, Weiß und Orange ◆ matte Acryl- oder Plusterfarbe in Rosa, Himmelblau und Weiß ◆ Bast in Orange, 8 x 9 cm lang ◆ Kräuselband in Rosa, 2 x 10 cm lang ◆ Chenilledraht in Apricot, ca. 12 cm lang ◆ Seidenschneeglöckchen mit Stiel, ø 4,5 cm
Geschenkanhänger ◆ Plastikei in Weiß, ø 3,5 cm, 5 cm hoch ◆ matte Acrylfarbe in Hautfarbe und Lemon ◆ matte Acryl- oder Plusterfarbe in Weiß, Rosa und Himmelblau ◆ Kräuselband in Apfelgrün, ca. 42 cm lang ◆ 2 Seidenschneeglöckchen mit Stiel, ø 4,5 cm ◆ Aufhängeband, z. B. Bast in Blau
Vorlage Seite 33

Tontopffigur

1 Die Tontöpfe in Weiß bzw. Lemon, die Holzkugeln in Hautfarbe grundieren. Nach dem Trocknen den Bast durch die Bohrung der Holzkugel ziehen. An jeder Seite mit Kräuselband kleine Zöpfe binden.

2 Das Gesicht und die Haare aufmalen. Für die feinen Linien und die kleinen Punkte bei Plusterfarbe eine Maldüse oder bei Acrylfarbe einen Zahnstocher verwenden. Die Zöpfe zurecht zupfen und das Band kräuseln. Die Seidenblume auf den Kopf kleben.

3 Die ausgeschnittenen und zum Teil bemalten Papierblütenblätter – die kleineren werden mit Acrylfarbe bemalt – nacheinander auf den lemonfarbenen Tontopf kleben. Darauf den Kopf mit Heißkleber fixieren. Den weißen Tontopf mit Holzleim im lemonfarbenen festkleben. Die Arme mit den bemalten Holzkugelhänden hinten am oberen Tontopf fixieren.

Geschenkanhänger

1 Das Plastikei mit Acryl- und ggf. Plusterfarben gestalten.

2 Als Aufhängung Bast mittig an ein Stück Zahnstocher knoten, im oberen Loch des Eies versenken und querstellen.

3 Die Seidenblumen fixieren; eine auf der Mütze, eine im unteren Loch als Kragen (das Loch evtl. mit einer Schere vergrößern).

4 Kräuselband in Schlaufen legen und als Haare mit Heißkleber am Hinterkopf befestigen.

23

Schnecken

Pro Schnecke ◆ 2 Tonpapierstreifen in Rot oder Grün, 2 cm breit, 50 cm lang ◆ Tonpapierrest in Rot oder Grün ◆ Lackmalstift in Gelb ◆ Chenilledraht in Gelb, 15 cm (Schneckenhaus) und 14 cm lang (Fühler) ◆ 2 Wackelaugen, ø 7 mm ◆ 2 Holzperlen in Grün oder Rot, ø 8 mm
Vorlage Seite 31

24

1 Den Kopf ausschneiden, die Wackelaugen aufkleben und das Gesicht aufzeichnen.

2 Auf beide Papierstreifen mit Geo-Dreieck und Filzstift auf beiden Seiten genau in der Mitte jeweils eine gelbe Linie aufzeichnen. Dann eine Hexentreppe mit elf Zacken falten (siehe Seite 7). Den letzten Faltabschnitt, er weist nach unten, auf 1 cm halbieren. Darauf den Kopf kleben.

3 Den Fühlerdraht in der Mitte umknicken und hinter dem Kopf ankleben. Auf die Fühlerenden jeweils eine Holzperle kleben.

4 Nach drei oder vier Randzacken (vom Kopf aus gezählt) den Schneckenhausdraht in die Hexentreppe einkleben. Das Schneckenhaus biegen.

Januar

27

Vögel sind willkommen

- Tontopf, ø 7,5 cm ◆ dünne Äste aus dem Garten
- 2 Holzkugeln mit Bohrung, ø 1,6 cm ◆ Paketschnur
- Gartenschere ◆ Meisenknödel

1 Mit der Gartenschere kurze Ast-Stückchen schneiden. Um den kleinen Umfang des Topfes mit der Heißklebepistole kleben.

2 Je ein Stück Paketschnur durch die Holzperlen fädeln.

3 Eine Kugel wird innen festgeklebt. Hier kann der Meisenknödel befestigt werden. Die andere Kugel wird außen festgeklebt, um den Tontopf aufhängen zu können.

Tipp: Bunter wird das Ganze, wenn Sie den Tontopf mit wasser- und witterungsfester Farbe bemalen.

25

26

Steinböcke

Pro Steinbock ◆ je 1 Tonpapierstreifen in Schwarz und Braun oder 2 Tonpapierstreifen in Orange oder Braun, 2 cm breit, 30 cm lang
- Tonpapierreste in Braun oder Orange (Kopf und Ohren)
- Chenilledraht in Braun, Hautfarbe, Schwarz oder Orange, 4 x 6 cm (Beine) und 1 x 10 cm lang (Hörner) ◆ dicker Buntstift in Braun
- 2 Wackelaugen, ø 5 mm

Vorlage Seite 32

1 Auf Vorder- und Rückseite der orangefarbenen bzw. braunen Papierstreifen mit Geo-Dreieck und braunem Buntstift zwei oder mehr parallele, längs verlaufende Linien zeichnen. Nun die Hexentreppe mit sieben Zacken falten (siehe Seite 7). Die beiden letzten Faltabschnitte aufeinander kleben, die Papierstreifenreste abschneiden.

2 Das Kopf-Halsteil ausschneiden und an der gestrichelten Linie falten. Von unten das Ohrenteil (gepunktete Linie) ankleben. Die Wackelaugen aufkleben und die Nüstern aufmalen. Den Hals an den Rumpf kleben; der Hals samt Kopf steht oben 1 cm über. Hier den Hörnerdraht ankleben und dann im Bogen nach hinten biegen.

3 Für die Beine jeden Draht nach 4 cm an der Ferse rechtwinklig nach vorne biegen. Aus den verbleibenden 2 cm den runden Fuß formen. Die Beine von unten nach dem ersten und sechsten Zacken in den Rumpf stecken und festkleben.

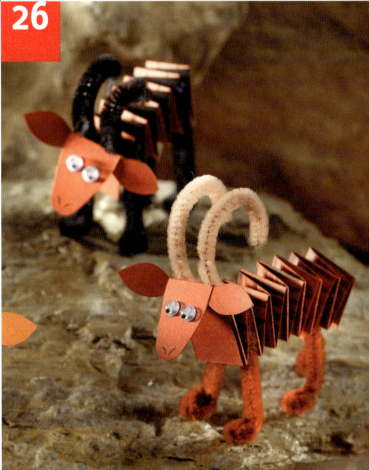

Tischdeko

Tischband ◆ Schleifenband in Grün, 2,5 cm breit
◆ Tonkarton in Pastellgrün, Hellgrün, Rot, Hellblau und Blau, mind. A4
◆ Holzperlen in Hellblau, ø 8 mm
Serviettenring ◆ Tonkartonreste in Hellgrün, Pastellgrün, Olivgrün, Rot, Hellblau und Blau ◆ Holzperlen in Dunkelblau, ø 1,2 cm
◆ Baumwollfaden in Blau, 30 cm lang
Windlichtdeko ◆ Tonkartonreste in Hellgrün, Pastellgrün und Olivgrün
◆ Holzperlen in Dunkelblau, ø 1,2 cm ◆ Baumwollfaden in Blau, 25 cm lang
Vorlage Seite 39

Tischband

1 Die Motivteile in beliebiger Anzahl aus Tonkarton ausschneiden. Blüten- und Blattadern, Käferkopf und -punkte mit Filzstift aufzeichnen.

2 Das Schleifenband – es sollte so lang wie der Tisch sein – an den Enden V-förmig einschneiden. Die Motivteile wie abgebildet aufkleben. Als Mitte auf jede Blüte eine Holzperle kleben.

Tipp: Einzeln und einseitig gearbeitet, sind die Motive zusätzlich eine schöne Streudeko.

Serviettenring und Windlichtdeko

1 Für den Serviettenring 15, für die Windlichtdeko 17 Blätter in verschiedenen Grüntönen ausschneiden. Für den Serviettenring mit Namensschild auch noch zwei Blüten und einen Marienkäfer ausschneiden. Wie abgebildet mit Filzstift bemalen und beschriften.

2 Eine blaue Perle auffädeln und mit einem Knoten fixieren. Im Wechsel ein Blatt und eine Perle auffädeln. Zu einem Ring zusammenknoten.

3 Am Serviettenring nach Belieben auf die Fadenenden den doppelt gearbeiteten Käfer und die Blüte aufkleben.

Gute Laune – schlechte Laune

Pro Figur ◆ Papperest in Hellgrau oder Weiß ◆ Filzrest in Rot
◆ 5 Pailletten in Pink ◆ Biegedraht, ø 5 mm, 15 cm lang
◆ Chenilledraht in Orange, 12 cm lang ◆ Saugnapf, transparent, ø ca. 4 cm
Vorlage Seite 39

1 Die Vorlage auf Pappe übertragen und ausschneiden. Die Mütze aus Filz zuschneiden und aufkleben.

2 Das Gesicht anmalen und den Chenilledraht auf die Rückseite kleben. Die Enden zu Händchen biegen.

3 Den Biegedraht um einen Stift wickeln, abziehen und als Spirale aufspringen lassen. Am Chenilledraht auf der Kopfrückseite mittig befestigen. Das andere Drahtende am Saugnapf befestigen. Zuvor den Haken aus dem Saugnapf entfernen.

Tipp: An Stelle des Gute-Laune-schlechte-Laune Gesichtes können Sie auf Pappe auch das Bild des Liebsten oder der Liebsten kleben.

Januar

Schmetterlinge

Pro Schmetterling ◆ lufttrocknende Modelliermasse in Weiß und Terrakotta ◆ Aludraht, ø 2 mm, 2 x 3 cm lang ◆ verzinkter Draht, ø 1,6 mm, ca. 30 cm lang
Vorlage Seite 39

1 Für die Flügel je zwei Kugeln, ø 1,5 cm und ø 2 cm, platt drücken. Eine Seite von einem Kugelpaar spitz zulaufend formen. Die Flügel an den angerauten Seiten zusammenschlickern.

2 Aus einer Kugel, ø 1 cm, den länglichen Körper formen, aus einer weiteren Kugel, ø 1 cm, den Kopf. Körper und Kopf mit Schlicker an den Flügeln anbringen.

3 Die Aludrahtstücke zurechtbiegen und in den Kopf stecken. Zwei kleine Kugeln, ø 0,5 cm, formen und auf die Fühler drücken. Das Gesicht gestalten.

4 Kleine Kugeln modellieren, ca. ø 0,3 cm bis ø 0,7 cm, und diese an die Flügel schlickern.

5 Den verzinkten Draht schräg in den Schmetterling stecken.

Tipp: Über die tollen Schmetterlingsstecker freuen sich Eltern und Großeltern bestimmt. Natürlich können die Falter auch bunt angemalt werden.

Elefantennatur

◆ Tontopf, ø 5,5 cm ◆ Tonkarton in Grau und Weiß
◆ Acrylfarbe in Grau und Rosa ◆ Basteldraht in Silber, ø 1 mm, 20 cm lang
◆ Heftpflasterrest
Vorlage Seite 31

1 Tontopf bemalen. Tonkartonteile ausschneiden, bemalen und mit Heißkleber befestigen.

2 Schild beschriften, Draht um einen Bleistift formen und durch das Schild ziehen.

3 Zum Schluss den zurechtgeschnittenen Pflasterrest aufkleben.

Tipp: Den süßen Elefanten, der den Kranken ein wenig aufmuntern soll, können Sie auch mit einem größeren Tontopf basteln. Dafür müssen Sie aber die Tonkartonteile vergrößern. Am einfachsten geht das mit einem Kopierer, an dem Sie die Vergrößerungsfaktoren einstellen können.

Fröhlicher Krokus

◆ je 1 Tontopf, ø 4,5 cm und ø 3,5 cm ◆ durchbohrte Rohholzkugeln, 2 x ø 1,5 cm und 1 x ø 4 cm ◆ matte Acrylfarbe in Hautfarbe, Weiß und Goldgelb ◆ Plusterfarbe in Orange, Hellblau und Rosa ◆ Chenilledraht in Mais, ca. 12 cm lang ◆ Kräuselband in Orange, ca. 15 x 4 cm lang ◆ Tonkartonrest in Weiß ◆ doppelseitiges Klebeband ◆ je 1 Seidenkrokus in Hellgelb, ø 3 cm und ø 7 cm ◆ Reagenzglas, ø ca. 1,2 cm, 7,5 cm lang

Vorlage Seite 32

1 Die Einzelteile laut Abbildung gestalten. Die einzelnen Stücke Kräuselband dicht nebeneinander auf ein Stück Tonkarton (ca. 5 mm x 6 cm) kleben und das Band kringeln. Dann den Papierstreifen mit doppelseitigem Klebeband als Haare an die Mütze kleben.

2 Die Tontöpfe mit Holzleim aufeinander kleben und die große Blüte als Kragen fixieren. Den Kopf aufkleben und die kleine Blüte in die Bohrung der Holzkugel kleben.

3 Hinten am Tontopf Chenilledraht als Arme befestigen, als Hände bemalte Holzkugeln an die Drahtenden kleben. Die Arme verdrehen und ein Reagenzglas als Vase einsetzen, ggf. mit etwas Band festbinden.

Januar

31

Elefantennatur
Seite 29

Schneemann Rübe
Seite 15

Die Heiligen Drei Könige
Seite 17

Schnecken
Seite 26

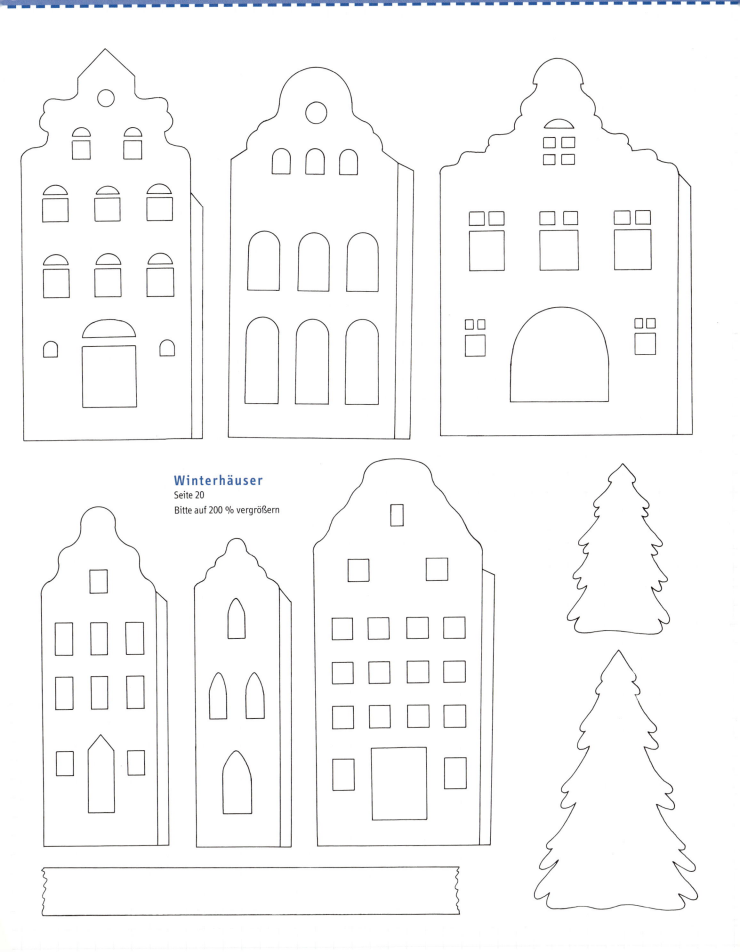
Januar

Winterhäuser
Seite 20
Bitte auf 200 % vergrößern

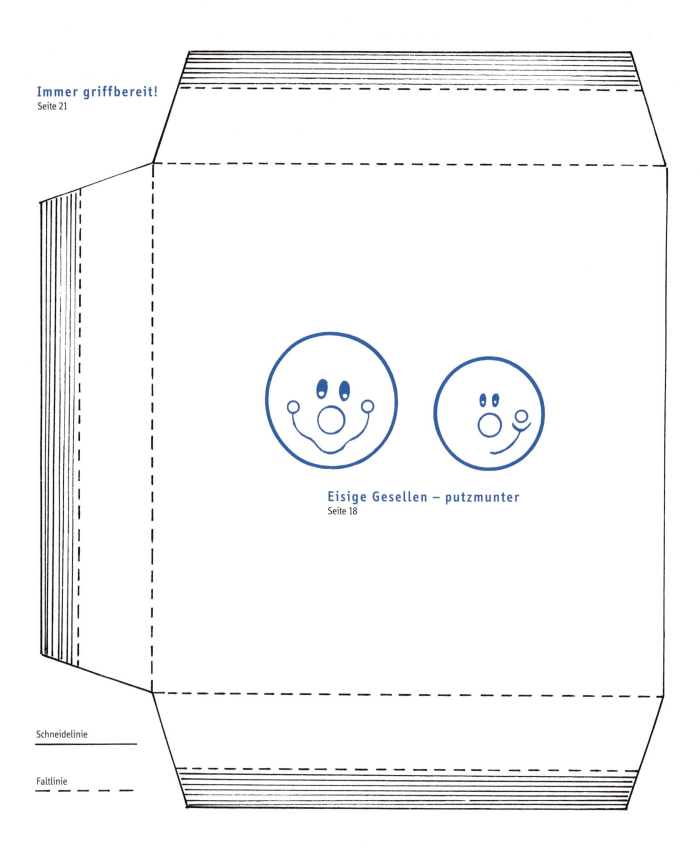

Immer griffbereit!
Seite 21

Eisige Gesellen – putzmunter
Seite 18

Schneidelinie

Faltlinie

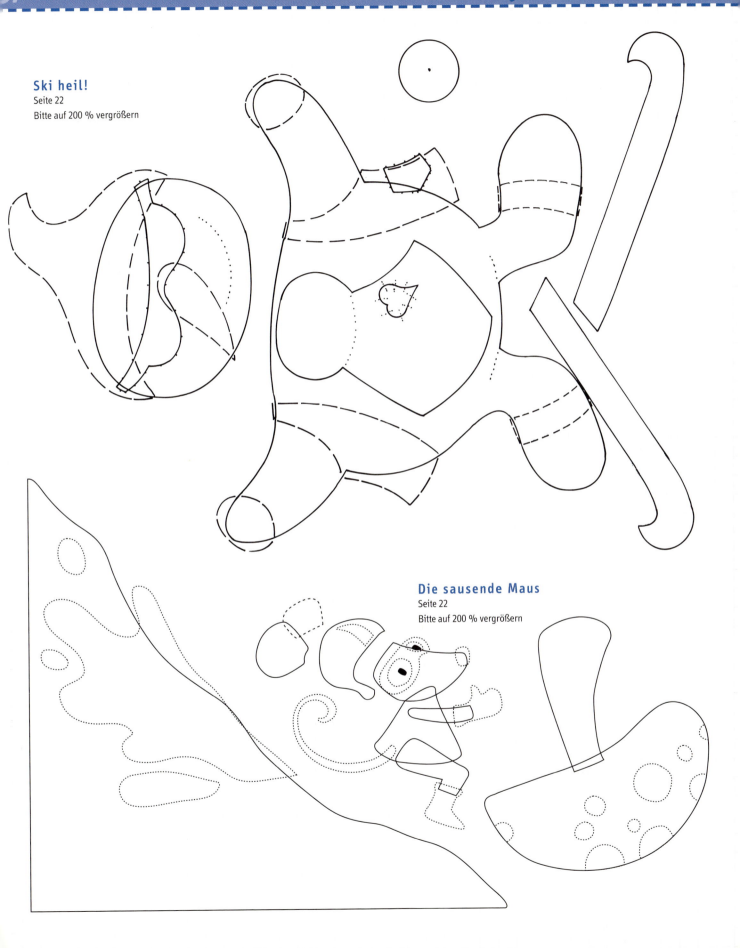

Freiheit für Schneemänner!
Seite 23
Bitte auf 200 % vergrößern

Drehhänger
Seite 24

Hugo und Heinzi, die schaukelnden Zwerge
Seite 23

Januar

Bohrung ø 3 mm

Tino und Rhino, zwei Nashörner
Seite 25

Bohrung ø 3 mm

Bohrung ø 3 mm

Gute Laune – schlechte Laune
Seite 28

Tischdeko
Seite 28

Schmetterlinge
Seite 29

Februar

Februar

Winterstimmung

- Keilrahmen, 20 cm x 50 cm ◆ Acrylfarbe in Königsblau und Weiß
- grobe Strukturpaste ◆ ultrafeiner Hologrammflitter ◆ Schneeglöckchen, 25 cm lang ◆ Spachtel

1 Für den Himmel am oberen Bildrand beginnen. Weiß mit etwas Wasser verdünnen und mit einem Flachpinsel zügig auftragen. Für den Verlauf der Farbe mehr und mehr Königsblau zugeben. Nach dem Trocknen des Himmels einen Rundpinsel mit sehr stark verwässerter weißer Farbe tränken. Den Pinsel mit einer Hand locker über das Bild halten, mit der anderen gegen das Ende des Pinselstiels schnippen und damit den Himmel mit weißen Farbtropfen sprenkeln. Eventuell diese Technik zuvor auf einem Zeitungspapier testen.

2 Am unteren Bildrand mit einem Spachtel eine etwa 10 cm breite, sehr dicke Schicht Strukturpaste auftragen und das Schneeglöckchen einbetten.

3 Die Strukturpaste über Nacht trocknen lassen, dann die Schneeschicht weiß streichen und in die noch nasse Farbe dezent Hologrammflitter streuen.

Tipp: Sollten Sie das Schneeglöckchen mit Zwiebel, wie es hier verwendet wurde, im Handel nicht bekommen, können Sie auch problemlos eines ohne Zwiebel oder vielleicht eine schöne Christrose verwenden.

Gestreifte Glasvasen

- 2 Glaszylinder-Vasen, ø 14 cm und 10 cm ◆ Glasmalfarbe oder Porzellanmalfarbe in Orange, Magenta, Hellgrün und Mittelblau ◆ 2 Bogen Kopierpapier in Weiß

1 Auf das Kopierpapier mit Bleistift Streifen aufzeichnen und diese Papiere als Malhilfen in die Glasvasen stellen. Eventuell mit einigen Klebestreifen befestigen.

2 Mit dem Pinsel verschieden breite Streifen auf die große Vase malen. Die Pinselstriche oben und unten auslaufen lassen. Dabei die Farben auch an den Rändern übereinander malen.

3 Mit einem dünneren Pinsel Streifen auf die kleine Vase malen. Dabei immer einen Abstand von ca. 1 cm bis 2 cm halten. Kurze Pinselstriche oben am Rand in den Abstand malen. Nach den Herstellerangaben die Farben bzw. die Vasen im Backofen nach Herstellerangaben brennen.

Tipp: Auch bei Glasvasen, die als Grundton nicht transparent weiß sind, sondern einen Farbton enthalten, können Sie Streifen oder andere Muster wie Kreise, Spiralen etc. aufmalen. Der Grundfarbton der Vase kann in das Design als Gestaltungselement integriert werden.

Schwanentanz

- Acrylring in Transparent, ø 16 cm ◆ 8 Chenilledrähte in Weiß, 50 cm lang
- 32 Federn in Weiß, ca. 9 cm lang ◆ Metallfolienrest in Silber ◆ 30 Acrylsteine mit Bohrung in Transparent ◆ 11 Perlen in mattem Weiß, ø 1,5 cm
- Quetschperlen in Silber ◆ Schmuckdraht in Silber, ø 0,4 mm, 3,50 m lang
- Nylonfaden ◆ Glas oder Dose, ø 6 cm

Vorlage Seite 56

1 Vom Chenilledraht jeweils 5 cm abschneiden. Dieses Stück wird nicht mehr benötigt. Die langen Drahtstücke dann zuerst um das Glas (ø 6 cm) zu einem Kreis legen. Das eine Drahtende zweimal um den Chenilledraht wickeln, so dass ein geschlossener Kreis entsteht. Anschließend zur gegenüberliegenden Seite einen Bogen als Rücken biegen. Jeweils einmal rechts und einmal links um die Stelle wickeln, an der der Rücken auf den Kreis trifft. Den Rest des Drahtes für Hals und Kopf entsprechend in Form biegen. Den Schwanz zu einer Spitze formen.

2 Auf jede Seite der Schwäne zwei Federn kleben.

3 Die Schnäbel laut Vorlage aus Metallfolie zuschneiden, zu einer Tüte biegen und mit Alleskleber am Kopf befestigen.

4 Die Schwäne mit unterschiedlich langen Schmuckdrahtstücken aufhängen. Die Perlen und Steine einzeln oder in Gruppen aufziehen und mit Quetschperlen sichern.

5 Die Schwanenketten gleichmäßig verteilt an den Acrylring hängen und den Acrylring mit drei Nylonfäden aufhängen.

Frühlingserwachen

- Fotokarton in Weiß, A4

Vorlage Seite 55

1 Die Vorlage auf den passenden Fotokarton übertragen.

2 Das Motiv mit Schere und Cutter ausschneiden. Vorhandene Bleistiftstriche vom Kopieren der Vorlage mit einem weichen Radiergummi entfernen.

Tipp: Sie können die Motive auch im Kopiergeschäft verkleinern lassen und Karten damit verzieren.

Februar

Mäuschen

Je Maus ◆ Holzwäscheklammer, 7 cm lang (2 Klammern für das Spiel)
◆ Acrylfarbe in Grau ◆ Filzrest in Grau ◆ Nähfaden in Schwarz, 3 x 5 cm lang
◆ Holzperle in Schwarz, ø 4 mm

Vorlage Seite 57

1 Die Klammern bemalen und nach dem Trocknen die Augen aufmalen und die Barthaare sowie die Holzperle als Nase ankleben.

2 Die Filzteile zuschneiden und laut Abbildung aufkleben.

3 Bei der „Rennmaus" ein Ende eines ca. 2 m langen Fadens in der Klammerspirale und das andere ebenso an einer unbehandelten Klammer befestigen.

Rennmaus-Spielregel

Durch das Aufwickeln des Fadens auf die unbehandelte Wäscheklammer wird die Maus nach vorne gezogen. Das Spiel am besten auf einem Tisch spielen.
Jedes Kind bekommt eine Maus und das Rennen kann beginnen. Wer am schnellsten das markierte Ziel erreicht, hat gewonnen. Natürlich müssen bei allen Mäusen die Fäden exakt gleich lang sein.

5

6

Heitere Schalen

Gesichterschüssel ◆ Porzellanschüssel in Weiß, ø 12 cm, ca. 6 cm hoch
◆ Porzellanmalstifte in Kirschrot und Orange ◆ Porzellanmalfarbe in Rosa
◆ Konturenstift in Schwarz ◆ Grafitstift
Schüssel mit Katze ◆ Porzellanschüssel in Weiß, ø 12 cm, ca. 6 cm hoch ◆ Porzellanmalstifte in Orange, Hellgrün und Hellblau ◆ Porzellanmalfarbe in Rosa, Magenta, Reseda, Elfenbein, Cognac und Opalblau ◆ Konturenstift in Schwarz
◆ Grafitstift

Vorlage Seite 56

1 Die Schüsseln werden wie in der allgemeinen Anleitung auf Seite 13 beschrieben bemalt.

2 Bei der Schüssel mit Katze die Porzellanmalfarbe-Tupfen mit einem Wattestäbchen auftragen. Für das Fell linksseitig Elfenbein auftragen, rechtsseitig Cognac. Die nassen Farben mit einem Zahnstocher ineinander ziehen.

Tipp: Günstiges, einfaches Geschirr erhalten Sie z. B. in großen Möbelhäusern.

Für Suppenkasper

Gesichterschüssel ◆ Porzellanschüssel in Weiß, ø 12 cm, ca. 6 cm hoch
◆ Porzellanmalstift in Kirschrot ◆ Porzellanmalfarbe in Rosa
◆ Konturenstift in Schwarz ◆ Grafitstift
Suppenkasper ◆ Porzellanschüssel in Weiß, ø 12 cm, ca. 6 cm hoch
◆ Porzellanmalstifte in Gelb, Orange und Kirschrot ◆ Porzellanmalstift mit Pinsel in Opalblau ◆ Porzellanmalfarbe in Rosa, Reseda, Magenta, Elfenbein, Cognac und Metallic-Silber ◆ Konturenstift in Schwarz ◆ Grafitstift
Vorlage Seite 57

Die Schüsseln werden wie in der allgemeinen Anleitung auf Seite 13 beschrieben bemalt.

7

8

Mehr als viele Worte

◆ Tontopf, ø 11 cm ◆ Organzaband in Rot, 4 cm breit, 1 m lang
◆ Blumensteckdraht in Grün, ø 0,8 mm ◆ Pralinen ◆ rote Rosen
◆ Steckmasse

1 Die Blumensteckmasse in den Tontopf einpassen, mit einem Messer gelingt das ganz einfach. In die Mitte die gekürzten Rosen stecken.

2 Pralinen mit Drahtschlaufen umwickeln und um die Rosen herum in die Steckmasse stecken. Draht mit Seitenschneider auf die richtige Länge kürzen. Die Lücken mit kleinen Organzaschlaufen füllen. Dazu ca. 5 cm Organzaband abschneiden und auf der Hälfte mit Steckdraht umwickeln.

3 Den Tontopf mit rotem Organzaband (40 cm lang) dekorieren.

Tipp: Nehmen Sie die Lieblingssüßigkeit Ihres Partners, so wird die Freude besonders groß.

Februar

Herzen

Pro Motiv ♦ Holzwäscheklammer, 7,5 cm lang ♦ Acrylfarbe in Weiß
♦ Fotokartonreste in Rot, Weiß und Schwarz

Vorlage Seite 59

1 Die Klammer weiß bemalen.

2 Die Einzelteile aus Fotokarton ausschneiden und wie abgebildet zusammenkleben. Die Gesichter aufmalen. Herzen und Schilder auf die Klammer kleben.

Tipp: Wann immer Sie jemandem etwas Nettes sagen möchten, mit diesen Herzen kommt die Botschaft besonders gut an!

9

10

Ich hab' dich lieb

♦ Tontopf, ø 7,5 cm ♦ Moos ♦ Effektdraht in Gold, ø 0,25 mm
♦ Rocailles in Rot ♦ Glasstifte in Gold, ø 2 mm, 7 mm lang ♦ Acrylfarbe in Rot

1 Den Topf mit roter Farbe bemalen und trocknen lassen.

2 Aus Moos ein Herz formen und mit Effektdraht, auf dem rote Rocailles und goldene Glasstifte aufgefädelt sind, umwickeln. Das Herz auf dem umgedrehten Topf mit Heißkleber befestigen.

3 Rocailles und Glasstifte auf Effektdraht fädeln und damit den Topfrand dekorieren.

Tipp: Wenn es Ihnen schwer fällt, aus Moos allein das Herz zu formen, holen Sie sich im Bastelgeschäft ein Herz aus Styropor und umwickeln dieses mit Moos.

Für Verliebte

Eisbärenschüssel ◆ Porzellanschüssel in Weiß, ø 12 cm, ca. 5,5 cm hoch
◆ Porzellanmalstifte in Gelb, Orange, Hellgrün und Kirschrot
◆ Porzellanmalfarbe in Hellblau und Magenta ◆ Konturenstift in Schwarz
◆ Grafitstift
Bienchenschüssel ◆ Porzellanschüssel in Weiß, ø 8 cm, ca. 4 cm hoch
◆ Porzellanmalstifte in Kirschrot, Gelb und Orange
◆ Porzellanmalfarbe in Rosa, Reseda und Hellblau ◆ Konturenstift in Schwarz
◆ Grafitstift
Vorlage Seite 57

1 Die Schüsseln werden wie in der allgemeinen Anleitung auf Seite 13 beschrieben bemalt.

2 Die gestrichelte hellblaue Fluglinie bei der Bienchenschüssel mit einem Zahnstocher auftragen.

Tipp: Mit den niedlichen Figuren können auch Teller und Tassen – z. B. für ein Frühstücksgeschirr – bemalt werden.

11

12

Die Königin der Blumen

◆ Fotokarton in Rot, A3
Vorlage Seite 56

1 Die Vorlage mit Hilfe eines Kopierers vergrößern. Die Vorlage auf den passenden Fotokarton übertragen.

2 Das Motiv mit Schere und Cutter ausschneiden. Vorhandene Bleistiftstriche vom Kopieren der Vorlage mit einem weichen Radiergummi entfernen.

Tipps: Mehrere Rosen in verschiedenen Farben sehen prächtig aus.

Sehr edel wirken die Rosen auch, wenn die Blüten mit Transparentpapier hinterklebt werden.

Februar

Edle Dosen

Tulpendose ◆ rechteckige Pappmachédose mit Ausschnitt, 12 cm x 8 cm
◆ Acrylfarbe in Hellgelb ◆ Feinwellpapperest in Hellgelb
◆ Naturpapierrest in Rot ◆ Konturenfarbe in Silber ◆ Zackenschere
Marienkäfer ◆ Pappmachédose in Herzform, ca. 6 cm x 5,5 cm
◆ Acrylfarbe in Rot ◆ Naturpapierrest in Rot ◆ Tonkartonrest in Hautfarbe
◆ Feinwellpapperest in Natur ◆ Konturenfarbe in Silber
◆ Silberdraht, ø 1 mm, 2 x 10 cm lang ◆ Zackenschere

Vorlage Seite 57

Tulpendose

1 Dose bemalen und trocknen lassen.

2 In der Zwischenzeit für den Ausschnitt die Feinwellpappe zuschneiden und einkleben.

3 Für den Rand der Dose einen ca. 1 cm breiten Streifen aus Feinwellpappe zuschneiden und an einer Seite mit der Zackenschere abschneiden und ebenfalls aufkleben.

4 Dann die Tulpe aus Naturpapier ausschneiden, befestigen und die Dose mit Konturenfarbe gemäß der Vorlage und Abbildung verzieren.

Marienkäfer

1 Die Dose mit der roten Acrylfarbe anmalen und den Deckel mit dem Naturpapier bekleben.

2 Für den Rand des Deckels wird ein 1 cm breiter Streifen aus Feinwellpappe zugeschnitten, der an einer Seite mit der Zackenschere geschnitten wird.

3 Auf den Deckel werden mit der silbernen Konturenfarbe Punkte gemalt.

4 Das Gesicht aus Tonkarton ausschneiden und laut Vorlage bemalen.

5 Bevor es aufgeklebt wird, werden die zuvor aus Silberdraht geformten Fühler befestigt. Hierzu wird der Karton mit einem Cutter an den vorgegebenen Stellen durchstochen.

13

14

Mein Herz

◆ Styroporherz, 8 cm x 9 cm ◆ Wolle, 6 g in Rot, 1 g in Hautfarbe und Reste in Schwarz und Gelb ◆ 2 Rocailles in Schwarz, ø 2,5 mm
◆ dünne Kordel in Weiß, 80 cm lang

Vorlage Seite 58

1 Das Herz mit roter Wolle umfilzen. Etwas rote Wolle für die Nase und Wangen zurückbehalten.

2 Das Gesicht separat filzen. Die Ohren durch mehrmaliges Einstechen in Form filzen. Die Nase separat filzen und auf dem Gesicht festnadeln. Überstehende Wollfusseln mit einer scharfen Schere abschneiden. Die Augen annähen. Einen dünnen Wollstrang in Schwarz als Mund auffilzen, dann die Wangen.

3 Die gelbe Wolle für die Haare hinter das Gesicht legen und von vorne leicht am Kopf festnadeln.

4 Das Gesicht mit gezielten Stichen in den Rand auf dem Herz festfilzen. In die Ohren noch die Rundungen einnadeln.

5 Die Kordel zum Aufhängen mit einer Nadel einziehen und verknoten.

Meeresnixe

- Schminkfarbe in Türkis, Hellblau, Gelb, Orange, Rot, Weiß, Rosa und Schwarz
- Glitzer in Blau und Pink

1 Das Gesicht in einem hellen Blau grundieren, dazu mit Weiß mischen. Weiße und blaue Flecken auftupfen.

2 Den Seestern gelb-orange aufmalen. Die Augenlider und einen Streifen über den Augen türkis malen. Die Lippen rosa färben. Die weißen Streifen des Clownfisches zeichnen, dabei im Kopf vervollständigen, um die Form zu erreichen. Auf die Nase weiße Dreiecke malen.

3 Den Seestern rot umranden. Beim Fisch orangefarbene Streifen und den Kopf ergänzen. Auf die Augenlider oben einen blauen Streifen malen. Unter den Augen einen Strich und Wimpern mit einem sehr dünnen Pinsel zeichnen. Bei den Fischen die schwarzen Streifen und das Auge ergänzen.

4 Auf die roten und orangefarbenen Stellen Glitzer in Orange tupfen. Die Lider mit blauem Glitzer verzieren.

5 Die Haare mit einem Schwämmchen rot einfärben.

15

16

Prinzessin Tausendschön

- Schminkfarbe in Rosa, Hellblau, Gold, Grün und Weiß
- Glitzer in Gold und Grün

1 Die goldene Krone auf die Stirn und seitlich davon je eine Knospe malen. Auf die Wangen und je nach Kleidung auch im Ausschnitt goldene Kreise als Blütenmitten malen.

2 Mit Rosa die Lippen färben sowie Blütenblätter und das Knospeninnere malen. Die Augenlider hellblau färben. Die grünen Ranken nach Abbildung schwungvoll aufmalen. Weiße Blütenblätter ergänzen.

3 Die Nase weiß malen und golden umranden. Die Augenlider mit Weiß akzentuieren.

4 Auf die goldenen Flächen goldenen Glitzer, auf die Ranken etwas grünen Glitzer tupfen.

Februar

Vogelmasken

Pro Maske ◆ Schachtel für 6 oder 10 Eier mit hohen Zapfen ◆ 2 Marabufedern in Blau oder Gelb ◆ Acrylfarbe in Orange, Grün, Blau sowie Rot oder Gelb ◆ Hutgummi in Weiß

Vorlage Seite 57

1 Aus der Eierschachtel einen Zapfen mit zwei Schälchen ausschneiden (Höhe der Schälchen 2 cm). Den Zapfen unten abgerundet abschneiden und gemäß der Abbildung bemalen.

2 Für die Wimpern an der orangegrünen Maske laut Vorlage zwei Bogen aus dem Deckel der Eierschachtel schneiden, die Ränder mit der Zackenschere beschneiden und ankleben. Die Federn anbringen.

3 Mit der Prickelnadel an der Zapfenunterseite zwei Atmungslöcher sowie beidseitig für das Hutgummi Löcher bohren und das Gummiband in der passenden Länge anknoten.

17

18

Indianerin und Cowboy

Cowboy ◆ Schminkfarbe in Braun, Weiß, Schwarz und Rot
Indianerin ◆ Schminkfarbe in Rot, Blau, Grün, Weiß, Schwarz und Gelb

Cowboy

1 Den Bart der Haarfarbe des Kindes anpassen. Bei einem braunhaarigen Jungen, wie auf dem Bild, als Grundfarbe Braun nehmen. Mit einem spitzen, mittelstarken Pinsel ganz viele Striche um den Mund bis hoch zu den Ohren malen. An den Augenbrauen ebenfalls viele Striche malen. Die vielen weißen und schwarzen Striche verdichten das ganze Haar.

2 Rote Wangen und eine dicke Narbe auf der Backe – ein roter Strich in der Mitte, rote Punkte seitlich – lassen unseren Cowboy verwegen aussehen.

Indianerin

1 Mit dünnem Pinsel und roter, gelber, blauer und weißer Farbe kleine Dreiecke bunt nebeneinander malen. Mit einem feinen, spitzen Pinsel die Konturen des Stirnbandes malen.

2 Bunte Striche auf der Wange und auf der Nase ergänzen die Grundmaske. Die Lidstriche und das Lippenrot nicht vergessen.

3 Mit weißer Farbe und einem dünnen Pinsel eine winzige Feder auf den Nasenrücken malen. Diese mit Schwarz zart umranden. Noch einen kleinen Büffel auf die Backe malen und fröhlich geht es zum Festival der Indianer.

Clown

- Tonpapier in Hellgrün und Türkis, A5
- Tonpapierreste in Blau, Orange und Gelb
- Faden in Weiß, ca. 50 cm lang

Vorlage Seite 58

1 Die Teile doppelt arbeiten, damit der Faden dazwischengeklebt werden kann. Zum Aufhängen sollten mindestens 25 cm Faden bleiben. Dann mit dem Hut beginnen und den Faden zwischen die deckungsgleichen Teile kleben. Gemäß Vorlagen Kopf, Schleife, Arme und Beine anbringen.

2 Nach Fertigstellung am Hut, an der Nase und am Mund den sichtbaren Faden abschneiden.

Tipp: Anstelle die Punkte der Fliege auszustanzen, können Sie auch mit einem Bürolocher buntes Konfetti herstellen (Sie können natürlich auch gekauftes Konfetti verwenden) und Fliege und Hose damit verzieren.

19

Kerzen-Blumenkinder

- Tontopf, ø 6,5 cm und ø 5,5 cm
- Acrylfarbe in Pink und Lila
- Tonkarton in Rot, Gelb und Orange
- 6 Pompons in verschiedenen Farben, ø 1,3 cm
- 2 Teelichter

Vorlage Seite 58

1 Tontöpfe in Pink und Lila bemalen.

2 Schablonen für die Blumen anfertigen. Dann die Blumen aus Tonkarton ausschneiden und auf die Tontöpfe gemäß der Abbildung aufkleben.

3 Auf die Blumen je einen Pompon aufkleben und Teelichter auf dem Topfboden mit Heißkleber befestigen. Die Teelichter halten auch mit doppelseitigem Klebeband. Die fertigen Pompons können Sie in vielen Farben im Bastelfachgeschäft kaufen.

Tipp: Sie planen eine Fete im Stil der 70er Jahre? Dann sind diese selbst gebastelten Teelichter die richtige Tischbeleuchtung.

20

Februar

Squaw und Seemann

- Tonkartonreste in Hautfarbe, Rot, Schwarz, Grau, Dunkelblau, Braun, Hellbraun und Blau-Weiß gestreift ◆ Acrylfarbe in Olivgrün und Zartblau ◆ Knopf in Rot, ø 1,5 cm ◆ 2 Rundhölzer, ø 4 mm, 7 cm lang
- 2 Holzräder, ø 5,5 cm und ø 4 mm, gebohrt, 1 cm stark ◆ Nähgarn in Grün
- Feder in Gelb

Vorlage Seite 59

1 Die Tonkartonteile ausschneiden und nach Abbildung zusammenkleben. Das Gesicht und die Innenlinien mit einem dünnen, schwarzen Stift, einem roten Buntstift und einem dünnen, weißen Lackmalstift aufmalen.

2 Feder und Knopf fixieren. Vorher etwas Nähgarn durch die Knopflöcher fädeln.

3 Rundholz und Holzrad mit Acrylfarbe anmalen und zusammenstecken. Die fertiggestellten Figuren am Rundholz festkleben.

Tipp: Sagen Sie „Viel Glück" mit diesen Figuren. Sie eignen sich bestens als Glücksbringer für die Schule.

21

22

Niedliche Mäuschen

- Modelliermasse in Terrakotta ◆ 2 Indianerperlen in Schwarz, ø 2,6 mm (kleine Maus) oder ø 4,5 mm (große Maus) ◆ gewachste Baumwollkordel in Braun, ø 1 mm, 10 cm bis 18 cm lang

Vorlage Seite 56

1 Aus einer Kugel, ø 2,5 cm oder ø 3 cm, den Mäusekörper auf einer Seite spitz zulaufend formen und ihn auf einen Bleistift stecken.

2 Die Ohren, ø 1 cm oder ø 1,5 cm, platt drücken und mit Schlicker am Körper befestigen.

3 Die Indianerperlen als Augen sowie die Nase und den Mund eindrücken und die Kordel als Schwanz in den Körper stecken.

Tipp: Sollen die Mäuschen kleine Härchen an der Schnauze bekommen, einfach die Schnauze mit einer dickeren Nähnadel durchstechen und mehrere Wollfäden oder Drähte (je ca. 4 cm lang) hindurchziehen.

Kecker Matrose

- Glas, ø 7 cm (Deckel), 12 cm hoch ◆ Styroporkugel, ø 7 cm
- Strukturpaste in Weiß ◆ Acrylfarbe in Karminrot und Braun
- Regenbogen-Fotokartonrest im Orangeverlauf
- Wollfilzreste in Weiß und Blau, 4 mm stark ◆ Pompon in Weiß, ø 1 cm
- 2 Federn in Weiß ◆ Fotokarton in Blau-Weiß gestreift (Einleger)

Vorlage Seite 60

1 Kopf und Glasdeckel mit Strukturpaste grundieren. Nach dem Trocknen zusammenkleben.

2 Den Schnabel ausschneiden, die Linien aufzeichnen und ihn aufkleben. Das Gesicht mit Acrylfarbe gestalten.

3 Für die Matrosen-Mütze einen blauen Filzstreifen (1,7 cm x 18 cm) zum Ring kleben und die weiße Scheibe darauf fixieren. Den Pompon oben aufsetzen, das blaue Fähnchen in der Mitte knicken und an den Rand kleben.

4 Die Füße ausschneiden und unter das Glas, die Federn an die Seiten kleben. Das gestreifte Papier passend zuschneiden und einstecken. Die Ente kann mit Geldschiffchen, muschelförmigen Pralinen oder Badezusätzen gefüllt werden.

Tipp: Die Faltanleitung für die Geldschiffchen finden Sie auf Seite 60!

23

Sag's mit Blumen

- je eine quadratische Pappmachédose, 9 cm x 9 cm und 5,5 cm x 5,5 cm
- rechteckige Spandose, 19 cm x 9 cm ◆ Acrylfarbe in Gelb, Orange und Rosa
- Filzreste in Gelb, Orange und Rosa ◆ 3 Pompons in Rosa, ø 2 cm
- Pompon in Gelb, ø 2 cm

Vorlage Seite 61

1 Dosen gemäß Abbildung bemalen und trocknen lassen.

2 Für die Ränder einen ca. 1 cm breiten Streifen zuschneiden. Eine Längsseite mit der Zackenschere zuschneiden und festkleben.

3 Das aufgeklebte Quadrat aus Filz ist 7,5 cm x 7,5 cm, das Rechteck 16,5 cm x 6,5 cm groß. Beides wird mit der Zackenschere zugeschnitten und festgeklebt.

4 Dann werden die Blumen laut Vorlage zugeschnitten und zusammen mit den Pompons auf die Dosen geklebt.

Tipp: Fertigen Sie die Dosen in den Farben passend zur Einrichtung Ihres Zimmers.

24

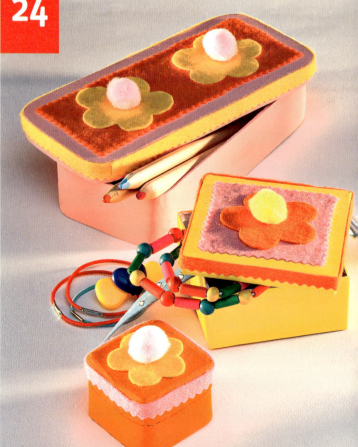

Februar

Osterglocken

- Fotokarton in Gelb, A3

Vorlage Seite 61

1 Die Vorlage mit Hilfe eines Kopierers vergrößern. Die Vorlage auf den passenden Fotokarton übertragen.

2 Das Motiv mit Schere und Cutter ausschneiden. Vorhandene Bleistiftstriche vom Kopieren der Vorlage mit einem weichen Radiergummi entfernen.

Tipp: Verschenken Sie den hübschen Narzissenstrauß doch anstatt eines echten Straußes zum Osterfest!

25

26

Glückskäfer

- Tontopf, ø 9 cm
- Untersetzer, ø 8 cm
- Acrylfarbe in Rot und Schwarz
- Tonkartonrest in Hautfarbe
- 2 Holzperlen in Rot, ø 1 cm
- Silberdraht, 2 x 20 cm lang
- Papierdrahr in Natur, 80 cm lang

Vorlage Seite 59

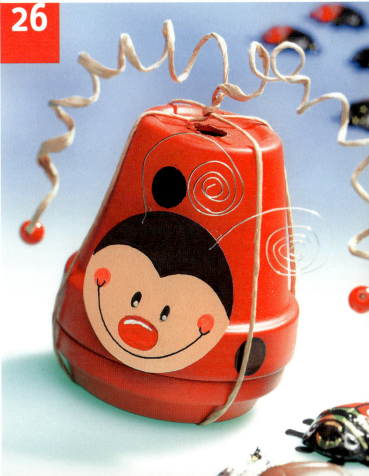

1 Tontopf und Untersetzer gemäß Abbildung bemalen.

2 Gesicht aus Tonkarton ausschneiden und mit schwarzen und roten Filzstiften bemalen. Die Bäckchen mit einem roten Holzstift anmalen. Die Lichtpunkte in den Augen und auf der Nase mit weißem Lackmalstift aufmalen.

3 2 x 20 cm Silberdraht zu Spiralen biegen, den Tonkarton durchstechen und den Draht von der Rückseite umbiegen. Anschließend das Gesicht auf den Tontopf kleben. Am Ende des zuvor gelockten Papierdrahtes die zwei Perlen festkleben und Papierdraht gemäß Abbildung um den Marienkäfer binden.

Tipp: Die Enden des Papierdrahts wickeln Sie, nachdem Sie ihn um den Marienkäfer geschlungen haben, fest um einen Bleistift. Danach ziehen Sie den Bleistift wieder heraus. So entstehen die spiralförmigen Windungen.

Der lustige Marienkäfer ist als Glücksbringer vielseitig zu verwenden und ideal als Geschenkverpackung. Befüllen Sie ihn mit Süßigkeiten. So lässt sich jede Prüfung besser bestehen. Auch auf der Fensterbank sieht er zwischen den Blumentöpfen gut aus.

Freche Schildkröten

- Tonkartonreste in Hellgrün, Rot, Orange, Dunkelblau, Grün und Sonnengelb
- Mobilestäbchen aus Holz ◆ Nähgarn in Grün

Vorlage Seite 55

1 Die Tonkartonteile ausschneiden und laut Vorlage zusammenfügen.

2 Das Gesicht anmalen, den Lichtreflex im Auge mit einem weißen Lackmalstift anbringen und die Wangen mit einem Buntstift röten.

3 Die Schildkröten an Nähgarn hängen und das Mobile zusammenfügen.

4 Nun die einzelnen Stäbe ausbalancieren. Dafür mit den obersten Stäben beginnen. Die einzelnen Motive durch Hin- und Herschieben der Fäden, an denen sie befestigt sind, ausbalancieren.

Tipps: Das Mobile sieht schöner aus, wenn Sie es beidseitig arbeiten. Dafür müssen Sie die Füße viermal und den Panzer der Schildkröte zweimal ausschneiden. Planen Sie hierfür etwas mehr Zeit ein.

Nach dem Ausbalancieren jeden Faden mit Sekundenkleber fixieren. Dafür etwas Kleber von oben auf die Stelle des Stabes tropfen, an der die Fäden der Einzelmotive bzw. der anderen Stäbe festgeknotet sind. Das Mobile anschließend gut trocknen lassen.

27

28

Für Naschkatzen

- Pappschachtel, ø 8 cm ◆ Acrylfarbe in Hellgrün und Ultramarinblau
- Moosgummi-Zootiere, 3 cm - 7 cm groß

1 Den Deckel ultramarinblau bemalen.

2 Die Schachtel hellgrün anmalen.

3 Die Moosgummitiere gemäß der Abbildung auf der Dose fixieren. Dabei die Tiere öfter festdrücken, bis der Klebstoff trocken ist.

Tipp: Für süße Naschkatzen das richtige Geschenk. Sie können hier aber auch allerlei Krimskrams aufbewahren. Ebenfalls als Schmuckdose bestens geeignet.

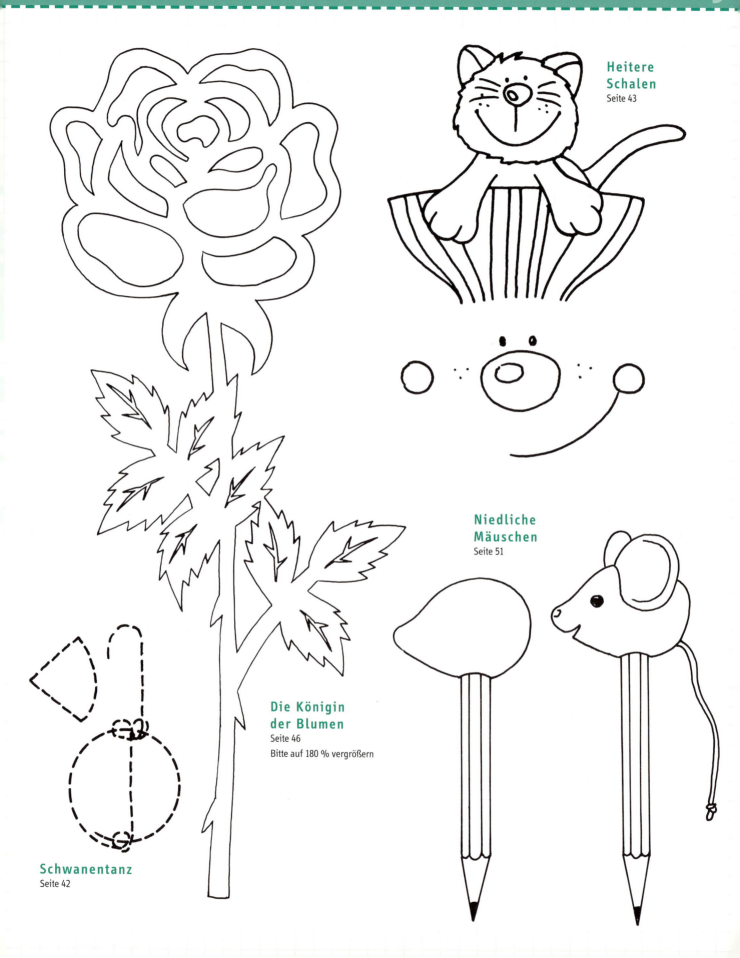

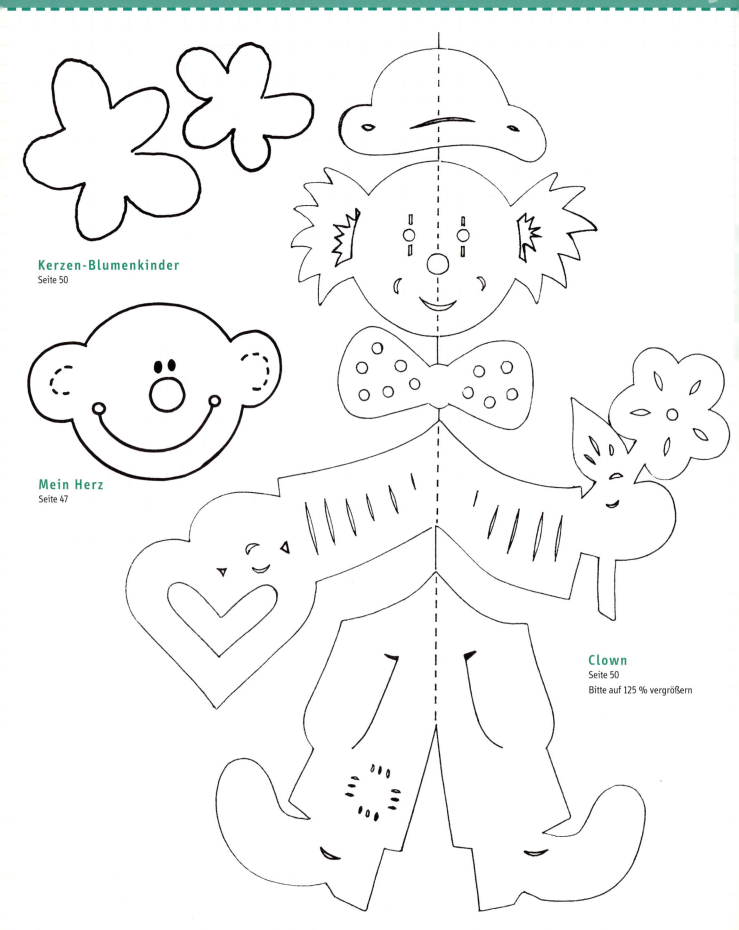

Kerzen-Blumenkinder
Seite 50

Mein Herz
Seite 47

Clown
Seite 50
Bitte auf 125 % vergrößern

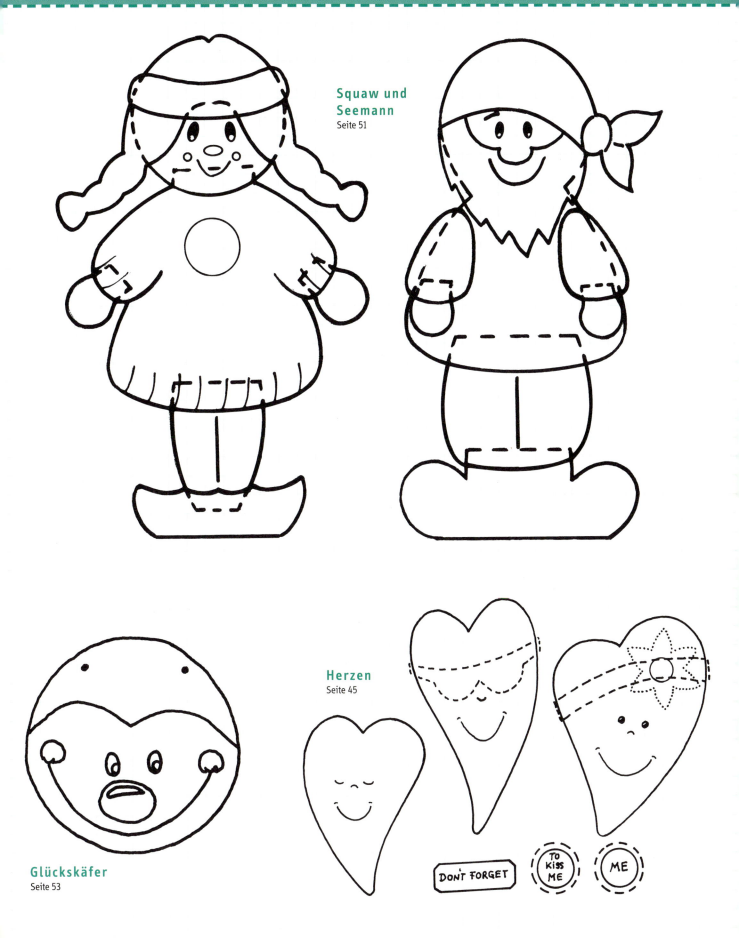

Februar

Squaw und Seemann
Seite 51

Herzen
Seite 45

Glückskäfer
Seite 53

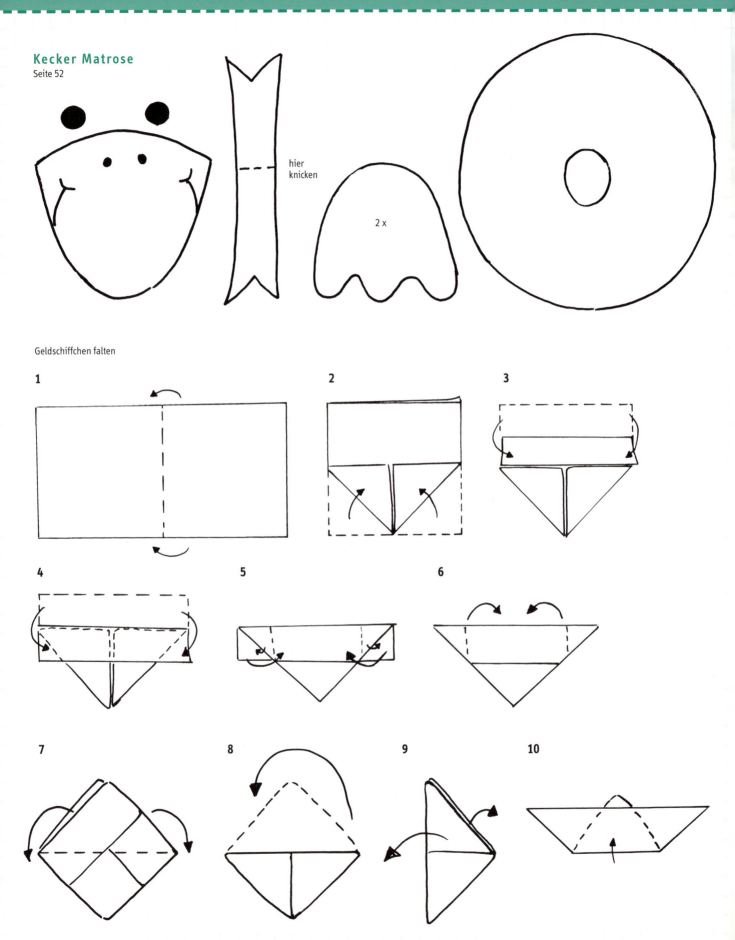

Februar

Osterglocken
Seite 53
Bitte auf 125 % vergrößern

Sag's mit Blumen
Seite 52

März

März

Türkranz mit Schäfer und Schafen

- Strohrömer, ø 20 cm ◆ Birkenreiser, Buchsbaum, Euonymus und Moos
- Myrthendraht in Grün, ø 0,35 mm ◆ Krampen oder Strohblumennadeln
- Schäfer, 11 cm groß ◆ 2 Schafe, 4 cm hoch, 5 cm lang
- Drahtband in Elfenbein, 2,5 cm breit, 1 m lang ◆ Stanzband mit Blüten in Elfenbein, 4 cm breit, 1 m lang ◆ Satinband in Grün, 5 mm breit, 50 cm lang

1 Buchsbaum und Euonymus in 10 cm lange Abschnitte schneiden und bündeln. Die kleinen Bündel im Wechsel mit etwas Moos wie auf Seite 8 beschrieben schuppenartig auf den Strohrömer binden.

2 Das Stanzband als Aufhänger festknoten. Aus dem Drahtband eine Schleife binden. Diese Schleife mit dem Satinband zusammenbinden und mit einer Krampe am Kranz fixieren.

3 Die Birkenreiser in ca. 12 cm lange Stücke schneiden und daraus mit Myrthendraht zwei Bündel binden. Die Reiserbündel mit Krampen am Kranz feststecken und mit dem Heißkleber Schäfer und Schafe befestigen.

Geflügelte Eier

Pro Ei ◆ Plastikei, 6 cm hoch ◆ Acrylfarbe in Rot
- 2 Flügelfedern in Weiß, ca. 7 cm lang ◆ Bast in Weiß
- Aludraht, ø 3 mm, 50 cm lang

1 Das Ei bemalen und das Muster frei Hand mit weißem Lackmalstift aufmalen.

2 Die Federn mit Sekundenkleber gemäß der Abbildung befestigen.

3 Das Ei auf den Stab stecken und mit Schleifen aus weißem Bast verzieren.

Tipp: Auch als Geschenkanhänger macht sich dieses Modell gut. Verwenden Sie aber hierzu auf jeden Fall ein Plastikei.

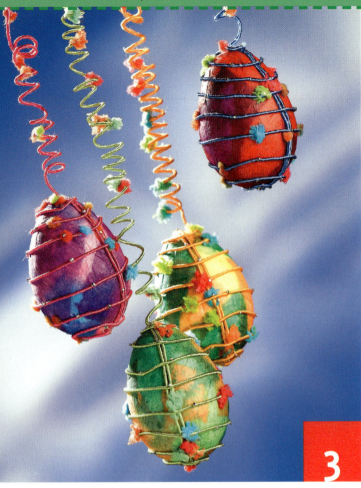

Seidenpapier-Eier

Pro Ei ◆ Styroporei, 7 cm hoch ◆ Seidenpapier in verschiedenen Farben, z. B. Grün, Gelb, Orange, Pink, Rot, Blau und Lila ◆ Serviettenlack ◆ Pompongimpe in Pink, Grün, Orange oder Blau, ø 1 mm ◆ Stecknadeln, 1 cm und 1,3 cm lang

1 Die Styroporeier vollständig mit Serviettenlack einstreichen. Das in viele kleine Stücke gerissene Seidenpapier wie abgebildet oder nach Wunsch auf das Ei legen. Nochmals etwas Serviettenlack darüber streichen und gut trocknen lassen.

2 Die Pompongimpe mit der Stecknadel auf der unteren Spitze vom Ei gut feststecken und zweimal über die Mittelachse führen. Im Abstand von 1 cm mit Stecknadeln fixieren. Die Gimpe nun wie abgebildet kreisförmig um das Ei wickeln, dabei jeweils ca. 1 cm Abstand lassen und mit Nadeln feststecken.

3 Die restliche Gimpe um den Zeigefinger oder einen Permanentmarker wickeln, wieder abziehen und als Aufhängung verwenden.

Tipp: Anstelle der Pompongimpe können Sie die Eier auch mit einer farbigen Kordel umwickeln und kleine Stücke aus flauschiger Märchenwolle aufkleben.

Dose in Pastell

◆ Spandose, oval, 9 cm x 12 cm, 5 cm hoch ◆ Acrylfarbe in Pfirsich
◆ Schablonierfarbe in Apfelgrün und Flaschengrün ◆ Schablonierpinsel
◆ Schleifenband, 2,5 cm breit, 30 cm lang ◆ Malschablone: Schmetterlinge

1 Die Schachtel in Pfirsich anmalen.

2 Den Schmetterling auf den Dosendeckel schablonieren. Dafür die Schablone mit wieder ablösbarem Klebefilm auf dem Papier fixieren und die Schablonierfarbe sehr dünn mit einem Schablonierpinsel auftupfen. Die Schablone vorsichtig wieder abnehmen und alles gut trocknen lassen.

3 Aus dem Schleifenband eine Schleife binden und mit Klebstoff auf dem Deckel der Spandose gemäß Abbildung fixieren.

Tipp: Die Dose eignet sich wunderbar für allerlei Krimskrams, z. B. Haarspangen, Schminkutensilien oder Wattestäbchen. Ideal ist sie auch als Aufbewahrungsort für die erste Locke Ihres kleinen Lieblings.

März

Tulpenzeit

- Keilrahmen, 30 cm x 40 cm ◆ Acrylfarbe in Kadmiumgelb dunkel, Zinnoberrot, Coelinblau, Olivgrün und Weiß ◆ 5 Glasnuggets in Blau, ø 1 cm bis 2 cm
- UHU hart

Vorlage Seite 79

1 Das Motiv anhand der Vorlage vorzeichnen. Die Form der Blüte muss nicht exakt getroffen werden. Das Bild ist auch mit anderen Proportionen wirkungsvoll.

2 Für die Flächen des Hintergrunds aus dem Coelinblau mit Weiß verschiedene hellblaue Töne mischen. Den Tulpenkopf mit dem Kadmiumgelb grundieren. Nach dem Trocknen der gelben Farbe stark verwässertes Zinnoberrot auf die Kanten der Tulpenblätter auftragen. Stiel und Blätter in Olivgrün grundieren. Die Kanten des Blattes mit verwässertem Kadmiumgelb, die Blattmitte mit verwässertem Coelinblau akzentuieren.

3 Die Glasnuggets mit UHU hart gemäß der Abbildung aufkleben.

Tipp: Wer möchte, kann den Tulpenkopf stärker schattieren. Dafür noch mehrere Schichten Mischtöne aus Gelb und Rot auftragen, bis eine schöne Wirkung erreicht ist. Der Blütenkopf sollte an den Seitenrändern und unten dunkler, also stärker rot, in der Mitte und oben heller, also stärker gelb, betont sein. Das Gelb kann auch mit Weiß weiter aufgehellt werden.

5

6

„Gans" schön hilfsbereit

- Holzkochlöffel, rund, 20 cm lang ◆ Filzreste in Weiß und Orange
- Acrylfarbe in Weiß und Tannengrün ◆ Baumwollkordel in Weiß, ø 1 mm, 33 cm lang ◆ Bindedraht, ø 0,65 mm ◆ 2 Holzkugeln, ø 1,2 cm, mit einer Bohrung von ø 3 mm ◆ Zinkeimer, ø 6 cm, 5,5 cm hoch
- Friesenbaumfuß in Natur, 6,5 cm x 9 cm x 1,5 cm ◆ Zahnstocher
- Holzbohrer, ø 1,5 mm und 2,5 mm

Vorlage Seite 79

1 Den Löffel, den Friesenbaumfuß und die Holzkugeln wie abgebildet anmalen. Nach dem Trocknen die seitlichen Bohrungen im Stiel und am Kopf ausführen.

2 Alle Innenlinien ergänzen. Den Schnabel und die Flügel aus Filz sowie die Drahtlocke ankleben. Die Baumwollkordel durch die seitliche Bohrung des Stiels stecken, um den Eimer legen und verknoten.

3 Auf jedes Kordelende eine Holzkugel fädeln und jeweils mit einem Knoten sichern. Die Gans in die Bohrung des Friesenbaumfußes stecken, mit der Heißklebepistole fixieren und die Füße aus Filz auf Höhe des orangenfarbenen Stielteils ankleben.

4 Den Eimer evtl. mit der Heißklebepistole leicht am Stiel fixieren. Anschließend die Zahnstocher in den Eimer stecken.

Laterne in österlichem Kranz

- Laterne in Grün, 18 cm x 50 cm x 18 cm ◆ Kerze in Weiß, ø 8 cm, 13 cm hoch
- Luftwurzeln ◆ Grasfaser in Hellgrün ◆ 2 Efeupicks, dreiteilig
- 3 Kunsttulpen in Weiß ◆ 2 Hühner in Grün-Weiß, 15 cm hoch

1 Die Kerze in die Laterne stellen.

2 Aus den Luftwurzeln einen Kranz formen, der um die Laterne passt, und die Laterne hineinstellen.

3 Den Kranz mit Grasfaser belegen und darauf gleichmäßig das Efeu, die Tulpen, die Eier und die Hühner mit Heißkleber befestigen.

Tipp: Sehr schön wirkt auch der Kranz alleine mit einer Kerze in der Mitte auf dem Esstisch.

7

8

Zart umhüllt

- Plastikei, 6 cm hoch ◆ aufgeschlagene Eier ◆ Acrylfarbe in Zartgelb
- Faserseide in Zartgelb, A3 ◆ Faserseidenrest in Hellblau
- Naturpapierrest in Blau ◆ Basteldraht in Blau ◆ verschiedene Perlen und Rocailles in Blau und Irisierend ◆ Kerzensand

Vorlage Seite 80

1 Eier mit gelber Faserseide bekleben bzw. die Eihälften mit der Acrylfarbe bemalen. Blütenblätter gemäß Vorlage ausschneiden.

2 Alle aus Papier und Faserseide gefertigten Teile ausschneiden bzw. ausreißen. Perlen auf den Draht auffädeln und um die Eier, Papierherzen und Kerzenständer laut Abbildung wickeln.

3 Kerzensand mit Docht und Draht in Eierhälften einfüllen und die Eier an Nylonfaden aufhängen.

Tipp: Die Eier mit beklebter Faserseide wirken sehr edel. Zusammen mit den Ei-Kerzen bilden sie eine wunderbare Tischdekoration!

März

Eierkranz

- 6 Plastikeier, 6 cm hoch ◆ Marmorierfarbe in Gelb, Orange und Rosa
- Seidenpapier in Gelb und Orange, A3 ◆ Basteldraht, ø 1 mm, 60 cm lang
- Satinband in Lachs, 3 mm breit, 40 cm lang

Vorlage Seite 82

1 In die Eier auf beiden Seiten mit einem Cutter ein Loch einstechen. Anschließend werden sie gemäß der Gebrauchsanleitung mit den Mamorierfarben marmoriert.

2 Blüten aus Seidenpapier nach Vorlage ausschneiden. Zur Zeitersparnis das Papier übereinander legen und die Blüten doppelt ausschneiden.

3 Eier abwechselnd mit den Blüten auf den Draht ziehen und die Enden des Drahtes verdrehen. Das Satinband dient als Aufhängung.

Tipp: Möchten Sie den Kranz im Fenster dekorieren? Fertigen Sie dazu passende Blumenstecker.

9

10

Die Tanzhäschen

- Konturenfarbe in Schwarz ◆ Windowcolor in Weiß, Hautfarbe, Pfirsich, Erdbeere, Fuchsia, Rosé, Apfelgrün und Blau ◆ Malfolie, A3

Vorlage Seite 80

1 Das Motiv mit Konturenfarbe auf die Folie malen und nach dem Trocknen gemäß der Abbildung die Farbflächen mit Windowcolor ausfüllen.

2 Die weißen Lichtpunkte, -linien und die Dekorlinien auf den Eiern mit Weiß, Pfirsich, Fuchsia und Blau sowie die Graspunkte in Pfirsich erst nach dem Trocknen aufbringen.

Tipp: Die Ostereier sehen auch einzeln als Dekoration sehr schön aus.

Gartenleuchte mit Stiefmütterchen

◆ Malfolie ◆ Konturenfarbe in Schwarz ◆ Windowcolor in Orange, Zitronengelb, Bordeaux und Weiß ◆ Gartenleuchte, 15 cm groß (ohne Stab)
Vorlage Seite 81

1 Die Konturenfarbe auftragen.

2 Nach dem Trocknen die Blütenmitten der Stiefmütterchen mit Orange ausmalen. Bei der rechten Blüte die Blütenblätter mit Gelb füllen. Bei der linken Blüte Gelb und Bordeaux nebeneinander auftragen und mit einem Schaschlikstab nach außen ziehen.

3 Nach dem Trocknen die gesamte Blüte mit Weiß übermalen.

Tipp: Probieren Sie einfach aus, auf welchem Wohnaccessoire die Stiefmütterchen am schönsten aussehen.

11

12

Oster-Überraschung

◆ Fotokarton in Rosa, A3
Vorlage Seite 81

1 Die Vorlage mit Hilfe eines Kopierers vergrößern. Die Vorlage auf den passenden Fotokarton übertragen.

2 Das Motiv mit Schere und Cutter ausschneiden. Vorhandene Bleistiftstriche vom Kopieren der Vorlage mit einem weichen Radiergummi entfernen. Kleine Kreise mit einem Bürolocher oder einer Lochzange ausstanzen.

März

Herzenssache

Pro Ei ◆ teilbares Plastikei, 10 cm oder 6 cm hoch
◆ Acrylfarbe in Orange, Rot und Pink
◆ verschiedene Perlen in Lila, Orange und Rot
Vorlage Seite 81

1 Das Muster gemäß Vorlage und Abbildung mit weißem Lackmalstift aufmalen und trocknen lassen.

2 Anschließend die Eihälften von der Innenseite mit Acrylfarbe komplett bemalen. Nur die Herzen werden ausgespart und innen mit einer anderen Farbe bemalt.

3 Die Perlen auf den Nylonfaden ziehen und diesen durch das Ei nach oben führen. Die Eihälften zusammenfügen und den Nylonfaden durch das Aufhängeloch ziehen.

Tipp: Im teilbaren Ei können Sie eine Kleinigkeit verstecken. So wird Ihr Ostergeschenk sehr persönlich.

13

14

Batik-Look

◆ gekochte Eier ◆ verschiedene Blätter ◆ Batikfarbe in Grün
◆ Bast in Natur, 35 cm lang (pro Ei) ◆ Bast zum Abbinden ◆ Nylonstrumpf

1 Blätter auf die Eier legen und den Nylonstrumpf darüberziehen. Anschließend an den Enden abbinden. Das Blatt darf später nicht verrutschen!

2 Die Batikfarbe laut Gebrauchsanweisung in Wasser auflösen und die Eier darin färben.

3 Den Nylonstrumpf entfernen. Die Eier kalt abspülen, trocknen lassen und mit dem Bast verzieren.

Tipp: Möchten Sie die Batikeier als Osterstraußanhänger oder zur Dekoration verwenden, werden die Eier zuvor ausgeblasen. Da die Eier nun auf der Batikfarbe schwimmen, ist es ratsam, beim Abbinden die Enden des Nylonstrumpfes etwas länger zu lassen. So können Sie die Eier problemlos öfter durch die Batikfarbe ziehen.

Willkommen, Osterhase!

◆ Tonkarton in Pink, A5 ◆ Tonkartonreste in Gelb, Hellbraun und Regenbogenfarbe ◆ Bast in Natur ◆ Zackenschere

Vorlage Seite 82

1 Alle Einzelteile ausschneiden. Der gelbe Tonkarton wird dabei mit einer Zackenschere geschnitten und auf den pinkfarbenen Karton geklebt.

2 Das Loch zum Aufhängen am Türgriff einschneiden.

3 Die Tonkartonteile des Hasen bemalen und wie abgebildet zusammenkleben.

4 Den Bast durch eine Nadel fädeln und die Barthaare hindurchfädeln.

5 Zum Schluss den Hasen auf das Schild kleben.

Tipp: Schreiben Sie eine lustige Botschaft auf das Ei des Osterhasen, z. B. „Bitte nicht stören, sortiere gerade Ostereier" oder „Auf Ostereier-Tour". Sie können die Schildchen natürlich auch mit den Namen der Familienmitglieder beschriften und von außen an die Klinke ihrer Zimmertür hängen.

15

16

Hasen-Schaukel

◆ Fotokarton in Braun, A4 ◆ Fotokartonreste in Gelb und Rot
◆ Wellpapperest in Blau ◆ Schnur in Blau, ca. 80 cm lang
◆ 20 Klebepunkte in Gelb

Vorlage Seite 84

1 Das Köpfchen beidseitig bemalen, alle anderen Teile doppelt zuschneiden.

2 Im Hemd den Ärmel ca. 2 cm weit einschieben, den Arm einschieben und auf der Rückseite fixieren. Die Schaukel aus blauer Wellpappe mit aufgesetztem Querstreifen fertigen. Die rote Hose mit den Klebepunkten sowie die Füße und die Schaukel von hinten befestigen.

3 Die Figur auf der Rückseite mit den entsprechenden Teilen gegengleich arbeiten. Zuletzt auf beiden Seiten das Loch in die Schaukel stechen, eine Kordel durchziehen, unter den Händen durchführen und an diesen ankleben.

März

Lustige Tischdeko

Pro Hase ◆ Plastikei, 6 cm hoch ◆ Acrylfarbe in Pfirsich und Rosa
◆ Tonkartonreste in Hellbraun und Rosa-Weiß kariert
◆ Basteldraht in Weiß, ø 1 mm, 12 cm lang ◆ Bast in Natur
Vorlage Seite 82

1 Das Ei bemalen und das Gesicht gemäß Vorlage aufmalen. Die roten Wangen werden mit einem Buntstift aufgemalt.

2 Tonkartonteile ausschneiden und wie auf der Vorlage bemalen. Ohren an der Faltlinie umknicken und mit Sekundenkleber am Ei anbringen. Um die vorher gefertigte Bastschleife einen Nylonfaden zum Aufhängen binden und die Bastschleife ankleben.

3 Draht um einen dünnen Stab zu einer Spirale wickeln und in die Mitte des Kragens ein Loch stechen. Den Draht durchziehen und das Ende umknicken. Anschließend das andere Ende des Drahtes in der Öffnung vom Ei befestigen.

Tipp: Nehmen Sie für die lustigen Hasen auch ausgeblasene, naturfarbene Eier. Damit sparen Sie sich das Bemalen mit Acrylfarbe.

17

18

Lustige Elfen- und Masken-Eier

Elfen-Eier ◆ 2 ausgeblasene Hühnereier in Weiß, ca. 6 cm hoch
◆ Acrylfarbe in Hautfarbe ◆ Bastelfilzreste in Orange und Grün
◆ 18 Wachsperlen in Weiß, ø 4 mm ◆ je 1 Holzperle in Orange und Grün, ø 1 cm
◆ Silberdraht, ø 0,8 mm (Aufhängung) ◆ Nähfaden in Grün und Orange
Masken-Eier ◆ 2 ausgeblasene Hühnereier in Weiß, ca. 6 cm hoch
◆ Acrylfarbe in Orange und Gelb ◆ Bastelfilzreste in Pink und Blau
◆ je 1 Holzperle in Gelb und Grün, ø 5 mm ◆ Holzperle in Gelb, ø 3 mm
◆ Nähfaden in Gelb und Grün ◆ Silberdraht, ø 0,8 mm (Aufhängung)
Vorlage Seite 84

Elfen-Eier

1 Zuerst nur die Augen von der Vorlage auf die Eier übertragen. Die Eier anmalen, dabei die Augen aussparen. Nun die restlichen Konturen übertragen. Zuerst die Wangen röten, anschließend die Konturen mit schwarzem Filzstift nachziehen.

2 Die Mütze gemäß Vorlage zuschneiden, sämtliche Perlen in gleichmäßigen Abständen aufnähen. Die Mütze mit passendem Faden an den Kanten zusammennähen.

3 Für die Aufhängung je ein ca. 30 cm langes Drahtstück zuschneiden. Eine Wachsperle mittig aufziehen, den Draht eng zusammenlegen und die Holzperle auf beide Enden auffädeln. Die Drahtenden durch die Öffnung sowie die Mützenspitze schieben. Die Mütze am Ei festkleben.

Masken-Eier

1 Die Eier in Gelb und Orange bemalen. Die Maskenformen nach Vorlage aus Bastelfilz ausschneiden. Sämtliche Perlen für Nase und Schnabel mit passendem Faden aufnähen, die Masken wie abgebildet um die Eier kleben.

2 Für die Aufhängung pro Ei ein ca. 30 cm langes Drahtstück zuschneiden, mittig zusammenlegen und durch die Öffnungen schieben. Auf der Unterseite den Draht zu einer kleinen Lasche auseinander biegen, damit das Ei nicht herunter fällt.

Tipp: Sie können die Augen auch mit einer Lochzange ausstanzen. So werden sie schön gleichmäßig.

Handicap 4

◆ Fotokarton in Mittelbraun und Grün, A4 ◆ Fotokartonreste in Weiß, Rot, Gelb, Dunkelbraun, Grau, Orange und Schwarz

Vorlage Seite 85

1 Die Motivteile ausschneiden. Die Gesichter sowie die Zierlinien (in der Vorlage gepunktet) aufmalen und die Wangen mit einem Buntstift röten.

2 Dem Hasen die dreiteilige Kappe, die mit einem Locher ausgestanzten Glieder der Perlenkette und den Arm mit dem Golfschläger von vorn aufkleben. Der Schwanz wird von der Rückseite her ergänzt.

3 Das Huhn mit dem Kamm, den Kehllappen und den Flügeln bekleben und auf die rote Golfballhalterung setzen.

4 Das Motiv laut Abbildung zusammenfügen.

19

20

Klingendes Huhn

◆ Plastikei, 6 cm hoch ◆ Holzkugel, ø 3,5 cm ◆ Strukturpaste in Weiß
◆ Tonkartonreste in Orange, Rot und Weiß ◆ 3 Klangstäbe, 4 cm, 6 cm und 7 cm lang ◆ Schleifenband in Rot-Weiß kariert, 4 cm breit, 10 cm lang
◆ Holzperle in Weiß, ø 7 mm

Vorlage Seite 80

1 Holzkugel und Flügel auf dem Ei mit Heißkleber befestigen. Strukturpaste auftragen. Anschließend gut trocknen lassen.

2 Restliche Tonkartonteile ausschneiden, bemalen, umknicken und ankleben. Jetzt das Gesicht aufmalen. Die Wangen werden mit einem roten Buntstift aufgemalt.

3 Klangstäbe mit weißem Faden an ein Stück Streichholz binden und in der Öffnung vom Ei befestigen. Für die Aufhängung weißen Faden um die Perle knoten und in die Öffnung der Holzkugel kleben. Schleifenband zu einem Dreieck schneiden und um den Hals knoten.

Tipp: Das lustige Huhn sieht auch als Osterstraußanhänger gut aus. Fertigen Sie es mehrfach und lassen Sie die Klangstäbe einfach weg.

März

Fliegender Hase

◆ Fotokartonreste in Weiß, Orange, Mittel- und Dunkelbraun, Hellgrün, Blau, Rot und Lila

Vorlage Seite 86

1 Die Motivteile ausschneiden. Das Gesicht und die Zierlinien (in der Vorlage gepunktet) aufzeichnen. Die Flickennähte werden erst zum Schluss ergänzt. Die Wangen mit einem Buntstift röten.

2 Der Hase erhält nacheinander die Kappe, die Schutzbrille, das Shirt und die rote Hose samt untergeklebtem Schwanzteil.

3 Den Fallschirm mit Flicken versehen, wobei die Punkte mit einem Locher ausgestanzt werden. Die Bänder auf die Eierschale kleben und zwischen den Hasenpfoten fixieren.

21

Frohe Ostern, quak, quak!

◆ Tonkarton in Grau und Grün, A4 ◆ Tonkarton in Gelb, Regenbogenfarbe und Rot-Gelb gestreift, A5 ◆ 2 Wackelaugen, ø 3,5 cm
◆ Klebepunkte in Rot, ø 8 mm ◆ Buchstaben in Rot, 1,5 cm groß
◆ Bast in Natur ◆ 2 Partyklammern in Gelb, 3,5 cm lang
◆ Papierdraht in Natur, 2 x 10 cm lang ◆ Zackenschere

Vorlage Seite 83

1 Zuerst alle Tonkartonteile ausschneiden und das Gesicht bemalen. Die Wackelaugen aufkleben.

2 Den grauen Stab hinter das Gesicht und auf die Arme kleben und anschließend die Ostereier befestigen.

3 Die Hände des Frosches auf die Arme kleben.

4 Die Hose und das Tuch mit Klebstoff fixieren und die Klebepunkte anbringen. Den Bast um die Hose binden.

5 Das Schild mit einer Zackenschere ausschneiden und mit den Buchstaben bekleben.

6 Zwei Löcher für die Drahtbeine in die Hose stechen, den Draht durchziehen und das Ende umbiegen. Nun den Draht durch die Spiralen der Klammer ziehen und das Ende nach oben um die Beine biegen.

7 Das Schild festklammern und das Türschild aufhängen.

Tipp: Das fröhliche Türschild kann natürlich auch mit den Namen der Zimmerbewohner gestaltet werden!

22

Kikeriki!

- Regenbogentonkarton, ca. 18 cm x 24 cm
- Regenbogentransparentpapier, ca. 16 cm x 22 cm
- Tonpapier in Rot, ca. 15 cm x 15 cm

Vorlage Seite 87

1 Das Osterei aus Regenbogenkarton doppelt anfertigen. Transparentpapier so zuschneiden und dazwischenkleben, dass es am Rand nicht sichtbar ist, d. h. ca. 1 cm kleiner arbeiten.

2 Den Hahn aus rotem Tonpapier arbeiten und auf das Transparentpapier aufkleben.

Tipp: Auf der Rückseite zunächst sichtbare Klebepunke sind am Fenster nicht zu erkennen. Mit etwas Übung können Sie den Hahn auch doppelt schneiden und deckungsgleich auf die Rückseite kleben.

23

24

Auf der Frühlingswiese

- Tonkarton in Hellgrün, A3

Vorlage Seite 85

1 Die Vorlage mit Hilfe eines Kopierers vergrößern. Die Vorlage auf den passenden Fotokarton übertragen.

2 Das Motiv mit Schere und Cutter ausschneiden. Vorhandene Bleistiftstriche vom Kopieren der Vorlage mit einem weichen Radiergummi entfernen. Kleine Kreise mit einem Bürolocher oder einer Lochzange ausstanzen.

Tipp: Arbeiten Sie zusätzlich einzelne kleine Schmetterlinge und dekorieren Sie das Fenster damit.

März

Aller guten Dinge sind drei

- Fotokarton in Weiß, A2

Vorlage Seite 83

1 Die Vorlage mit Hilfe eines Kopierers vergrößern. Die Vorlage auf den passenden Fotokarton übertragen.

2 Das Motiv mit Schere und Cutter ausschneiden. Vorhandene Bleistiftstriche vom Kopieren der Vorlage mit einem weichen Radiergummi entfernen. Kleine Kreise mit einem Bürolocher oder einer Lochzange ausstanzen.

Tipp: Wenn Sie die Vorlage mit dem Kopierer verkleinern, können Sie ein Schaf im quadratischen Rahmen auch auf eine Grußkarte kleben und zu Ostern verschenken.

25

26

Blumige Aussichten

Pro Ei ◆ Plastikei, 6 cm hoch ◆ Deko-Paste in Weiß ◆ Acrylfarbe in Gelb
◆ 4 Stoffblumen in Weiß, ø ca. 3,5 cm ◆ 4 Strasssteine in Silber, ø 4 mm
◆ Satinband in Weiß, 3 mm breit, 30 cm lang ◆ Streichhölzer

1 Plastikei mit Deko-Paste bemalen und trocknen lassen.

2 Acrylfarbe auftragen und Stoffblumen mit Heißkleber anbringen. Anschließend Strasssteine in der Blütenmitte aufkleben.

3 Satinband an ein Stück Streichholz binden und in der Öffnung vom Ei befestigen.

Tipp: Anstelle von Stoffblumen können Sie auch kleinere getrocknete Blumen nehmen. Verwenden Sie dann die passende Acrylfarbe zu den Blumen.

Osterkarte

- Doppelkarte und Umschlag in Türkis, C6
- Tonpapier in Gelb, 22,8 cm x 16,2 cm (als Einlegepapier)
- Tonpapierrest in Gelb

Vorlage Seite 86

1 Das „O" von den Vorlagen abpausen, auf die Rückseite des Kartendeckblattes übertragen. Dabei darauf achten, dass die Kartenmitte gewählt wird, und ausschneiden.

2 Hier zunächst mit dem Cutter ansetzen und dann mit der Schere weiterarbeiten.

3 Gelbes Tonpapier falten und als Einlegepapier in die Karte legen. Die Mitte mit etwas Klebstoff fixieren.

4 Tulpen ebenfalls auf gelbes Tonpapier übertragen, ausschneiden und gemäß der Abbildung auf der Kartenvorderseite ankleben.

27

28

Lustige Tiere

Pro Motiv ◆ Tonkarton in Blau bzw. Weiß, 10 cm x 10 cm
- Satinband in Hellblau bzw. Gelb, 3 mm breit und 35 cm lang
- 2 Holzperlen in Natur, ø 5 mm bis 6 mm

Vorlage Seite 79

1 Hahn und Henne einmal ausschneiden. Bänder in die zuvor mit der Lochzange gestanzten Löcher einbinden.

2 Für Hase und Gans die Motive doppelt ausschneiden. Bei der Gans das Band zum Aufhängen dazwischen kleben. Ein kürzeres Band mit Perlen am Körper einfädeln.

3 Den Hasen mit einer Schleife und Perlen versehen.

Tipp: Die Tiere sehen nicht nur am Osterstrauß hübsch aus, sondern auch als Geschenkanhänger. Sehr schön zur Geltung kommen die Motive auch, wenn sie aus farbigem Transparentpapier gearbeitet werden.

März

Moderne Kommunionskerzen

Kelch und Fische ◆ rechteckige Kerze in Weiß, 8,5 cm breit, 20 cm hoch
◆ Wachsplatten in Grasgrün, Hellgrün, Blau und Gold
◆ Wachsplattenrest in Goldgelb ◆ 2 runde Wachszierstreifen in Gold, 2 mm breit
Kelch und Hostie ◆ rechteckige Kerze in Weiß, 8,5 cm breit, 20 cm hoch
◆ Wachsplatten in Hellgrün, Goldgelb und Gold
◆ Wachsplatte in Hellgrün marmoriert ◆ 3 runde Wachszierstreifen in Gold, 2 mm breit
Vorlage Seite 85

Kelch und Fische

1 Die Rechtecke aus den entsprechenden Wachsplatten zurechtschneiden. Sie sind 4,5 cm x 5 cm (grasgrün), 3,5 cm x 5 cm (hellgrün) und 2,5 cm x 3 cm (blau) groß.

2 Das hellgrüne Rechteck wird zuerst platziert, danach das blaue, zuletzt das grüne. Die Fische, den Kelch und die Hostie ausschneiden und aufsetzen.

3 Das Kreuz aus doppelt gelegten Wachszierstreifen anbringen.

Kelch und Hostie

1 Mit Hilfe von Lineal und Bleistift einen 20 cm langen und 3,5 cm breiten Streifen aus der grün marmorierten Wachsplatte ausschneiden und positionieren. Die Ränder werden mit Wachszierstreifen eingefasst.

2 Danach den Kelch und die Hostie ausschneiden und fixieren.

3 Aus Wachszierstreifen fünf 3,5 cm bis 5 cm lange Strahlen abschneiden und um die Hostie platzieren.

29

30

Fang' den Schmetterling!

◆ Tonkarton in Rosa, A3
Vorlage Seite 87

1 Die Vorlage eventuell mit Hilfe eines Kopierers vergrößern. Die Vorlage auf den passenden Fotokarton übertragen.

2 Das Motiv mit Schere und Cutter ausschneiden. Vorhandene Bleistiftstriche vom Kopieren der Vorlage mit einem weichen Radiergummi entfernen. Kleine Kreise mit einem Bürolocher oder einer Lochzange ausstanzen.

Kleines Osternest

- runde Camembertschachtel, ø 8,5 cm ♦ Tonkarton in Hellblau, A4
- Tonkartonrest in Gelb ♦ 4 Federn in Gelb ♦ Filzstift in Orange
- Zackenschere

Vorlage Seite 86

1 Den ausgeschnittenen Tonkarton um die Camembertschachtel kleben und als Griff einen 30 cm x 3 cm breiten Streifen mit der Zackenschere ausschneiden. Den Griff an der Innenseite der Schachtel festkleben.

2 Die Entchen ausschneiden, die Gesichter und den Schnabel mit dem Filzstift aufmalen und die Federn ankleben.

3 Die Entchen auf dem Korb festkleben.

31

März

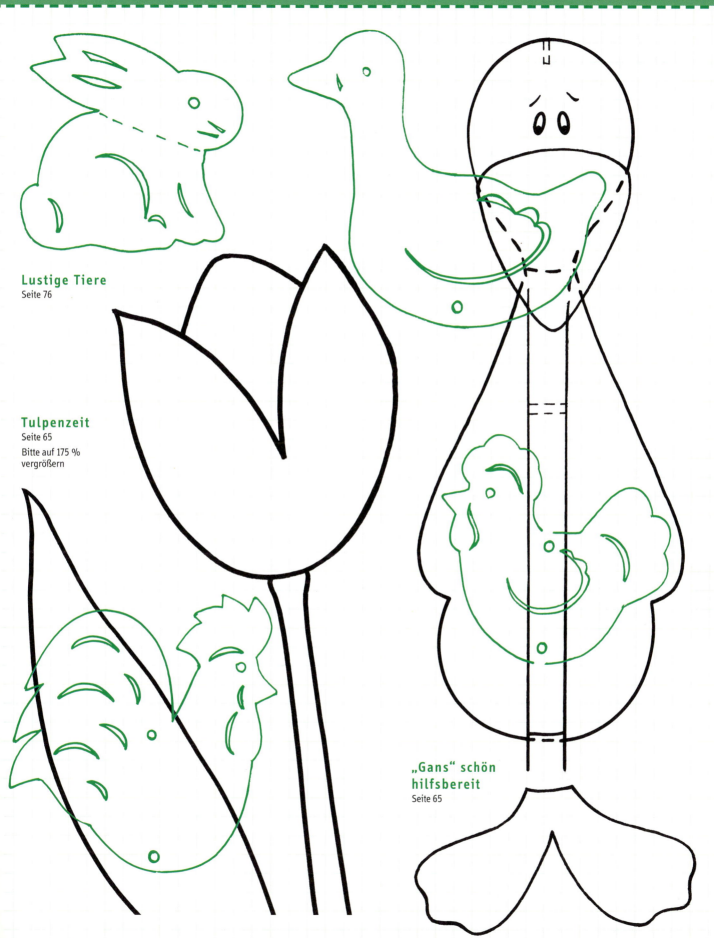

Lustige Tiere
Seite 76

Tulpenzeit
Seite 65
Bitte auf 175 %
vergrößern

„Gans" schön
hilfsbereit
Seite 65

März

Gartenleuchte mit Stiefmütterchen
Seite 68

Herzenssache
Seite 69

Oster-Überraschung
Seite 68
Bitte auf 150 % vergrößern

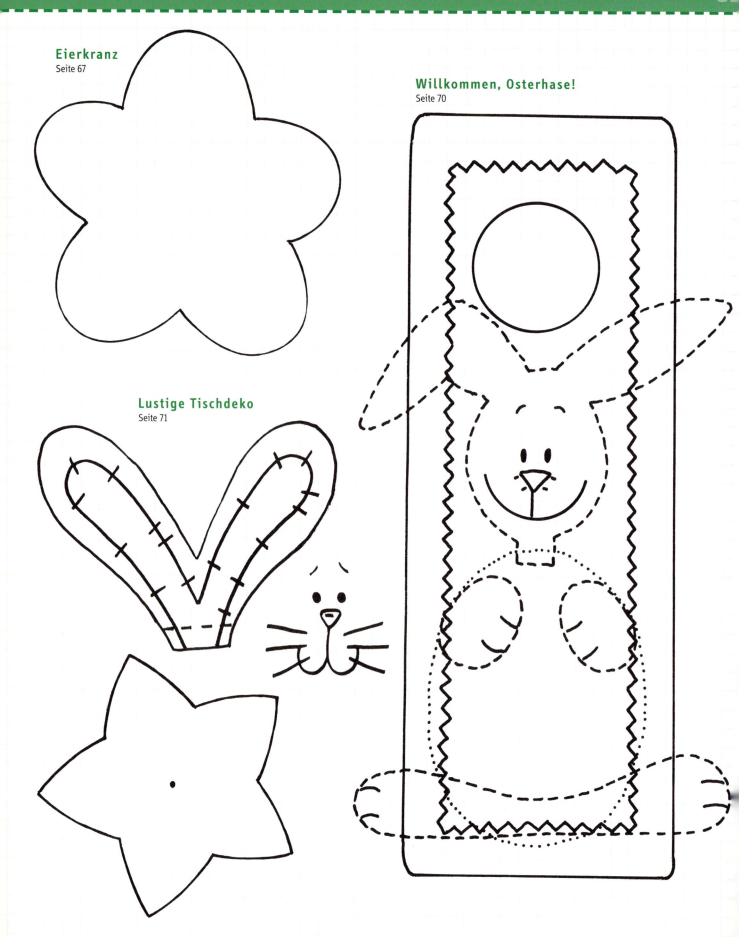

März

Aller guten Dinge sind drei
Seite 75
Bitte auf 250 % vergrößern

Frohe Ostern, quak, quak!
Seite 73
Bitte auf 200 % vergrößern

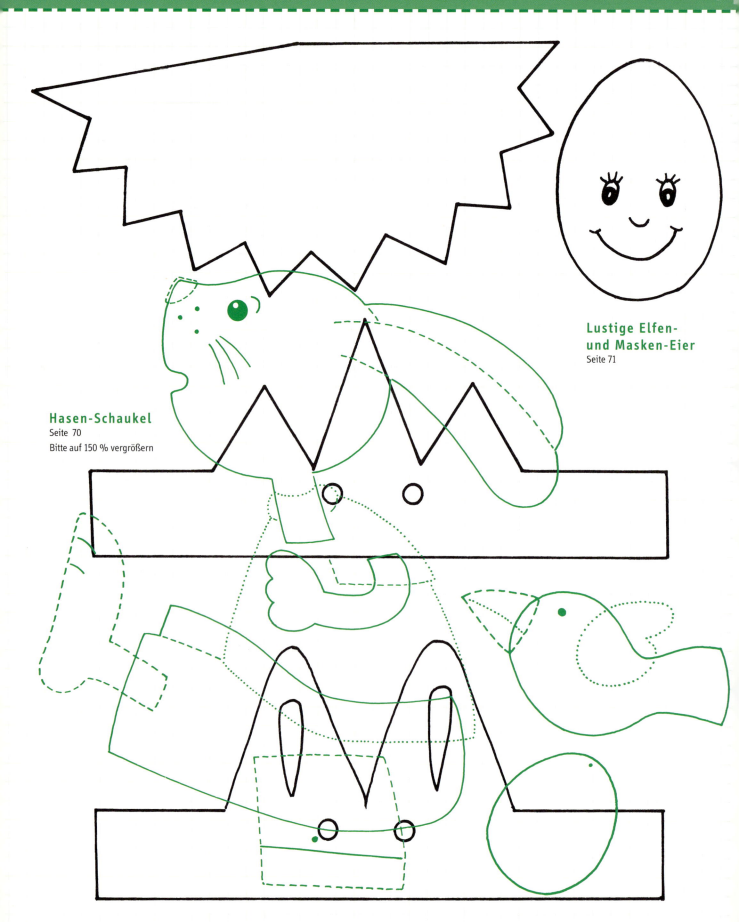

Lustige Elfen- und Masken-Eier
Seite 71

Hasen-Schaukel
Seite 70
Bitte auf 150 % vergrößern

März

Fang den Schmetterling!
Seite 77
Bitte auf 200 % vergrößern

Kikeriki!
Seite 74

April

April

Osterzeit

- Tonkarton in Gelb, A3

Vorlage Seite 104

1 Die Vorlage mit Hilfe eines Kopierers vergrößern. Die Vorlage auf den passenden Fotokarton übertragen.

2 Das Motiv mit Schere und Cutter ausschneiden. Vorhandene Bleistiftstriche vom Kopieren der Vorlage mit einem weichen Radiergummi entfernen. Kleine Kreise mit einem Bürolocher oder einer Lochzange ausstanzen.

Tipp: Hübsch sieht das Motiv auch aus, wenn Sie das Mädchen in gemusterten Papieren im Country-Stil arbeiten. Sehr schöne Muster finden Sie z. B. bei Scrapbooking-Papieren.

Miniketten mit Blumen und Herzen

Pro Kette ◆ Motivkarton in Orange mit Blümchen, Apfelgrün-Weiß kariert oder Blau-Weiß gestreift (Rückseite jeweils einfarbig)
- Baumwollfaden in Blau, Orange oder Apfelgrün, ca. 1 m lang
- ggf. Holzperlen in Weiß, ø 8 mm oder ø 1 cm
- ggf. Schleifenband in Blau-Weiß kariert, 5 mm breit, pro Schleife ca. 20 cm lang
- Klebepunkte in Weiß, ø 8 mm ◆ Motivlocher: Blume, ø 3,2 cm
- Motivlocher: Herz, ø 3 cm

Vorlage Seite 113

1 Die Teile für jedes Motiv doppelt ausstanzen. Die Klebepunkte als Blütenmitten auf die Blüten setzen.

2 Blüten und Herzen doppelt auf den Baumwollfaden kleben. Nach Geschmack Holzperlen zwischen den Motiven aufziehen oder Schleifen anknoten.

3 Wenn die Ketten frei am Fenster oder im Raum hängen sollen, zur Stabilität eine große Perle als Abschluss unten anknoten.

Tipp: Diese kleinen Ketten machen sich außerordentlich hübsch als Geschenkbänder. Besorgen Sie sich einen Motivlocher und schönes Papier und im Handumdrehen können Sie jedes Geschenk liebevoll aufpeppen.

Hahn und Hühner

Pro Tier ◆ Plastikei in Grün oder Orange, 6 cm hoch
◆ Lackfarbe oder Acrylfarbe in Hellgrün oder Orange
◆ Fancy Canvasreste oder Fotokartonreste in Rot und Gelb
◆ Dekomalstifte in Weiß und Gelb oder Rot, ø 1 mm bis 2 mm
◆ 2 Wackelaugen, ø 4 mm ◆ Flauschfeder in Weiß ◆ Allzwecksäge

Vorlage Seite 104

1 Von Kamm, Schnabel, Kehllappen und Füßen jeweils eine Schablone anfertigen und die Umrisse mit Kugelschreiber auf Fancy Canvas bzw. mit Bleistift auf Fotokarton übertragen. Die Motivteile ausschneiden.

2 Das stumpfe Ende des Eies absägen. Für den Kamm einen ca. 1 cm bis 1,5 cm langen Schlitz in die Eispitze sägen. Den Kamm probeweise in den Einschnitt stecken und evtl. mit dem Cutter noch korrigieren. Das Ei grün oder orange bemalen. Mit den Stiften das Blümchenmuster auftupfen, dabei stets mit dem gelben bzw. roten Mittelpunkt beginnen.

3 Den Kamm einstecken, dabei zum Fixieren Klebstoff von der abgesägten Unterseite ins Innere tropfen. Dann den Kehllappen, den Schnabel und mit Hilfe der Pinzette die Augen aufkleben. Den Sägerand an der Unterseite mit Klebstoff bestreichen und auf die Füße setzen. Zuletzt die Schwanzfeder ankleben.

3

4

Eier mit Windowcolor

◆ Plastikeier, 6 cm hoch ◆ Acrylfarbe in Pink und Maigrün
◆ Prospekthülle ◆ Windowcolor in Olivgrün und Pink

Vorlage Seite 104

1 Die Plastikeier gemäß Abbildung mit der Acrylfarbe grundieren und trocknen lassen.

2 Windowcolor nach Vorlage auf die Prospekthülle malen. Die Muster des rosa-weiß gestreiften Eies direkt auf das Ei auftragen.

3 Nach dem Trocknen die Motive von der Prospekthülle abziehen und auf den Eiern dekorieren.

Tipp: Für die kleinen Motive brauchen Sie keine Konturenfarbe zu verwenden. Dadurch wird das Malen sehr einfach. Malen Sie die Farbe allerdings nicht zu dünn, damit sie sich besser von der Prospekthülle abziehen lässt.

April

Kecke Entchen

Pro Entchen ◆ Plastikei in Gelb, 6 cm hoch
◆ Lackfarbe oder Acrylfarbe in Gelb ◆ Fancy Canvasrest oder Fotokartonrest in Rot ◆ Dekomalstift in Weiß, ø 1 mm bis 2 mm ◆ 2 Wackelaugen, ø 6 mm
◆ Chenilledraht in Rot oder Grün ◆ Abacafaser in Gelb, 4 cm lang
◆ Bohrer, ø 2 mm ◆ Allzwecksäge

Vorlage Seite 105

1 Von Schnabel und Fuß jeweils eine Schablone anfertigen und die Umrisse mit Kugelschreiber auf Fancy Canvas bzw. mit Bleistift auf Fotokarton übertragen. Die Motivteile ausschneiden.

2 Das stumpfe Ende des Eies absägen. Für den Schnabel etwa 2 cm von der Eispitze entfernt einen ca. 3 cm langen Schlitz einsägen. Diesen Einschnitt mit dem Cutter noch etwas erweitern, bis die beiden Schnabelteile eingesteckt werden können. Den Schnabel wieder entfernen. Dann für die Haare an der Eispitze mit dem Bohrer (ø 2 mm) ein Loch bohren.

3 Das Ei gelb bemalen und mit dem Dekomalstift Kringel, Herzen oder Gefieder aufmalen. Jetzt den Schnabel einstecken und von unten durch die Sägeöffnung ankleben. Ca. 3 mm über dem Schnabel die Wackelaugen mit der Pinzette platzieren.

4 Das Abacafaserbüschel an der Unterseite in Klebstoff tauchen, in das Loch in der Eispitze stecken und mit einem ca. 2 cm langen Stück Chenilledraht umschlingen. Abschließend den Sägerand an der Unterseite mit Klebstoff bestreichen und auf die Füße setzen.

5

6

Scherenschnitt-Eier

◆ 6 Plastik- oder Hühnereier in Weiß, 6 cm hoch
◆ Tonpapier in Schwarz, A5

Vorlage Seite 105

1 Die Motive auf das Tonpapier übertragen und vorsichtig mit einem Cutter oder einer spitzen Nagelschere ausschneiden.

2 Die Motive mit Klebstoff betupfen und auf die Eier kleben. Gut andrücken.

Tipps: Sie können auch Scherenschnittpapier verwenden. Da die Rückseite des Papiers weiß ist, lässt sich das übertragene Motiv gut erkennen. Allerdings können die Schnittkanten auf der Vorderseite ebenfalls weiß durchscheinen.

Die kleinen, hübschen Motive sehen auch wunderbar als Geschenkanhänger oder am Osterstrauß aus. Auf Briefumschlägen oder im Poesiealbum sind sie ein echter Hingucker!

Auf Wanderschaft

◆ Fotokarton in Orange, A2

Vorlage Seite 105

1 Die Vorlage mit Hilfe eines Kopierers vergrößern. Die Vorlage auf den passenden Fotokarton übertragen.

2 Das Motiv mit Schere und Cutter ausschneiden. Vorhandene Bleistiftstriche vom Kopieren der Vorlage mit einem weichen Radiergummi entfernen. Kleine Kreise mit einem Bürolocher oder einer Lochzange ausstanzen.

Tipp: Dieses Motiv können Sie farblich passend auf ihre Einrichtung abstimmen. Aus gelbem Fotokarton geschnitten sieht dieser nette Hase auch sehr süß aus.

7

8

Cäsar, der Hase

◆ Fichtenleimholzplatte, 1,8 cm stark ◆ Sperrholz, 7 mm stark (Kopf, Ei, Schwanz) ◆ 4 Rohholzperlen, ø 1,5 cm
◆ matte Holzperlen, ø 8 mm, 8 x in Hellbraun, 4 x in Weiß
◆ Acrylfarbe in Braun, Weiß und Hellgelb
◆ 2 Lederriemen in Hellbraun, ø 2 mm, 30 cm und 40 cm lang
◆ Blumendraht, ø 0,35 mm, 12 cm lang ◆ Bohrer, ø 2,5 mm und ø 1 mm (Ei)

Vorlage Seite 106

1 Den Hasen gemäß der Anleitung auf Seite 8 arbeiten. Die Bohrungen in Hasenkörper und Ei anbringen, die Lederriemen und den Draht durchfädeln. Die Holzperlen wie abgebildet aufziehen und mit jeweils einem Knoten sichern.

2 Den Rumpf oberhalb der gepunkteten Linie mit der Feile leicht abschrägen, damit der Kopf geneigt auf dem Körper aufliegt. Dann den bemalten Kopf aufleimen.

3 Zuletzt den weißen Schwanz ankleben. Die Punkte auf dem Ei mit einem Wattestäbchen auftupfen, dann dem Hasen die Kette mit dem bemalten Ei umhängen. Die Drahtenden dafür auf der Rückseite miteinander verdrehen.

April

Hugo Hase

- Konturenfarbe in Schwarz
- Windowcolor in Weiß, Rosé, Apfelgrün und Blau
- Malfolie, A3

Vorlage Seite 106

1 Das Motiv mit der Konturenfarbe auf die Folie übertragen. Die Flächen nach dem Trocknen gemäß der Abbildung mit Windowcolor ausmalen.

2 Die Farbpunkte auf der Kleidung, den Eiern und der Schnauze erst nach dem Trocknen frei Hand aufbringen.

Tipp: Gestalten Sie Halstuch, Hose, Latz und Handschuhe mit Karos, Kringeln und anderen lustigen Mustern.

9

10

Tulpengrüße

Tulpen im Fenster ◆ Fotokarton in Rot, 21 cm x 21 cm, Hellgrün, 15 cm x 5 cm und Weiß, 12 cm x 4 cm ◆ Fotokartonreste in Orange, Gelb und Lila ◆ Wellpappe in Hellgrün, 9 mm x 3 cm
Tulpenbeet ◆ Fotokarton in Orange, 42 cm x 10,5 cm, Dunkelgrün, 21 cm x 5 cm und Hellgrün, 21 cm x 3 cm ◆ Fotokartonrest in Rot ◆ Wellpappe in Hellgrün, 1,5 cm x 6 cm ◆ 20 Klebekissen, 5 mm x 5 mm
Ein kleiner Blumengruss ◆ Fotokarton in Gelb, 15 cm x 22 cm ◆ Fotokartonreste in Rot, Orange, Rosa, Pink und Lila ◆ Wellpappe in Hellgrün, 1,5 cm x 8 cm ◆ Schleifenband in Rot, 3 mm breit, 14 cm lang ◆ 10 Klebekissen, 5 mm x 5 mm

Vorlage Seite 106

Tulpen im Fenster

1 Aus dem hellgrünen Fotokarton drei Quadrate (5 cm x 5 cm) und aus dem weißen drei Quadrate (4 cm x 4 cm) zuschneiden und mittig aufeinander kleben.

2 Tulpenblüten und Blütenblätter ausschneiden und aufeinander kleben. Aus der Wellpappe drei Stiele (3 mm x 3 cm) zuschneiden. Diese an den Rückseiten der Tulpen befestigen. Die Tulpen auf die weißen Quadrate kleben, die überstehenden Stiele kürzen und die Quadrate aufkleben.

Tulpenbeet

1 Die Tulpen wie bei den Tulpen im Fenster beschrieben fertigen. Die Stiele sind hierbei jedoch 3 mm x 6 cm lang.

2 Den dunkelgrünen Zickzackstreifen auf die Karte kleben. Die Tulpen darauf befestigen. Überstehende Tulpenstiele kürzen und den hellgrünen Zickzackstreifen mit 20 Klebekissen darüber fixieren.

Ein kleiner Blumengruß

1 Die Tulpen wie oben beschrieben fertigen. Die Stiele sind dabei 3 mm x 8 cm lang.

2 An jeder Tulpe hinten zwei Klebekissen befestigen. Die Blüten mit den Klebekissen auf der Karte zu einem Blumenstrauß anordnen und die Blumenstiele mit dem Schleifenband bündeln.

Summ, summ, summ ...

- Tonkarton in Gelb, A4 ◆ Tonkarton in Lila und Rot, A5
- Tonkartonreste in Hautfarbe, Orange und Weiß
- Krepppapierrest in Gelb ◆ Chenilledraht in Braun, 6 x 8 cm lang
- Klebepunkte in Weiß, ø 8 mm ◆ 3 Saugnäpfe
- Faden in Weiß

Vorlage Seite 107

1 Alle Tonkartonteile ausschneiden, Gesicht und Körper der Bienen wie abgebildet bemalen und anschließend alles zusammenkleben. Die Klebepunkte auf die Blüten setzen.

2 Die Flügel aus Krepppapier ausschneiden, in der Mitte etwas verdrehen und auf der Rückseite ankleben.

3 Die Bienen bekommen gebogene Fühler aus Chenilledraht, die ebenfalls auf der Rückseite festgeklebt werden.

4 Anschließend sämtliche Einzelmotive mit dem Nähfaden verbinden: Jeweils die oberste Blume mit einer Nadel durchstechen und den Draht mit den Saugnäpfen durchziehen. Die lustigen Ketten ins Fenster hängen.

11

12

Eier im Dekoglas

- Windlicht, ø 14 cm, 24 cm hoch ◆ 5 Plastikeier, 6 cm hoch
- Acrylfarbe in Gelb, Orange und Pink ◆ Sand in Natur
- Kieselsteine in Weiß

1 Die Plastikeier gemäß Abbildung bemalen und trocknen lassen.

2 Dekosand und Kieselsteine in das Windlicht einfüllen.

3 Mit den bemalten Eiern dekorieren.

Tipp: Der etwas andere Osterstrauß! Es sieht auch sehr hübsch aus, wenn Sie anstelle von Sand und Kieselsteinen Moos verwenden.

April

Häschen auf der Leiter

- Fotokarton in Braun, A3 ◆ Wellpappe in Grün, A4
- Fotokartonreste in Weiß, Rot, Blau, Beige und Regenbogenfarben (Ei)

Vorlage Seite 108

1 Sämtliche Einzelteile gemäß Vorlage ausschneiden.

2 Das weiße Schnäuzchen mit Filzstift gestalten, die Augen mit Filz- und Lackmalstift aufmalen. Erst die Schnauze aufkleben, dann die kleine rote Nase.

3 Die Ohrinnenteile mit der abgerundeten Seite kurz über einen runden Bleistift ziehen und mit der spitz zulaufenden Seite aufkleben. Das ergibt einen schönen, plastischen Effekt!

4 Den Kopf und die linke Hand hinter den Pullover aus Wellpappe kleben, ein Ei in Regenbogenfarben auf der Hand fixieren.

5 Die blaue Leiter nur am unteren Rand am Häschen festkleben. Die rechte Hand wie abgebildet passgenau auf Pullover und Leiter fixieren.

13

14

Osterüberraschung

Huhn ◆ runde Spandose, ø 9 cm ◆ Acrylfarbe in Weiß
- Tonkartonreste in Rot und Orange ◆ Bast in Natur, 1,50 m lang

Küken ◆ Pappmachédose, ø 5,5 cm ◆ Acrylfarbe in Gelb
- Tonkartonrest in Orange ◆ Feder in Gelb

Vorlage Seite 107

Huhn

1 Die Dose mit weißer Farbe bemalen. Das Gesicht aufmalen.

2 Die Tonkartonteile zuschneiden, mit rotem Buntstift (Schnabel), Permanentmarker und Lackmalstift bemalen und aufkleben.

3 Den Bast in fünf Stücke teilen. Eine Schleife binden und mit Heißkleber an der Dose anbringen.

Küken

1 Die Dose bemalen und das Gesicht wie beim Huhn beschrieben aufmalen.

2 Der aus Karton geschnittene Schnabel wird ebenfalls bemalt und aufgeklebt.

3 Anschließend wird die Feder mit Heißkleber angebracht.

Stiefmütterchen-Lampe

- Windradfolie
- Konturenfarbe in Schwarz
- Windowcolor in Orange, Violett, Lavendel, Zitronengelb und Schwarz
- Lampe mit gläsernem Schirm, 20 cm hoch
- Seidenkordel, ø 4 mm, 75 cm lang
- Silberdraht, ø 0,3 mm, ca. 8 cm lang
- 2 Kristallherzen

Vorlage Seite 108

1 Konturenfarbe auftragen.

2 Nach dem Trocknen die Blütenmitten der Stiefmütterchen mit Orange ausmalen. Dicht nebeneinander Striche in Violett, Lavendel und ganz wenig Schwarz auftragen. Am Rand Zitronengelb auftragen und von der Mitte aus die Farben nass in nass mit einem Schaschlikstab ineinander ziehen.

3 Nach dem Trocknen die Stiefmütterchen auf dem gläsernen Lampenschirm anbringen.

Tipps: Die Stiefmütterchen sehen auch auf Glas-Windlichtern und Vasen sehr elegant aus!

Probieren Sie auch einmal eine andere Farbzusammenstellung, z. B. Pink-Gelb!

15

16

Ein wunderschönes Blumenfenster

- Fotokarton in Rosa, A3

Vorlage Seite 110

1 Die Vorlage mit Hilfe eines Kopierers vergrößern. Die Vorlage auf den passenden Fotokarton übertragen.

2 Das Motiv mit Schere und Cutter ausschneiden. Vorhandene Bleistiftstriche vom Kopieren der Vorlage mit einem weichen Radiergummi entfernen.

Tipps: Sie können die Glockenblumen oder die übrigen Blüten auch separat schneiden.

Sehr stilvoll sieht es auch aus, wenn Sie das Motiv zusätzlich seitenverkehrt arbeiten und an der gegenüberliegenden Fensterecke anbringen.

April

Fensterschmuck mit Fuchsie

- eiförmige Acrylscheibe, 10,5 cm x 15 cm ◆ Konturenfarbe in Schwarz
- Windowcolor in Hellgrün, Brombeer, Weiß, Russischgrün und Hellrosa
- Perlonschnur, ø 4 mm, 40 cm lang
- Satinband in Dunkelgrün, 3 mm breit, 40 cm lang

Vorlage Seite 108

1 Die Konturen mit der schwarzen Konturenfarbe auf die Acrylscheibe zeichnen und trocknen lassen.

2 Blatt und Stängel russischgrün anmalen, die Blattrispen mit dem Schaschlikstab freilegen. In die Blütenblätter mit Brombeer die Blattstruktur zeichnen, nach dem Trocknen mit Hellrosa übermalen. Die Blätter und Stängel mit Hellgrün, die Blütenglocke mit Weiß übermalen.

3 Die Acrylscheibe mit der Perlonschnur aufhängen, eine Schleife aus Satinband daran befestigen.

Tipp: Acrylscheiben finden Sie als Trennscheiben in Acryleiern.

17

18

Glockenblumen oder Tulpen

Pro Kette ◆ Sperrholz, 1 cm stark, 35 cm x 50 cm
- Acrylfarbe in Altrosa oder Bordeaux und Weiß
- Satinband in Weiß, 3 mm breit, ca. 2 m lang
- Bohrer, ø 2 mm ◆ Rundholzstäbchen, ø 3 mm

Vorlage Seite 110 + 111

1 Die Blüten aussägen, durchbohren, abschleifen und in der gewünschten Farbe bemalen. Nach dem Trocknen mit einem Rundholzstäbchen (ø 3 mm) beidseitig die Punkte auftragen. Dabei jede Seite gut trocknen lassen.

2 Die einzelnen Blüten mit dem Satinband verbinden und mit Schleifen verzieren.

Tipp: Wie Sie sehen, können Sie die Blumen frühlingshaft als Tulpen oder sommerlich als Glockenblumen aufhängen.

Fröhliches Klangspiel

- Holzwäscheklammer in Natur, 7,2 cm lang ◆ 6 halbe Holzwäscheklammern in Natur, 7,2 cm lang ◆ Vierkantstab, 5 mm x 5 mm, 26 cm lang
- Tonkartonreste in Hautfarbe, Rot, Schwarz, Grau, Gelb, Weiß und Grün
- 3 Klangstäbe in Silber, ø 5 mm, 6 cm lang ◆ je 2 Holzperlen in Natur, ø 9 mm und 1,1 cm ◆ Papierdraht in Natur, ø 2 mm, 88 cm lang
- Nylonfaden ◆ Bohrer, ø 2 mm

Vorlage Seite 109

1 Den Vierkantstab halbieren. Die beiden Stäbe 4 cm voneinander entfernt auf eine Unterlage legen und die sechs halben Wäscheklammern ca. 1,2 cm voneinander entfernt aufleimen. Nach dem Trocknen mit dem Akkuschrauber zwei Bohrungen mit dem Durchmesser von 2 mm für die Aufhängung der Klangstäbe in den mittleren Holzwäscheklammern und eine Bohrung für den mittleren Klangstab im Vierkantstab anbringen.

2 Die Teile aus Tonkarton ausschneiden, bemalen und zusammenkleben. Auf die Enden der Fühler aus 2 x 4 cm Papierdraht die Perlen (ø 9 mm) kleben. Auf die Beine aus 2 x 5 cm Papierdraht die Füße kleben. Den Körper an vorgegebener Stelle durchstechen, Draht durchziehen und die Enden auf der Rückseite umbiegen.

3 Den Käfer auf die Wäscheklammer kleben. 13 cm Papierdraht für die Arme durch die Spiralöffnung der Klammer ziehen, die Perlen (ø 1,1 cm) als Hände festkleben. Den Stiel der Blume aus 17 cm Papierdraht um den Zaun schlingen, Blatt und Blüte aufkleben.

4 Den Rest des Papierdrahtes als Aufhängung verwenden. Die Enden um den oberen Vierkantstab schlingen und verdrehen, dann den Marienkäfer an den Zaun klammern und die Klangstäbe mit Nylonfaden aufhängen.

19

20

Bepflanzter Korb mit Häschen

- Drahtkorb in Rost, 21 cm x 27 cm x 14 cm
- Myrthendraht in Grün, ø 0,35 cm ◆ Efeuranke ◆ Moos und Heu
- Stiefmütterchenpflanze in Violett ◆ Traubenhyazinthenpflanze
- 2 Keramikhäschen, 9 cm groß ◆ Hahnenkreuzfedern in Rotbraun

1 Den Korb mit Moos auslegen. Die Erdballen der Pflanzen mit Heu und Moos abdecken. Auch die Zwischenräume mit Moos und Heu ausfüllen und die Häschen platzieren.

2 Die Efeuranke mit Myrthendraht entlang des Korbrands befestigen. Federn im Abstand von 12 cm auf 1 m Myrthendraht drahten. Die Federgirlande locker um den Korbrand legen.

Tipp: Anstelle der Keramikhäschen können Sie auch schlichte Eier aus Terrakotta in den Korb legen.

April

Kleine Schäfchen

Für beide Schäfchen ◆ Sperrholzreste, 1 cm und 6 mm stark
◆ 2 Rundhölzer, ø 4 mm, ca. 4,5 cm lang
◆ 2 Holzräder, ø 4 cm, 1 cm stark, mit einer Bohrung von ø 4 mm
◆ Acrylfarbe in Elfenbein, Hautfarbe, Schilf, Schwarz, Scharlachrot und Weiß
◆ Bindedraht, ø 0,35 mm ◆ Heu ◆ 2 Stoffreste, 1 cm breit, 16 cm lang
◆ Bohrer, ø 4 mm

Vorlage Seite 108

1 Den Haarschopf und die Arme aus dem dünnen, das Schäfchen aus dem dicken Sperrholz aussägen, anmalen und alle Innenlinien ergänzen. Weiß für die Nase, Augen und die Wangen benutzen.

2 Den Haarschopf und die Arme ankleben. Ein Loch für das Rundholzstück seitlich in den Körper bohren, das Rundholz in die Bohrung stecken, fixieren und das andere Ende ins Holzrad stecken und ebenfalls fixieren.

3 Etwas Heu mit Bindedraht umwickeln, die Drahtenden locken und das Bündel ankleben. Ein Stück Stoff um den Hals binden. Das zweite Schäfchen genauso arbeiten.

21

Gänseschar

◆ Sperrholz, 6 mm stark (Rumpf) und 3 mm stark (Flügel) ◆ Acrylfarbe in Weiß, Gelb und Orange ◆ Deko-Stift in Gelb ◆ Lackdraht in Schwarz, ø 0,5 mm, 10 cm (Flügel befestigen) und 5 x 3 cm lang (Haarbüschel)
◆ Bohrer, ø 1 mm (Flügel) und ø 2 mm (Haarbüschel und Drahtstab)
◆ Spanndraht, ø 2 mm, 50 cm lang ◆ Sprühlack in Weiß, Gelb oder Rot

Vorlage Seite 111

1 Die Gans und die Flügel aussägen. Die Löcher für das Haarbüschel, den Drahtstab und die Flügelbefestigung bohren. Die Ränder leicht schleifen.

2 Die Gans bemalen. Den Körper mit dem gelben Deko-Stift verzieren.

3 Die Ränder abschleifen. Auge, Schnabeltrennlinie und Nasenloch mit Filzstift aufmalen. Wenn gewünscht, die Motivteile wetterfest lackieren.

4 Die Flügel andrahten und das Haarbüschel aus Draht am Kopf einstecken. Die Gans auf den farbig besprühten Draht stecken.

22

Ein kleines Päuschen

- Fotokarton in Mittelblau, A3

Vorlage Seite 109

1 Die Vorlage mit Hilfe eines Kopierers vergrößern. Die Vorlage auf den passenden Fotokarton übertragen.

2 Das Motiv mit Schere und Cutter ausschneiden. Vorhandene Bleistiftstriche vom Kopieren der Vorlage mit einem weichen Radiergummi entfernen. Kleine Kreise mit einem Bürolocher oder einer Lochzange ausstanzen.

Tipp: Schneiden Sie einzelne Tiere ohne Zaun aus, so entsteht eine ganze Ziegenherde.

23

24

Koch

- Glas, ø 7 cm (Deckel), 12 cm hoch ◆ Styroporkugel, ø 8 cm
- Strukturpaste in Weiß ◆ Acrylfarbe in Hautfarbe, Karminrot und Braun
- Wollfilz in Weiß, 2 cm x 23 cm ◆ Bastelfilz in Weiß, ø 13 cm
- Stoff in Blau-Weiß kariert, 3 cm x 33 cm ◆ Fotokartonreste in Hautfarbe und Lila ◆ 2 Wattekugeln, 1 x ø 1,5 cm und 1 x ø 2 cm ◆ Paketschnur, 30 cm lang
- Holzkochlöffel, 12 cm lang ◆ evtl. Watte

Vorlage Seite 109

1 Kopf und Glasdeckel mit Strukturpaste grundieren. Zusammenkleben und hautfarben bemalen. Das Gesicht mit Acrylfarbe gestalten, als Nase die halbe, bemalte Wattekugel aufkleben. Die Sommersprossen mit einem Zahnstocher aufmalen. Für die Ohren Einschnitte machen und die Papierteile einstecken.

2 Für die Mütze den Filzstreifen zum Ring kleben. Den Filzkreis am Rand mit Heftstichen einfassen, zusammenraffen und in den Ring kleben. Evtl. mit etwas Watte auspolstern, dann auf den Kopf setzen.

3 Die bemalten Wattekugeln als Hände mit dem Löffel in der Mitte ankleben. Den Karostoff umbinden. Ein Schild ausschneiden, lochen, ein Rezept oder einen Gruß aufschreiben und mit Paketschnur an den Löffel hängen.

April

Baby-Frosch

- Konturenfarbe in Schwarz ◆ Windowcolor in Weiß, Hautfarbe, Erdbeere, Pfirsich, Apfelgrün, Grasgrün, Blau und Blauviolett ◆ Malfolie, A3

Vorlage Seite 112

1 Zunächst die Konturen in Schwarz auf die Folie aufbringen und nach dem Trocknen das Motiv gemäß der Abbildung ausmalen.

2 Für die Blattschattierungen entlang der schwarzen Kontur zuerst Grasgrün auftragen, den Rest mit Apfelgrün ausfüllen, dabei die Farbübergänge mit der Flaschenspitze ineinander verziehen.

3 Nach dem Trocknen die Punkte in Grasgrün und Hautfarbe frei Hand auf den Frosch setzen.

4 Die Blume in Hautfarbe, Pfirsich und Blauviolett ausmalen. Die Zunge des Baby-Frosches in Erdbeere gestalten.

25

26

Süße Blütenkerlchen

Pro Blüte ◆ Sperrholz, 6 mm stark, 10 cm x 20 cm (violette Blüte), 14 cm x 20 cm (weiße Blüte) oder 12 cm x 20 cm (rote Blüte)
- Acrylfarbe in Weiß, Gelb und Grün sowie Violett, Hellblau oder Rot
- Spanndraht, ø 2 mm, 35 cm lang ◆ Abacafaser in Gelb
- Bohrer, ø 2 mm

Vorlage Seite 113

1 Die Einzelteile aussägen und die Ränder glätten.

2 In die gelbe Blütenmitte sowie in die roten und violetten Blütenblätter etwas Weiß einarbeiten. In die weiße Blüte etwas Hellblau einziehen. Die Gesichter leicht mit Bleistift vorzeichnen und mit Filzstift und Buntstift überarbeiten. Die grünen Blätter mit etwas Gelb akzentuieren.

3 Die Blüten von oben und von unten anbohren, die Blätter längs durchbohren. Ein Abacafaserbüschel als Haare einstecken.

4 Blüte und Blätter auf den Spanndraht stecken. Evtl. zusätzlich mit Klebstoff fixieren.

Niedliche Blütenmädchen

Für beide Blütenmädchen ◆ Sperrholzreste, 1 cm und 6 mm stark ◆ Acrylfarbe in Mittelgelb, Lindgrün, Olivgrün, Hausergrün, Weiß, Hautfarbe und Zartrosa ◆ Satinband in Hellgrün, 3 mm breit, 2 x 15 cm lang

Vorlage Seite 110

1 Die Füße und die Kopfbedeckungen aus dünnem, die Mädchen und die Standflächen aus dickem Sperrholz aussägen.

2 Alle Teile wie abgebildet anmalen, die Gesichter aufmalen und die Innenlinien ergänzen.

3 Die Kopfbedeckungen und Füße ankleben. Jedes Mädchen auf einer Standfläche fixieren und ein Stück Satinband als Schal um den Hals legen.

Tipp: Bei einer starken Vergrößerung das Motiv evtl. auf der Standfläche festschrauben.

27

28

Schmetterling, flieg!

◆ Doppelkarte in Blau, C6 ◆ Tonpapier in Türkis, 22,8 cm x 16,2 cm (als Einlegepapier) ◆ Tonkartonrest in Türkis ◆ Tonpapier in Rosa, ca. 6 cm x 12 cm

Vorlage Seite 111

1 Den Tonkartonrest auf die Maße 5,5 cm x 9 cm zuschneiden und auf die Mitte der Karte kleben.

2 Das Einlegeblatt in Türkis falten und in die Karte einlegen.

3 Zwei Schmetterlinge mit dem Cutter als Faltschnitte arbeiten. Dafür das Papier falten und nur eine Motivhälfte so übertragen, dass die Faltkante die Mittelachse des Schmetterlings bildet. Aufgeklappt entsteht dann ein symmetrischer Scherenschnitt. Den Schmetterling erst aufklappen, wenn er fertig geschnitten ist. Die Figuren an der Faltkante ankleben und die Flügel etwas hochstellen.

Tipps: Arbeiten Sie einige Schmetterlinge und schmücken damit einen duftenden Blumenstrauß.

Beim Schneiden des Faltschnittes nie an verschiedenen Sellen gleichzeitig beginnen, da das Papier sonst seine Stabilität verliert und sich nur noch schwer handhaben lässt.

April

Der Froschkönig und die Raupe Vielfraß

Frosch ◆ ovale Spandose, 9 cm x 6 cm ◆ Acrylfarbe in Grün ◆ 2 Wackelaugen, ø 2,3 cm ◆ Formfilzrest in Gelb
Raupe ◆ runde Spandose, ø 6 cm ◆ 3 Spandosen, ø 5 cm ◆ Acrylfarbe in Gelb und Grün ◆ Klebepunkte in Gelb und Grün, ø 7 mm ◆ Papierdraht in Gelb, 2 x 10 cm und 3 x 4 cm lang ◆ Tonkartonrest in Weiß
Vorlage Seite 104

Frosch

1 Dose bemalen und gut trocknen lassen.

2 Krone aus Filz zuschneiden und aufkleben.

3 Anschließend die Wackelaugen mit Kleber befestigen.

Raupe

1 Dosen gemäß Abbildung bemalen und Klebepunkte anbringen.

2 Gesicht aufmalen, Zähne aus Tonkarton zuschneiden, Enden umbiegen und mit Heißkleber befestigen.

3 Für die Fühler 2 x 10 cm Draht und für die Verbindungen zwischen den Dosen 3 x 4 cm Draht zuschneiden.

4 Mit einen Cutter werden nun Löcher für die Verbindungen und Fühler angebracht, die Drahtstücke durchgezogen und die umgebogenen Enden mit etwas Heißkleber befestigt.

Tipp: Die Raupe können Sie beliebig verlängern. Einfach zusätzliche kleine Spandosen anbringen.

29

Heisa, das macht Spaß!

◆ Tonkartonreste in Olivgrün, Grau, Ultramarinblau, Hautfarbe, Weiß, Maisgelb, Rot und Dunkelgrün
◆ Nähgarn in Schwarz ◆ Motivlocher: Herz
Vorlage Seite 112

30

1 Die Hose erhält von hinten das zweite Hosenbein und die Beine und von vorne die Schuhe aufgeklebt. Den Unterkörper auf der Grasfläche fixieren. Beide Räder, die zusammengesetzte Lenkstange und die Standfläche aufkleben.

2 Das Gesicht bekommt den Bart und die Mütze samt Maus aufgeklebt. Das Mäuseschwänzchen vorher festkleben. Den Kopf am Oberkörper ankleben, die vordere Hand ergänzen und den kompletten hinteren Arm festkleben. Die Tasche aufkleben und mit einem Herzchen schmücken. Den ganzen Oberkörper von vorne auf die Hose und das Lenkrad kleben. Von hinten die zusammengesetzten Blumen an die Grasfläche kleben.

3 Das Gesicht aufmalen, die Wange und die Nase mit einem Buntstift röten, alle Innenlinien ergänzen und mit einem weißen Stift Strumpfstreifen aufmalen.

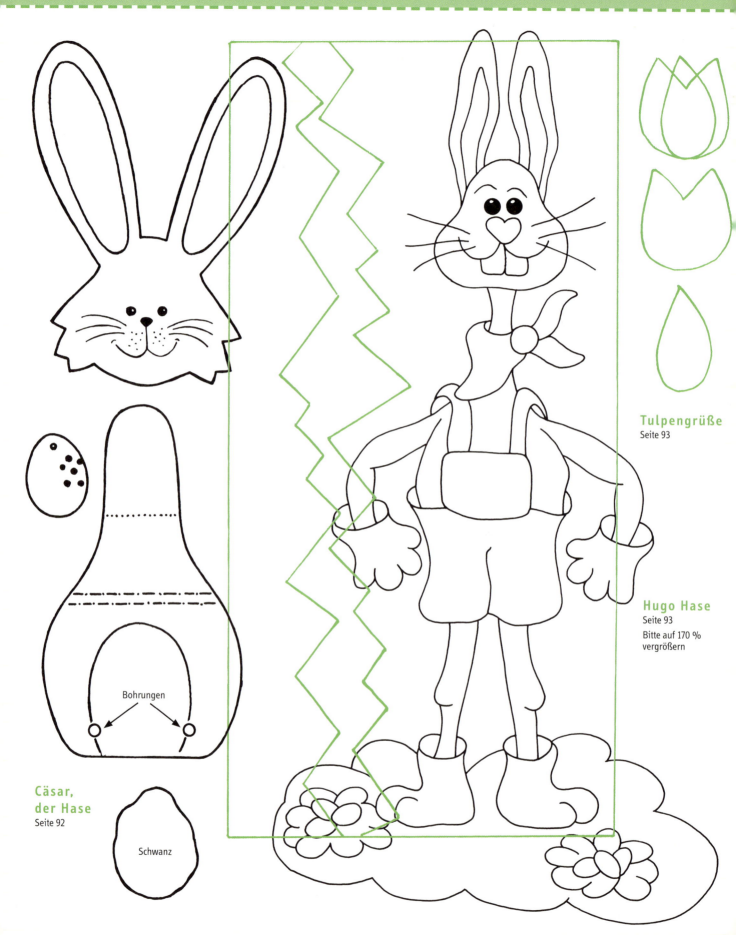

Tulpengrüße
Seite 93

Hugo Hase
Seite 93
Bitte auf 170 % vergrößern

Bohrungen

Cäsar,
der Hase
Seite 92

Schwanz

April

Summ, summ, summ...
Seite 94

Osterüberraschung
Seite 95

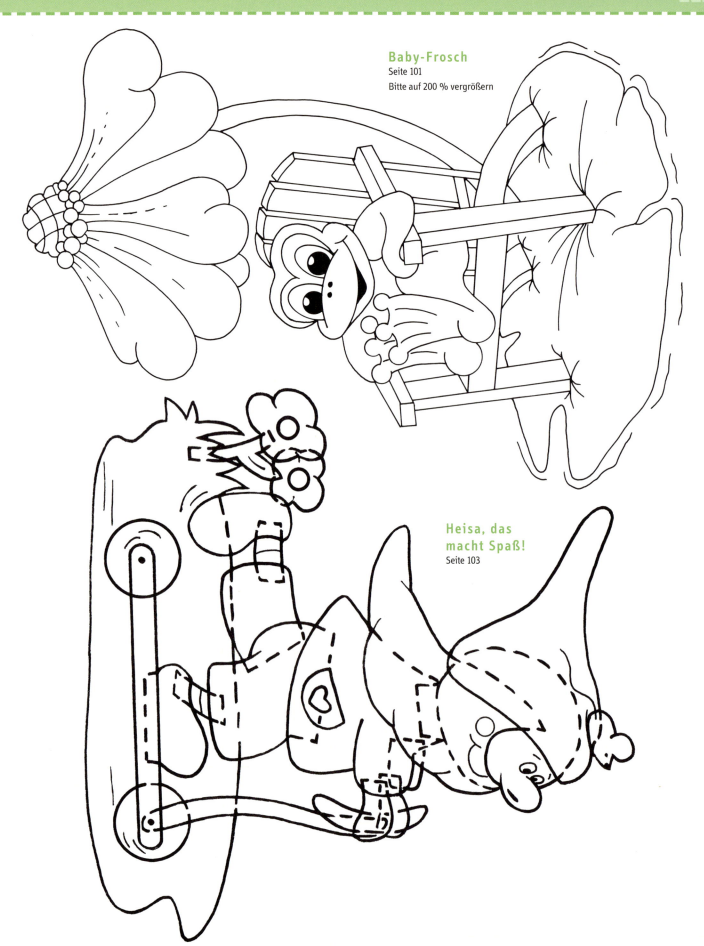

Mai

Mai

Marienkäfer

Pro Käfer ◆ Sperrholz, 6 mm stark, 10 cm x 40 cm (Käfer inklusive Stab) und 3 mm stark (Arme, Beine, Flügel) ◆ 2 Rohholzperlen, ø 1,2 cm
◆ Acrylfarbe in Gelb, Orange und Weiß (Lichtpunkte in den Augen)
◆ Rundholzstab, ø 6 mm (Flügelpunkte auftupfen)
◆ Lackdraht in Schwarz, ø 0,5 mm, 3 x 10 cm (Arme, Beine, Flügel befestigen) und 18 cm lang (Fühler) ◆ Bast in Orange, 30 cm lang (Schleife)
◆ Bohrer, ø 1 mm

Vorlage Seite 131

1 Beim Übertragen der Vorlagen auf das Holz darauf achten, dass die Holzmaserung senkrecht verläuft. Den Rumpf mit dem Stab aussägen. Flügel, Arme und Beine jeweils doppelt aussägen. Die Löcher bohren.

2 Den Rumpf und den Stab zuerst gelb bemalen und immer wieder etwas Orange einarbeiten, dabei stets in Längsrichtung streichen. Arme, Beine und Flügel zuerst Orange bemalen und Spuren von Gelb einarbeiten. Mit dem Rundholzstab gelbe Punkte auf die Flügel tupfen. Die beiden Holzperlen orange anmalen.

3 Die Ränder der Motivteile abschleifen. Das Gesicht aufmalen und die weißen Lichtpunkte in den Augen mit einem Zahnstocher oder Draht auftupfen.

4 Alle Motivteile einmal, den Stab mehrmals mit Klarlack bestreichen.

5 Arme, Beine, Flügel und Fühler andrahten. Die Holzperlen an den Fühlern anbringen. Zum Schluss die Bastschleife um den Stab binden.

Tipp: Statt den Stab mit auszusägen, können Sie auch eine Bohrung im Käferbauch anbringen und einen Rundholzstab oder Spanndraht einstecken.

1

2

Kunterbunte Häuser

◆ Fotokarton in Dunkelgelb und Orange, A2 ◆ Fotokarton in Gelb, Pink, Hellgrün, Türkis und Lila, A3 ◆ Fotokartonreste in Rosa und Hellblau, A4
◆ Fotokarton, kariert, in Gelb, Grün, Rosa, Hellblau, A5 ◆ Fotokarton mit Pünktchen in Gelb, A5 ◆ Fotokarton mit Kringeln in Blau und Rosa, A5
◆ Filzstifte in Pink, Lila, Grün, Hellblau und Orange ◆ Papierdraht in Grün
◆ Zackenschere ◆ Wellenschere

Vorlage Seite 132

1 Die Einzelteile der Häuschen gemäß Vorlage und Abbildung zusammenfügen und mit Filzstiften bemalen.

2 Die Borten aufeinander kleben, bemalen und dahinter die Häuser anbringen.

3 Pro Blüte ein 10 cm langes Stück Papierdraht um einen Stift zur Spirale wickeln und mit Heißkleber hinter den Blüten befestigen. Diese mit Abstandsband auf die Borte kleben.

Tipp: Sämtliche hier verwendeten Papiere sind in Farbe und Muster perfekt aufeinander abgestimmt. Daher sind noch viele andere Farbkombinationen bei den Häuschen möglich!

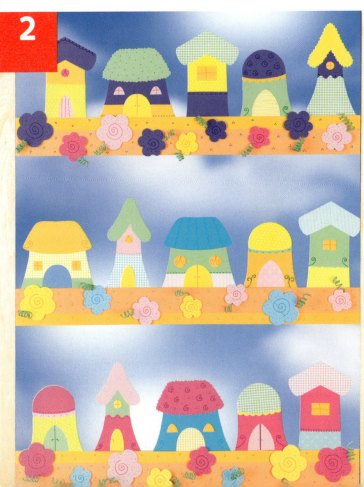

Schöne Grüße!

- Tonkarton in Gelb, 30 cm x 15 cm, Weiß, 9 cm x 9 cm und 3 cm x 10 cm (Körper des Schmetterlings) und Orange, 8,5 cm x 8,5 cm
- Tonpapier in Weiß, 10 cm x 12 cm (Schmetterlingsflügel)
- Transparentpapier, gemustert, 10 cm x 12 cm (Schmetterlingsflügel)

Vorlage Seite 131

1 Den Tonkarton in der Mitte falten.

2 Die Teile für den Schmetterling zuschneiden und diese zusammenkleben. Auf dem Transparentpapier nur dort Klebstoff auftragen, wo es durch den Körper des Schmetterlings verdeckt wird.

3 Das weiße Quadrat, das orangefarbene Quadrat und den Schmetterling auf die Kartenvorderseite kleben.

Tipp: Nehmen Sie einfarbiges Transparentpapier und bemalen Sie es mit einfachen Motiven.

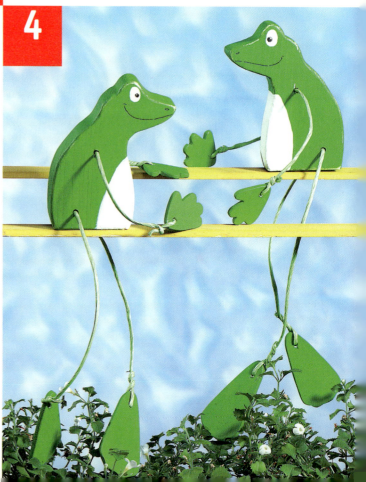

Froschduo Felix und Ferdi

- Fichtenleimholzplatte, 1,8 cm stark, Rest
- Sperrholzrest, 3 mm stark (Hände, Füße)
- Acrylfarbe in Hellgrün und Weiß
- Papierkordel mit Drahteinlage in Hellgrün, ø 2 mm, 2 x 20 cm und 32 cm lang
- Bohrer, ø 2 mm

Vorlage Seite 132

1 Die Frösche nach der Anleitung auf Seite 8 arbeiten.

2 Den Rumpf und den Kopf zuerst komplett grün bemalen, dann die Brust-Bauchfläche weiß übermalen und das Gesicht aufmalen.

3 Auf die Kordelenden die Hände und Füße aufstecken und die Kordelenden zweimal um die Arme und Beine schlingen.

Mai

Frühlingsbote

- Fotokartonreste in Gelb, Rot, Rosa, Blau, Grün, Violett und Schwarz
- Tonpapier in Weiß ◆ Klebepunkte in Rot und Blau ◆ Schaschlikstäbchen

Vorlage Seite 133

1 Alle Einzelteile ausschneiden. Das Köpfchen wie abgebildet gestalten: Die Augen und Nase aufkleben, den Mund aufmalen und beim Aufkleben der schwarzen Haube die Fühler mit einkleben.

2 Auf das große Flügelteil in Violett das blaue, das rosafarbene und die roten Teile aufkleben. Die Klebepunkte ergänzen.

3 Das Schaschlikstäbchen auf die Flügel kleben, darauf den gestalteten Körper samt grüner Halskrause fixieren.

Tipps: Ohne Schaschlikstäbchen sieht der bunte Flattermann auch als Fensterbild zauberhaft aus!

Mehrere Schmetterlinge in unterschiedlichen Größen (einfach die Vorlage nach Belieben mit dem Fotokopierer vergrößern oder verkleinern) an einem Faden aufgehängt ergeben eine nette Fensterkette.

5

6

Häschen

Pro Häschen ◆ Modelliermasse in Terrakotta und Weiß
- gewachste Baumwollkordel in Beige, ø 1 mm, 10 cm und 15 cm lang
- geglühter Blumendraht in Schwarz, ø 0,35 mm, 6 x 1,5 cm lang
- Schaschlikstäbchen, 3 x 2 cm lang

Vorlage Seite 133

1 Den Körper aus einer Kugel, ø 3 cm, formen, die Ohren aus zwei kleineren Kugeln, ø 1,5 cm, das Schwänzchen, ø 1 cm, und vier kleine Kugeln, ø 1 cm, als Pfoten arbeiten. Die Pfoten durchbohren.

2 Mit dem Schaschlikstäbchen und etwas Schlicker die beiden Ohren am Kopf befestigen, das Schwänzchen am Hinterteil anbringen.

3 Den Körper für die Beinkordeln seitlich zweimal durchbohren.

4 Die Augen und Nase wie abgebildet eindrücken und die Barthaare in den Kopf stecken. Nach dem Trocknen der Figuren die Kordeln durch den Körper ziehen, die Perlen für Hände und Füße aufziehen und jeweils mit einem Knoten sichern.

Bunte Vögel

- Fotokarton in Hellorange, A2 ◆ Fotokarton in Pink, 2 x A4
- Fotokarton in Gelb, Rosa, Lila, Hellgrün und Hellblau, A4
- Filzstifte in Orange, Pink, Hellgrün, Lila und Hellblau
- Papierdraht in Hellgrün, ca. 30 cm lang ◆ Abstandsband

Vorlage Seite 134

1 Die Vögel zusammensetzen, dabei die Flügel mit Abstandsband aufkleben. Die Vogelhäuser ebenfalls zusammenfügen.

2 Drei 10 cm lange Stücke Papierdraht zuschneiden, über ein Schaschlikstäbchen wickeln und wieder abziehen. Ein Ende mit Heißkleber hinter den Querbalken, das andere hinter den Herzen befestigen. Einen der Vögel auf die Spitze des rechten Häuschens setzen.

3 Alles bemalen. Die Vögel auf der Vorderseite, die Häuser hinter der Borte arrangieren.

7

Von ganzem Herzen

Engel mit Herz ◆ FIMO® soft in Schwarz, Weiß, Creme-Himbeere, Sahara, Kirschrot und Creme-Zitrone ◆ Satinband in Flieder, 3 mm breit, 12 cm lang ◆ Abacafaser in Gelb ◆ geglühter Blumendraht, ø 0,35 mm ◆ Wellholz ◆ Messer

Vorlage Seite 131

1 Den Engel gemäß Vorlage und Anleitung auf Seite 12 arbeiten: Für die beiden Herzen Schablonen erstellen. Dann für das große Herz FIMO® soft mit einem Wellholz auf ca. 4 mm Stärke ausrollen, die Schablone auflegen und das Herz ausschneiden. Das kleine Herz wird aus ca. 2 mm dickem FIMO® ausgeschnitten. Den Engel und das kleine Herz auf dem großen Herz platzieren.

2 Nach dem Aushärten dem Engel die Lichtflecken aufmalen, das Gesicht vervollständigen und das Satinband um den Hals binden. Etwas mit Bindedraht umwickelte Abacafaser aufkleben.

Tipp: Das grüne Engelchen wird ebenso gearbeitet. Es erhält anstelle des Herzens jedoch Arme und Beine aus gewachster Baumwollkordel, olivenförmig modellierte Hände und Füße sowie einen kleinen blauen Knopf, der mit blauem Nähgarn umwickelt und aufgeklebt wird. Zum Anbringen der Kordeln an vier Stellen ca. 5 mm tief mit einem Schaschlikstäbchen in den Körper stechen.

8

Mai

Blütenpracht

- Acrylring in Transparent, ø 16 cm ◆ Päckchen gemischte Plexiglasblumen in Pink (= 27 Stück, unterschiedliche Größen)
- Päckchen gemischte Perlen in Gelb, Pink und Grün
- Quetschperlen in Silber ◆ Schmuckdraht in Silber, ø 0,4 mm, 4 m lang
- Nylonfaden ◆ Holzbohrer, ø 1 mm

Vorlage Seite 133

1 Die Blumen oben und unten durchbohren. Bei der unteren Reihe nur oben bohren.

2 Anschließend die Blumen zusammen mit den gemischten Perlen auf den Schmuckdraht ziehen und mit Quetschperlen sichern. Die acht Ketten sind jeweils ca. 46 cm lang.

3 Die Blumenketten mit Hilfe von Quetschperlen am Acrylring befestigen. Den Ring mit drei Nylonfäden aufhängen.

Tipp: Schön sehen die einzelnen Ketten auch als Deko für den Tisch aus! Einfach ein bis zwei Ketten in der Länge Ihres Tisches arbeiten und passend drapieren.

9

10

Schnecken-Umzug

- Keilrahmen, 30 cm x 30 cm ◆ Sperrholz, 4 mm stark, 35 cm x 35 cm
- Acrylfarbe in Weiß, Blau, Grün, Gelb, Orange, Rot und Braun ◆ Bohrer, ø 8 mm

Vorlage Seite 135

1 Die Hintergrundmotive auf den Keilrahmen übertragen.

2 Die Blume in Weiß malen, dabei direkt auf der Leinwand mit Gelb mischen. Die Blumenmitte mit Orange anlegen; Weiß und Gelb einarbeiten, um einen schönen Farbverlauf zu erzielen.

3 Die einzelnen Grashalme in verschiedenen Grüntönen malen, indem je nach Wunsch mal Gelb, mal Weiß hinzugefügt wird. Den Haushintergrund blau streichen.

4 Das Männchen gemäß Vorlage einzeichnen. Alle Konturen auf dem Keilrahmen mit schwarzem Permanentmarker fertig stellen.

5 Die Schnecke mit Haus sowie die beiden Fensterläden aussägen. In die Fensterfläche ein Loch bohren, das Sägeblatt aus der Säge ausspannen, durch das Loch fädeln, wieder einspannen und die Fensterscheibe aussägen. Alle Holzteile schmirgeln.

6 Das Haus in Weiß mit hellblauen Schallierungen bemalen. Die Fensterläden braun streichen, für das Dach einen dunklen Rotton mischen und den Schneckenkörper mit Orangetönen bemalen. Die Wange mit einem Hauch roter Farbe im noch feuchten Orange anlegen.

7 Die Holzteile mit schwarzem Permanentmarker und weißem Lackmalstift verzieren. Die Fensterläden aufkleben. Das Holzmotiv auf dem Keilrahmen fixieren.

Tipp: Schenken Sie diesen Keilrahmen guten Freunden zum Einzug ins neue Zuhause!

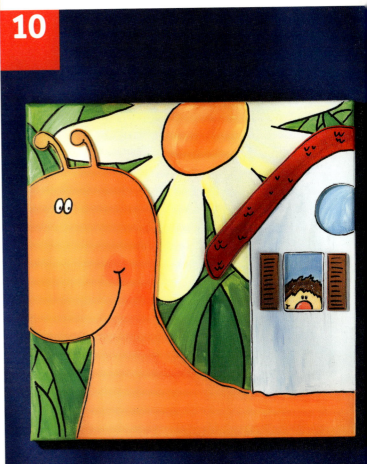

Blumengrüße

◆ Fotokarton in Rot, A2
Vorlage Seite 136

1 Die Vorlage mit Hilfe eines Kopierers vergrößern. Die Vorlage auf den passenden Fotokarton übertragen.

2 Das Motiv mit Schere und Cutter ausschneiden. Vorhandene Bleistiftstriche vom Kopieren der Vorlage mit einem weichen Radiergummi entfernen. Kleine Kreise mit einem Bürolocher oder einer Lochzange ausstanzen.

Tipp: Verwenden Sie dieses Motiv als hübsche Ergänzung zu einem Hochzeitsgeschenk.

11

12

Verliebter Engel

◆ Fotokarton in Rot, Weiß und Hautfarbe ◆ Lackdraht in Schwarz, ø 0,4 mm, 5 cm (Haarbefestigung) und 3 x 16 cm lang (Aufhängung)
◆ Abacafaser in Schwarz, 9 cm lang
Vorlage Seite 137

1 Das Gewand mit schwarzem Filzstift verzieren, dann Kopf, Hände, Füße und Flügel ankleben. Das Gesicht mit Filz- und Buntstift aufmalen. Das Herz beschriften.

2 Die Haare mit Draht zusammenfassen, ein Drahtende von vorne durch das Loch in der Engelsstirn stecken, auf der Rückseite mit dem anderen Drahtende verdrehen und mit dem Seitenschneider kürzen.

3 Aus den drei langen Drahtstücken Spiralen um ein Schaschlikstäbchen oder Ähnliches formen und an den Händen und am Herz befestigen.

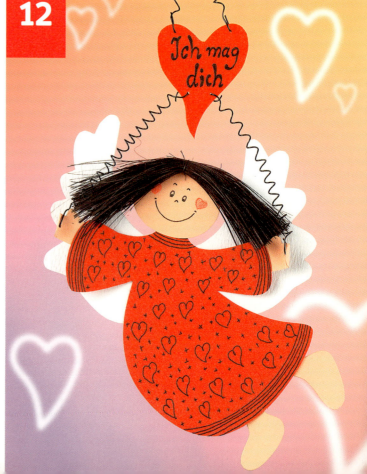

Mai

Herzanhänger mit Blüten

Pro Herz ◆ Bastelfilz in Rosa, Rot oder Gelb, 1 mm stark, 20 cm x 12 cm
◆ Bastelfilzreste in Weiß, Dunkel- und Helllila oder Lachs und Flieder
◆ Rocailles in Rot oder Rosa- und Perlmutttönen (Mischung), ø 2 mm
◆ Stickgarn in Weiß ◆ Füllwatte, 20 g ◆ Sticknadel
Vorlage Seite 136

1 Die beiden Filzzuschnitte für das Herz ausschneiden, aufeinander legen und zusammennähen. Eine kleine Öffnung lassen, durch diese das Herz wenden, füllen und die kleine Öffnung zunähen.

2 Mit Hilfe der Sticknadel das Stickgarn als Aufhängung durchziehen.

3 Einige Blüten ausschneiden und jeweils zusammen mit einer Rocaille als Blütenmittelpunkt aufnähen.

Tipps: Die Herzen und Blüten können Sie in den verschiedensten Farbkombinationen gestalten.

Die farbigen Herzen sind auch als praktische Nadelkissen verwendbar!

13

14

Blüten-Box

◆ Textilfilz in Creme, 4 mm stark, 45 cm x 30 cm ◆ Textilfilzrest in Pink, 4 mm stark ◆ Bastelfilzreste in Lila, Gelb, Weiß und Grün
◆ Filzwollreste (oder Märchenwollreste) in Fuchsia, Gelb und Weiß
◆ Filznadel, mittel oder fein
Vorlage Seite 136

1 Die Textilfilzplatte auf 30 cm x 32 cm zuschneiden. Aus jeder Ecke nach Vorlage ein Dreieck ausschneiden. Die Box zusammenklappen und die Laschen an den kurzen Seiten mit einigen Stichen befestigen.

2 Die Schmetterlinge, Ranken, Blätter und Blumen nach Vorlage ausschneiden. Die kleinen, farbigen Ringe und Punkte mit der Filznadel aus Filzwolle auffilzen.

3 Die Ranken, Blüten und Blätter am oberen Rand der langen Seiten nach eigenem Geschmack verteilen und aufnähen. Die Schmetterlinge mit einigen Stichen auf die Befestigungspunkte der Laschen an den kurzen Seiten nähen.

Tipp: Anstatt die kleinen Punkte aufzufilzen, können diese auch aus Bastelfilz ausgeschnitten und aufgeklebt werden.

Rothaarige Falter

Pro Falter ◆ Sperrholzrest, 6 mm stark (Rumpf) und 3 mm stark (Flügel, Arme und Beine) ◆ 2 Holzperlen in Bordeauxrot, ø 6 mm ◆ Acrylfarbe in Hautfarbe, Scharlachrot und Bordeauxrot ◆ Lackdraht in Schwarz, ø 0,5 mm, 4 x 10 cm lang (Flügel, Arme, Beine und Abacafaser befestigen) ◆ nylonummantelter Draht in Schwarz, ø 1 mm, 2 x 10 cm lang (Fühler) ◆ Abacafaser in Rot, 7 cm lang ◆ Bohrer, ø 1 mm (Stirn, Fühler, Flügel, Arme und Beine) und ø 3 mm (Rundholzstab) ◆ Rundholzstab, ø 3 mm, 50 cm lang

Vorlage Seite 137

1 Körper, Flügel, Arme und Beine aussägen. Dann die Löcher bohren.

2 Kopf, Arme und Beine hautfarben und Hemd, Rumpf und Flügel in den beiden Rottönen bemalen. Die Flügelpunkte ergänzen.

3 Alle Motivteile an den Rändern abschleifen. Danach das Gesicht aufmalen und die Motivteile ggf. lackieren.

4 Arme, Beine und Flügel an den Körper drahten. Für die Haare den Draht halb durch das Loch in der Stirn stecken, Abacafaser auflegen und die Drahtenden auf der Rückseite miteinander verdrehen und kürzen. Jeweils an ein Ende der beiden Fühlerdrähte eine Holzperle andrahten, das andere Ende in den Kopf stecken.

5 Das Pummelchen auf den bemalten Rundholzstab stecken.

Tipp: Die rosafarbenen Falter werden genauso gearbeitet. Anstelle der Fühler und Abacafaser bekommen sie jedoch eine wilde Mähne aus Langhaarplüsch in Schwarz aufgeklebt. Die Falter auf dicken Draht aufstecken.

15

16

Früchtekind

◆ Glas, ø 7,5 cm (Deckel), 9 cm hoch ◆ Styroporkugel, ø 6 cm
◆ Strukturpaste in Weiß ◆ Acrylfarbe in Hautfarbe, Schwarz und Karminrot
◆ Strohseide in Rot, ø 16 cm und Grün, 20 cm x 7 cm
◆ ½ Wattekugel, ø 1 cm ◆ Bast in Natur ◆ Gummiband

Vorlage Seite 137

1 Die Styropor- und Wattekugeln mit Strukturpaste grundieren und nach dem Trocknen hautfarben bemalen. Die Nase aufkleben. Das Gesicht mit Acrylfarbe gestalten.

2 Für den Stiel mit den Blättern einen grünen Strohseidestreifen an einer Längsseite zusammenraffen, so dass die andere Seite kreisförmig liegt. Das obere Ende verdrehen und unten mit einer kleinen spitzen Schere viele längliche Blätter zuschneiden. Auf den Kopf kleben; die Blätter schön gleichmäßig verteilen.

3 Das rote Strohseidestück über den Glasdeckel legen und mit Gummiband befestigen. Bast um das Glas wickeln und vorne zu einer großen Schleife binden.

Mai

Gute Fahrt

- Sperrholzrest, 6 mm stark ◆ Acrylfarbe in Hautfarbe, Scharlachrot, Weiß, Gelbocker, Antikblau, Antikgrün und Taubenblau
- Bindedraht, ø 0,35 mm, 0,65 mm und 1,4 mm ◆ Knopf in Rot, ø 6 mm
- Holzbohrer, ø 1,5 mm und 2 mm

Vorlage Seite 137

1 Alle Teile aussägen und wie abgebildet bemalen. Von vorne beide Arme und Füße aufkleben und die benötigten Löcher bohren.

2 Die Flügel ankleben und die Haare aus mitteldickem Draht in die Bohrlöcher kleben. Dünnen Draht durch die Löcher ziehen.

3 Den Engel mit einem Knopf verzieren. Den Engel an den dicken gebogenen Draht hängen und das Herz mit dünnem Draht an der Aufhängung befestigen.

Tipp: Dieser Engel ist der ideale Begleiter für Autofahrten. Er fühlt sich aber auch an einer Gardinenstange oder einem Türknauf wohl!

17

18

Marienkäferparade

- Tonkarton in Hautfarbe, A5 ◆ Tonkarton in Rot, A3
- Bastelfilzrest in Schwarz ◆ 5 Wackelaugen, oval, ø 8 mm
- Chenilledraht in Schwarz ◆ Filzstift in Gelb

Vorlage Seite 138

1 Die Marienkäferkörper mit schwarzen Filzpunkten schmücken. Die Köpfe aufkleben, mit Nasen und Wackelaugen verzieren, dann die Bemalung übertragen.

2 Jedem Käfer zwei Chenilledrähte (je 7 cm lang) als Fühler hinter den Kopf kleben und in Form biegen.

Tipp: Lustig sieht es aus, wenn Sie ganz viele Käfer arbeiten, die rund um eine Tür laufen.

Hochzeitskerzen

Kerze in Blautönen ◆ wellenförmige Formenkerze in Weiß, 13 cm x 7,5 cm, 20 cm hoch ◆ Wachsplatten in Dunkelblau, Hellblau, Türkis, Lila und Goldgelb ◆ 5 runde Wachszierstreifen in Gold, 3 mm breit ◆ Wachseheringe in Gold
Kerze in Gelb-Gold ◆ spitzovale Formenkerze in Weiß, 12,5 x 7,5 cm, 18 cm hoch ◆ Wachsplatten in Bunt geflammt und Goldgelb ◆ 4 runde Wachszierstreifen in Gold, 2 mm breit ◆ Wachseheringe in Gold ◆ Wachsziffern in Silber

Vorlage Seite 138

Kerze in Blautönen

1 Aus einer beliebigen Wachsplatte wird mit dem Cutter eine Grundplatte in der Umrissform des Kreuzes ausgeschnitten.

2 Danach die einzelnen Musterteile nach der Vorlage mit dem Cutter aus den entsprechenden Wachsplatten ausschneiden und auf der Grundplatte platzieren.

3 Das zusammengefügte Kreuz auf der Kerze positionieren und die Stoßlinien mit Wachszierstreifen kaschieren.

4 Die Eheringe anbringen. Aus Wachszierstreifen ein Kreuz auf die gelbe Wachsplatte legen.

5 Das Kreuz mit Handwärme auf der Kerze anbringen.

Kerze in Gelb-Gold

1 Aus den entsprechenden Wachsplatten die Teile nach Vorlage mit dem Cutter zuschneiden. Die beiden Wachsplattenteile für das Kreuz aneinandergesetzt mit Handwärme auf der Kerze fixieren.

2 Die Stoßlinie mit einem Wachszierstreifen kaschieren, der spiralförmig weitergeführt wird.

3 Das zweite bunte Wachsplattenmotiv am unteren Kerzenrand anlegen, fixieren und mit Wachszierstreifen einfassen. Die übrigen Zierstreifen und Wachssticker laut Abbildung vorsichtig von Hand anbringen.

19

Brautpaar

◆ Doppelkerze in Weiß, 12 cm breit, 25 cm lang ◆ Wachsplattenreste in Dunkelrot, Orange und Goldgelb ◆ 5 runde Wachszierstreifen in Silber, 2 mm breit ◆ Acrylfarbe in Silber und Creme ◆ Wachseheringe in Silber ◆ Wachsbuchstaben und Ziffern in Silber ◆ Kerzenmalmedium

Vorlage Seite 134

1 Die Konturen mit Hilfe einer Bleistiftkopie übertragen: Dafür die Vorlage mit Bleistift auf Transparentpapier abpausen. Die Kopie mit der Bleistiftlinie nach unten auf der Kerze befestigen. Mit einem Wattestäbchen über die Linien reiben um die Bleistiftzeichnung zu übertragen.

2 Die Silberstreifen entlang der Konturen legen. Die Eheringe zwischen den Figuren platzieren.

3 Die Acrylfarbe zum gleichen Teil mit Kerzenmalmedium mischen und Schleier und Hut mit Hilfe eines Schwämmchens auftragen. Aus den Wachsplattenresten die Blümchen und das Herz anfertigen und positionieren.

Tipp: Diese Kerze kann als Hochzeits-, Silberhochzeits- und Goldhochzeitskerze verwendet werden.

20

Mai

Herzkette

- Pappelsperrholz, 1,5 cm stark, 30 cm x 12 cm ◆ Acrylfarbe in Karminrot
- Patina ◆ Bast in Natur ◆ Blumenzwiebeln ◆ Efeu ◆ Bohrer, ø 2 mm

Vorlage Seite 134

1 Die Herzen auf das Holz übertragen, aussägen und die Löcher hineinbohren.

2 Die Herzen karminrot bemalen und trocknen lassen. Nach dem Trocknen den Rand mit grobem Schmirgelpapier bearbeiten, bis die Kanten wieder durchschimmern. Dann die Patina nach Anleitung des Herstellers auftragen.

3 Die Herzen auf Bast auffädeln, dazwischen die Blumenzwiebeln und das Efeu einarbeiten.

Tipp: Die Herzen sehen auch als Garten- oder Blumenstecker hübsch aus! Einfach das Bohrloch weglassen, ein Rundholz auf der Rückseite festkleben und den Stecker unter dem Herz mit etwas Bast und Efeu dekorieren.

21

22

Blumenvasenhülle

- Wollfilz in Hellblau, 2 mm stark, 20,5 cm x 30 cm (alternativ: 2 x 20,5 cm x 30 cm Bastelfilz, 1 mm stark, in Hellblau aufeinander kleben, um die Stärke von 2 mm zu erhalten) ◆ Textilfilz in Creme, 4 mm stark, 5 cm x 20,5 cm
- Bastelfilzreste in Dunkelblau und Türkis, 1 mm stark
- 2 Fertig-Filzblüten mit Öse in Hellblau ◆ Flasche, ø max. 7,5 cm

1 Den Wollfilz mit der kurzen Seite zu einer Röhre einrollen, so dass die Seitenenden 1 cm überlappen, und verkleben.

2 Aus dem dunkelblauen und dem türkisfarbenen Bastelfilz jeweils zwei 3 cm x 3 cm große Quadrate ausschneiden und abwechselnd auf das cremefarbene Filzstück kleben. Auf die Rückseite des cremefarbenen Filzstücks der Länge nach mittig einen dünnen Streifen Heißkleber auftragen und dieses dann so auf die Filzhülle kleben, dass sich die Klebenaht der Filzrolle auf der gegenüberliegenden Seite befindet.

3 Die Filzblüten mit Heißkleber an der Filzhülle befestigen und die Hülle über die Flasche stülpen.

Tipp: Statt der fertigen Filzblüten können auch fertige Filzschmetterlinge verwendet werden.

Fee

- Glas, ø 7 cm (Deckel), 18 cm hoch ◆ Styroporkugel, ø 8 cm
- Strukturpaste in Weiß ◆ Acrylfarbe in Hautfarbe, Karminrot, Purpurrosa, Rosa, Pastellweiß und Schwarz ◆ Rohholzperle, ø 8 mm
- 2 Wattekugeln, ø 2 cm ◆ 2 Metallfolien, A4
- Satinband in Hellgrün, 3 mm breit, 50 cm lang
- Messing-Glöckchen, ø 2 cm ◆ Schaschlikstäbchen, 10 cm lang
- Transparentpapier in Rosa-Pink gestreift (Einleger)

Vorlage Seite 139

1 Kopf und Glasdeckel mit Strukturpaste grundieren. Nach dem Trocknen den Kopf auf den Deckel kleben und hautfarben bemalen. Das Gesicht mit Acrylfarbe sowie der kleinen, bemalten Holzkugel gestalten.

2 Die Metallfolienteile zuschneiden. Den Hut purpurrosa bemalen und nach dem Trocknen zusammen- und auf den Kopf kleben. Etwas in Form drücken und die Falten mit sehr wenig rosa Farbe betonen. Die Zacken in Form biegen und oben mit dünnem Draht das bemalte Glöckchen anbringen.

3 In die Flügel auf einer weichen Unterlage ein Muster prägen. Dann leicht versetzt an die Glasrückseite kleben. Den Stern bemalen, den Rand brushen und nach dem Trocknen an das Holzstäbchen kleben. Zwischen den Händen auf dem Glas fixieren.

4 Das Schleifchen umbinden und das zugeschnittene Transparentpapier als Sichtschutz ins Glas stecken.

23

24

Happy Birthday

- Tontopf, ø 11 cm ◆ Geburtstagskerzen mit Halterungen
- Faserseide, 35 cm x 18 cm ◆ Seidenpapier, 50 cm x 10 cm
- Taftband mit Draht in Rot, 4 cm breit, 50 cm lang ◆ Zackenschere

1 Im Topf einen Kuchen backen. Abkühlen lassen. Seidenpapier mit der Zackenschere abschneiden und leicht falten. Um den Topf legen.

2 Ein Stück Faserseide mit der Zackenschere zuschneiden. Diese von unten um den Topf schlagen. Nun das rote Taftband um den Topf legen und vorne eine Schleife binden. So werden auch Seidenpapier und Faserseide befestigt.

3 Dekoriert wird das Ganze mit Kerzen in kleinen Halterungen.

Tipps: Im jedem Backbuch finden Sie das Rezept für Rührkuchen. Entweder reduzieren Sie die Teigmenge, oder Sie backen den Rest noch in einer Kuchenform. Ihre Familie wird sich freuen.

Kleiden Sie den Tontopf vor dem Backen mit Alufolie aus. Dann kann der Kuchen ohne Probleme aus der Form gelöst werden.

Mai

Bunte Suppenschüsseln

Schalen in Rosa und Blau ♦ 2 Porzellanschüsseln in Weiß, ø 12 cm, ca. 6 cm hoch ♦ Porzellanmalstifte in Gelb, Orange und Kirschrot ♦ Porzellanmalstift mit Pinsel in Opalblau ♦ Porzellanmalfarbe in Hellblau, Rosa, Reseda, Elfenbein, Cognac und Magenta ♦ Klebeband ♦ Klebepunkte, ø 8 mm, 1,2 und 1,9 cm
Blumenschüssel ♦ Porzellanschüssel in Weiß, ø 12 cm, ca. 6 cm hoch
♦ Porzellanmalstifte in Gelb, Orange und Kirschrot
♦ Porzellanmalfarbe in Rosa, Reseda, Opalblau und Magenta

Vorlage Seite 138

Schalen in Rosa und Blau

1 Die Schüsseln werden wie auf Seite 13 beschrieben gestaltet, die Muster werden ohne Kontur gemalt.

2 Die Klebebänder in verschiedenen Breiten längs oder schräg auf die Schalen kleben, dann die Klebepunkte aufkleben.

3 Danach zwei Farben auf die Fläche auftragen und mit einem Zahnstocher ineinander ziehen, so dass die Fläche marmoriert aussieht. Die Schüssel gut abstützen, damit die Farbe nicht zu sehr verläuft.

4 Nach dem Trocknen der Farbe zunächst die Klebestreifen abziehen, dann die Klebepunkte. Letztere mit einem Zahnstocher ein wenig anheben, damit sie sich besser lösen lassen. Anschließend Korrekturen vornehmen (manchmal läuft ein wenig Farbe unter die Ränder der Klebepunkte).

5 Die Kreise farbig ausmalen und einige Punkte oder Spiralen aufmalen bzw. -tupfen. Noch einige Striche mit einem Stift aufzeichnen.

Hinweis: Zum Abkleben der Flächen kein Kreppklebeband verwenden, dieses weicht beim Bemalen auf. Besser sind Paketklebeband oder Klebefilm.

Blumenschüssel

1 Die Blumen werden ohne Konturen aufgemalt, die Anleitung auf Seite 13 beachten.

2 Zuerst die innere Blume malen und dann die Fläche darum herum.

25

Seidenpapierkugeln

♦ Starkes Naturpapier mit Blüten- und Fasereinschlüssen in Beige, A3
♦ Seidenpapierreste in Pink und Orange ♦ Holzleim in der Flasche

Vorlage Seite 135

26

1 Von der Vorlage eine Kartonschablone herstellen, diese auf das Naturpapier legen, mit einem Bleistift umfahren, ausschneiden und falten, aber noch nicht zusammenkleben.

2 Aus dem Seidenpapier Stücke reißen und aus diesen kleine Kügelchen formen. Die Kügelchen mit Holzleim auf das Naturpapier aufkleben.

3 Sind alle Kügelchen schön arrangiert und gut fixiert, wird das Windlicht zusammengeklebt.

Tipp: Aus starkem Architektenpapier, beklebt mit Papierblüten oder selbst gepressten echten Blüten, getrockneten Blättern oder Poesiealben-Bildchen sind diese Dreieck-Windlichter auch ein Hit.

Große Blumenstecker

Pro Blüte ♦ Sperrholz, 8 mm oder 1 cm stark, 16 cm x 60 cm (violette Blüte), 18 cm x 60 cm (blaue Blüte) oder 22 cm x 60 cm (rosa Blüte)
♦ Sperrholz, 3 mm stark, 6 cm x 6 cm (Blütenmitte)
♦ Acrylfarbe in Weiß, Gelb und Grün sowie Rot, Violett oder Blau
Vorlage Seite 135

1 Die Blumenstiele beliebig verlängern, dazu den Umriss der Blume (Schablone) samt kurzem Stiel und Blättern auf das Sperrholz übertragen, dann die Schablone einfach etwas nach unten schieben und den Stiel mit den Blättern nochmals ansetzen. Auf den letzten 15 cm bis 20 cm keine Blätter mehr anzeichnen.

2 Die Blumen aussägen und mit Feile und Schleifpapier glätten.

3 Für das Bemalen von Stiel und Blättern jeweils einen Farbklecks in Gelb und Grün nebeneinander setzen. Beide Farben etwas ineinander rühren und den hellgrünen Farbton auf die Blume auftragen. Nun nach Belieben in die feuchte Farbe Gelb oder Grün oder beides einarbeiten. Beim Farbauftrag zügig von unten nach oben zur Blüte hin arbeiten.

4 Die Blüten weiß grundieren und in die feuchte Farbe noch etwas Rot, Blau oder Violett einarbeiten. Die gestaltete Blütenmitte aufleimen.

Tipp: Wer es lieber bunt gemustert mag, kann die Blüten zusätzlich noch mit Dekostiften verzieren, bevor die bemalten Blütenmitten aufgeklebt werden. Bei den auf dieser Seite abgebildeten Blumen werden nach der Bemalung nochmals die Ränder von Blüten, Blättern und Stielen abgeschliffen, bis das Holz durchschimmert.

27

28

Freche Glückselfen

Pro Elf ♦ Fotokartonreste in Hautfarbe, Weiß, Hellgrün und Grün sowie Rot oder Orange und Gelb ♦ halbierte Rohholzperle, ø 8 mm (Nase)
♦ evtl. 2 Holzperlen in Gelb, ø 6 mm (Schneckenfühler) ♦ 2 Wackelaugen, ø 3 mm ♦ Dekostifte in Weiß und Rot oder Hellgrün, ø 1 mm bis 2 mm
♦ Baumwollkordel in Weiß, ø 1 mm, 40 cm lang ♦ Langhaarplüschrest in Orange ♦ Klebekissen, 5 mm x 5 mm ♦ evtl. geglühter Blumendraht, ø 0,35 mm, 10 cm lang (Schneckenfühler) ♦ evtl. Plusterstift in Weiß
Vorlage Seite 133

1 Die Motivteile beider Elfen sind gleich. Am Kopf zuerst die Nase ankleben, dann den Mund aufmalen und die Wackelaugen aufkleben. Die Wangen mit Buntstift röten.

2 Das Haarteil aus Plüsch ausschneiden (gestrichelte Linie). Beim Schneiden die Scherenspitze unter den Haaren durchschieben, damit sie nicht gekürzt werden. Die Vorlage für die Haarschablone bezieht sich nur auf das Gewebe auf der Rückseite des Plüschs. Die Plüschhaare auf den Kopf kleben und mit der Schere in Form schneiden.

3 Rumpf und evtl. Hosenbeine vor dem Zusammenkleben mit dem Dekostift bemalen. Den Elf wie abgebildet zusammenkleben. Die Aufhängekordel hinten am Kopf ankleben.

4 Der Schnecke das Gesicht aufmalen und den Rumpf mit weißen Streifen verzieren. An den Drahtenden jeweils eine Holzperle befestigen, dann den Draht in der Mitte knicken und am Hinterkopf ankleben. Das Schneckenhaus aufkleben. Den Elf mit Klebekissen auf dem Schneckenhaus befestigen.

5 Den Pilzhut auf den Stiel kleben, dann mit Plusterstift weiße Flecken auf den Hut malen. Nicht aufplustern. Den Elf mit Klebepunkten auf dem Pilz befestigen.

Tipp: Diese Elfen gefallen besonders Kindern gut. Als Geschenkanhänger zum Geburtstag oder auf einem Kärtchen sehen sie sehr niedlich aus.

Mai

Glitzernde Handtasche

- fertig nassgefilzte Filzplatte in Hellblau, 4 mm stark, 1 x 29 cm x 48 cm, 2 x 9 cm x 20 cm und 2 x 3 cm x 24 cm ◆ 2 Plastik-Taschengriffe, oval, 12 cm x 16 cm
- verschiedene Rocailles, Glasstifte, Glasschliff-Würfel und Acryl-Schliffperlen
- Nähgarn in Transparent ◆ Nähmaschine

1 Das große Filzstück umklappen und beide 3 cm breiten und 24 cm langen Randstreifen so mit dem Steppstich annähen, dass ein 3 mm breiter Zierrand entsteht.

2 Die beiden 9 cm x 20 cm großen Filzteile um die Taschengriffe schlagen und direkt unter den Griffen mit dem Steppstich vernähen. Jeweils ein Griffstück mit der Vorder- und Rückseite der Tasche vernähen. Dabei zwischen Griff und Taschenrand einen Spielraum von 2 cm lassen und die Taschenteile zwischen beide Filzstücke des Griffteils setzen.

3 3 cm Perlen nach Belieben auffädeln. Die Kette 5 cm vom oberen Taschenrand entfernt parallel mit einem Stich festnähen. Weitere Perlen auffädeln und die so entstandene Kette nach und nach festnähen. Mehrere unterschiedlich lange Perlenanhänger fertigen und an der Kette fixieren.

Tipp: Bei dieser Tasche kann man wunderbar Perlenreste aufbrauchen.

29

30

Herzige Tischdekoration

- Sperrholzrest, 1 cm und 6 mm stark ◆ Sperrholz, 8 mm stark, 22 cm x 30 cm
- Acrylfarbe in Taubenblau, Karminrot und Antikblau ◆ Krakelier-Lack
- Holzkugeln, ø 1,2 cm, mit einer Bohrung mit ø 3 mm, pro Herz 2 Stück
- Paketschnur, ø 1,7 mm, pro Herz 20 cm lang ◆ Bindedraht, ø 0,35 mm
- Bohrer, ø 2,5 mm, 3 mm und 6 mm (zum Vorbohren)

Vorlage Seite 139

1 Die kleinen Herzen aus dem dünnen, die großen aus dem mittleren und die Standfläche aus dem dicken Sperrholz aussägen.

2 Aus den kleinen Herzen eine kreisförmige, aus den großen Herzen eine herzförmige Fläche aussägen. Dazu mit dem dicken Bohrer (ø 6 mm) ein Loch in die Fläche bohren, das Sägeblatt durchstecken und dann die entsprechende Fläche aussägen.

3 Die Holzkugeln und alle Sperrholzteile in Antikblau grundieren. Nach dem Trocknen nach Herstellerangaben den Krakelier-Lack auftragen, nochmals trocknen lassen und die Teile mit Karminrot bzw. Taubenblau anmalen.

4 Jedes Herz erhält eine kleine Bohrung von vorne. Pro Herz ein Stück Paketschnur durchfädeln und diese mit Bindedraht am Rand des Herzens umwickeln. Die Drahtenden locken, auf jedes Paketschnurende eine Holzperle auffädeln und diese jeweils durch einen Knoten sichern.

5 Zum Schluss die großen Herzen laut Vorlage und wie abgebildet auf die Standfläche kleben.

Tipp: Funktionieren Sie die kleinen Herzen in Tischkärtchen um, indem Sie jeweils an ein Paketschnurende ein Stückchen Tonkarton mit dem Namen des Gastes hängen. Wer will, kann die kleinen Herzen seinen Gästen auch als Gastgeschenke mitgeben und ihnen so eine große Freude bereiten.

Edle Handyhülle

- Wollfilz in Bordeauxrot, 2 mm stark, 5 cm x 28 cm und 2 x 2 cm x 12 cm
- Rocailles in Transparent mit Silbereinzug und Rot, ø 2 mm
- 3 Druckknöpfe in Silber, ø 6 mm ◆ reißfestes Nähgarn in Weiß
- Nähgarn in Transparent

1 Das große Filzstück so falten, dass die Vorderseite der Handyhülle 12 cm lang ist. Beide Seitenteile bündig mit dem Überwendlingsstich an die Vorder- und Rückseite nähen. Dabei bei jedem Stich eine transparente Rocaille mit auffädeln.

2 Die Druckknöpfe mit transparentem Nähgarn in einer Reihe an die Innenseite der Verschlussklappe nähen und die Gegenstücke auf die entsprechende Stelle an der Vorderseite setzen.

3 Beliebig viele Rocaille-Blüten auf die Vorderseite nähen. Dazu jeweils eine rote Rocaille als Mittelpunkt aufnähen und sechs transparente Rocailles um diese herum.

Tipp: Anstelle der Druckknöpfe kann auch ein Verschluss aus Satinbändern angebracht werden.

31

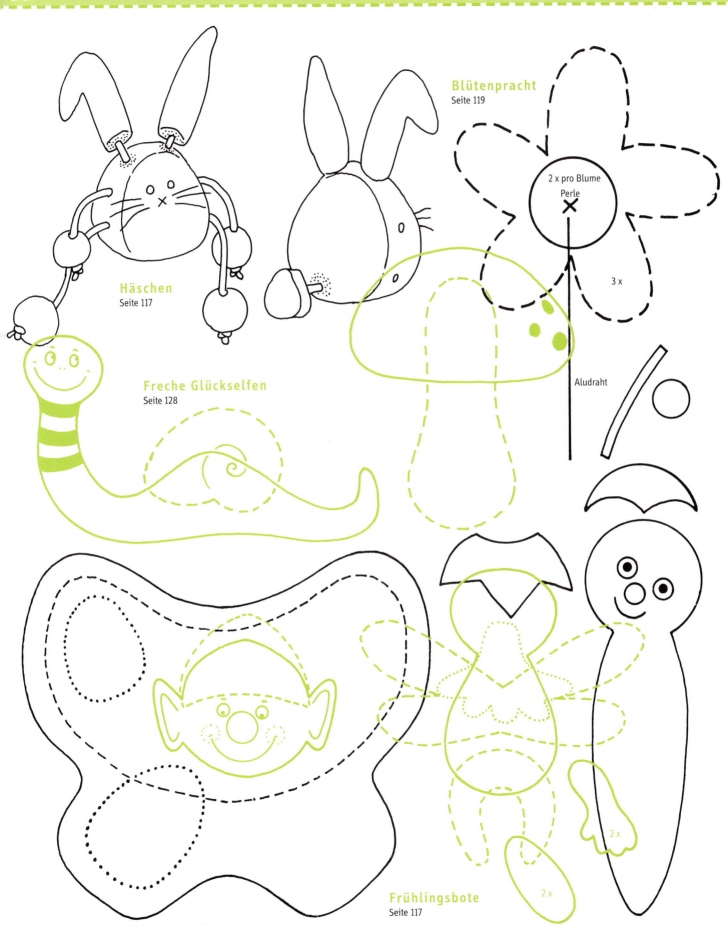

Mai

Seidenpapierkugeln
Seite 127
Bitte auf 140 % vergrößern

Große Blumenstecker
Seite 128
Bitte auf 250 % vergrößern

Schnecken-Umzug
Seite 119
Bitte auf 320 % vergrößern

Juni

Juni

Niedlicher Wettervogel

- Holzkochlöffel mit ovaler Kelle, 7,5 cm breit, 50 cm lang
- Balsa- oder Sperrholz, 4 mm stark, 3 cm x 9 cm und 3 cm x 8,5 cm
- Acrylfarbe in Weiß, Maigrün, Apricot, Flieder, Pink und Gelb
- Holzplatine, ø 2,5 cm ◆ Filzrest in Orange ◆ Marabufeder in Orange
- Hauswandthermometer, 16 cm lang ◆ 2 Schrauben, ø 3 mm, 3 cm lang
- Schraubendreher oder Akkuschrauber ◆ Nagelbohrer, ø 2 mm

Vorlage Seite 156

1 Die Holzteile grundieren und nach dem Trocknen Löffel und Dach bemalen.

2 Beim Vogel die Augen aufmalen und den Filzschnabel aufkleben. Von hinten kleine Federstücke als Flügel und Haare fixieren.

3 Das Thermometer am Löffelstiel anschrauben, die Löcher dafür mit einem Nagelbohrer vorbohren. Dann das Dach aufsetzen.

Tipp: Ohne Thermometer wird der Wettervogel im Handumdrehen zum Blumenstecker.

1

Frösche mit Badehose

Pro Frosch ◆ Sperrholzrest, 6 mm stark (Kopf und Rumpf) und 3 mm stark (Arme und Beine) ◆ Acrylfarbe in Zitronengelb, Gelbgrün und evtl. Weiß ◆ Deko-Stift in Türkis ◆ evtl. Rundholzstab, ø 6 mm (Augen auftupfen) ◆ Lackdraht in Schwarz, ø 0,5 mm, 2 x 10 cm (Arme und Beine) und evtl. 20 cm lang (Aufhängung) ◆ Bohrer, ø 1 mm (Arme und Beine) und ø 2 mm (Drahtstab) ◆ Spanndraht, ø 2 mm, 50 cm lang ◆ Sprühlack in Gelb

Vorlage Seite 156

1 Nach dem Aussägen die Löcher bohren und die Motivteile abschleifen.

2 Am Rumpf zuerst die Hose, dann den restlichen Körper und die Gliedmaßen anmalen. Die Augen entweder mit dem Rundholzstab auftupfen oder aufzeichnen. Mund und Nasenlöcher mit dem Filzstift ergänzen. Mit dem Deko-Stift die Badehose verzieren.

3 Die Motivteile, falls gewünscht, mit Klarlack bestreichen. Arme und Beine am Rumpf andrahten. Den Stecker oder die Aufhängung gelb einsprühen und befestigen. Der gelbe Frosch wird an einem über einem Schaschlikstäbchen gekräuselten Drahtstück aufgehängt.

2

Faltlampion

Pro Lampion ◆ Aquarellpapier, 60 cm x 42 cm ◆ Aquarellfarbe oder wasserlösliche Acrylfarbe in Orange und Rot bzw. Hellgrün und Türkis ◆ Draht für die Aufhängung ◆ Bügeleisen ◆ Sonnenblumenöl ◆ Teelicht ◆ Stoff- oder Papiertuch ◆ ggf. Falzbein

Vorlage Seite 157

1 Vor dem Auftragen der Grundfarbe das Papier rundum mit breitem Klebefilm plan auf dem Tisch befestigen. Das verhindert, dass sich das Papier beim Trocknen wellt.

2 Danach das Aquarellpapier mit Grün oder Orange grundieren.

3 Das Laternenmuster auf das Aquarellpapier übertragen.

4 Nun die Blume nach Vorlage auf die vier Flächen der Laterne pausen und rot oder grün ausmalen.

5 Alles gut trocknen lassen. Anschließend das Papier in Baumwoll-Einstellung bügeln, da das Muster ganz glatt sein muss.

6 Alle aufgezeichneten Linien scharf falten, ggf. ein Falzbein verwenden.

7 Das Papier entlang des Randes und auf den Bodenteilen verkleben.

8 Nach dem Trocknen die Kanten mittig eindrücken. Das ergibt den schönen, charakteristischen Effekt der Laterne.

9 Zum Schluss die Laterne mit Sonnenblumenöl bepinseln, um sie transparent zu machen. Als Nebeneffekt brennt das Papier nicht so leicht. Überschüssiges Öl mit einem saugfähigem Tuch abnehmen.

10 An zwei gegenüberliegenden Rändern der Laterne den Draht für die Halterung durchfädeln und die Enden umbiegen.

3

Puschel-Lichterkette

◆ 10er-Minilichterkette in Transparent ◆ Regenbogen-Strohseide in Rosa-Rot, 70 cm x 1,50 m ◆ Blumendraht in Rot, ø 0,35 mm

4

1 Aus Strohseidenpapier zehn 9 cm breite und 70 cm lange Streifen ausschneiden. An einer Längsseite jeweils in 1 cm weiten Abständen das Papier 6,5 cm tief einschneiden. Für jedes Lämpchen einen Streifen zuschneiden.

2 Jeweils einen Streifen nehmen und fest um die Fassung eines Lämpchens wickeln. Zur Fixierung immer wieder einen Tropfen Klebstoff aufbringen.

3 Mit rotem Blumendraht den Papieransatz umwickeln und festdrehen.

Tipp: Bei Gartenfesten können Sie auch eine Puschellichterkette auf den Tisch legen. Dafür eignen sich Mikrolichterketten mit Batteriefach besonders gut. Weitere Puschel können Sie an Stühlen, einem Geländer oder an Pflanzen anbringen. Mit farblich passenden Servietten zaubern Sie so ganz einfach eine festliche Stimmung.

Juni

Gartenstuhl

- Gartenstuhl mit Holzlatten
- Rolle Kreppklebeband
- Acrylfarbe in Kobaltblau, Blau, Hellblau und Taubenblau

1 Lange Klebebandstreifen werden von der Ecke aus diagonal über die Holzlatten geklebt, so dass jeweils ein Dreieck frei bleibt. Den Klebefilm zwischen den Latten durchschneiden und die Latten mit den freien Klebeflächen seitlich bzw. nach hinten abkleben. Flächen, die nicht bemalt werden sollen, wie z. B. das Stahlrohrgestell, zusätzlich abkleben.

2 Nachdem alle Flächen, die unbemalt bleiben sollen, abgeklebt sind, mit dem Farbauftrag beginnen. Systematisch jeweils zwei oder drei Latten im selben Farbton anmalen. Dabei immer mit dem Pinsel vom Klebefilm wegstreichen.

3 Klebefilmstreifen gleich nach jedem gearbeiteten Dreieck vorsichtig entfernen. Die Farbe trocknen lassen.

Tipps: Abschließend können Sie Ihr Werk noch zusätzlich durch eine Klarlackschicht schützen.

Sie haben lange Freude an dem Stuhl, wenn Sie mit qualitativ hochwertigem Material arbeiten. Die Acrylfarben sollten eine cremige Konsistenz haben, lichtecht, wasserfest und vor allem gut deckend sein.

5

6

Spuren im Sand

- Keilrahmen, 40 cm x 40 cm
- Acrylfarbe in Rubin
- mattes Strukturgel, 250 ml
- Vogelsand
- ca. 40 Muscheln, ø 1 cm bis 2 cm
- 6 Stränge Naturbast, 1 m lang
- gebleichtes Dekogras
- Kreppklebeband, ca. 4 cm breit (zum Abkleben)

1 Einen etwa 5 cm breiten Rand sowie die Seiten des Keilrahmens in Rubin streichen. Nach dem Trocknen genau entlang der Kanten ringsum einen Streifen Kreppklebeband befestigen.

2 Aus den Muscheln auf dem Tisch ein Herz legen. Das Strukturgel mit Vogelsand vermengen, bis eine feste homogene Masse entsteht. Mit dem Spachtel die Sandmasse auf den Keilrahmen auftragen. Nun die Muscheln eine nach der anderen in den Sand drücken. Mit dem Pinselstiel in die linke untere Ecke „LOVE" ritzen.

3 Nach dem Trocknen die Bastfäden um den Keilrahmen binden und beim Knoten etwas Dekogras befestigen.

Tipp: Sehr schöne maritime Collagen entstehen auch, wenn Sie in den Sand viele verschiedene Muscheln einbetten. Der Rahmen sollte dann in einem lichten Blau gehalten werden.

Vasenhänger

- geglühter Stieldraht, ø 1,2 mm ◆ Glasspitzvase, ø 4 cm, 20 cm lang
- 5 Glasoliven in Blau, 2 cm lang bzw. 2,5 cm x 1,5 cm
- Glasperle in Blau, ø 2 cm ◆ 14 Plastikperlen in Blau, ø 8 mm
- 29 Indianerperlen in Blau, ø 4,5 mm

1 Für die Aufhängung ein Ende eines 26,5 cm langen Drahtes zu einer großen Spirale biegen, dann die Perlen wie abgebildet auffädeln und mit einer kleinen Spirale abschließen.

2 Von zwei 12,5 cm langen Drähten jeweils ein Ende zu einer Öse biegen, dann die Perlen auffädeln und mit einer zweiten Öse abschließen. Die oberen Ösen dieser beiden Drähte an der kleinen Spirale von Punkt 1 einhängen.

3 Ein 15 cm langes Drahtstück als Bügel durch die beiden Löcher der Vase stecken und die Enden zu Spiralen formen. Daran die beiden zuvor beschriebenen, 12,5 cm langen Drähte einhängen.

4 Seitlich jeweils noch eine Spirale aus einem 15 cm langen Draht einhängen. Zwei 8,5 cm lange Drähte jeweils an einem Ende zu einer Öse biegen, dann wie abgebildet die Perlen auffädeln, mit einer Öse abschließen und an den Spiralen anhängen.

7

8

Fleißiger Gärtner

- Mobilefolie, 0,4 mm stark, A3 ◆ Konturenfarbe in Schwarz
- Windowcolor in Gelb, Hellbraun, Hautfarbe, Orange, Hellblau, Weiß, Hellgrün und Saftgrün ◆ Samtpuder in Gelb ◆ Spankorb in Natur, 8 cm x 4 cm x 3 cm
- Marienkäfer-Holzstreuteil, 1,2 cm lang ◆ Seidenblütenstrauß in Gelb
- Seidenblüte in Blau mit Blatt, ø 1,8 cm

Vorlage Seite 163

1 Die Streifen für das Karo mit Windowcolor in Hellblau zuerst senkrecht, dann waagrecht malen, trocknen lassen, dann die Felder in Weiß ausmalen. Beide Bäckchen in die noch nasse Hautfarbe tupfen und mit einem Zahnstocher ineinander ziehen.

2 Den Hut mit Windowcolor in Gelb und Samtpuder arbeiten: Den Puder in die nasse Farbe streuen. Sobald die Farben trocken sind, überschüssigen Puder abklopfen. Lichtpunkte mit weißem Lackmalstift auf die trockene Farbe tupfen. Den Blumenstrauß am Daumen und unten an der Hand ein Stück Stiel am kleinen Finger festkleben. Eine blaue Blüte am Hut sowie einen Marienkäfer auf der Hand fixieren.

3 Die Sitzfläche knicken und den Spankorb mit Alleskleber festkleben.

Tipp: Sie können auch ein kleines bepflanztes Tontöpfchen auf den Schoß des Gärtners kleben oder stellen.

Juni

Zarte Blumen

- Tonkarton in Hellviolett, 30 cm x 15 cm und 12 cm x 12 cm (Blüte), Blauviolett, 9 cm x 9 cm und Violett, 8,5 cm x 8,5 cm und 4 cm x 5 cm (Blütenstempel)
- Transparentpapier, gemustert, 12 cm x 12 cm (Blüte)

Vorlage Seite 163

1 Den hellvioletten Tonkarton in der Mitte falten.

2 Die Blütenteile zuschneiden und zusammenkleben. Auf dem Transparentpapier nur dort Klebstoff auftragen, wo es durch das violette Oval verdeckt wird.

3 Das blauviolette Quadrat, das violette Quadrat und die Blüte auf die Kartenvorderseite kleben.

4 Um eine plastische Wirkung zu erzielen, biegen Sie an der fertigen Karte das Transparentpapier leicht nach oben!

Tipps: Variieren Sie hier! Die Karte sieht in vielen Farbkombinationen schön aus!

Noch edler sieht es aus, wenn Sie aus dem gemusterten Transparentpapier ein Einlegeblatt arbeiten. Mit Silberstift beschriftet wirkt diese Karte dann luftig-leicht.

9

10

Schmetterlingstanz

- Mobilekreuz aus Holz, ø 22,5 cm ◆ Acrylfarbe in Rosa
- je 1 Rolle Transparentpapier in Rosa, Hellblau und Bunt mit Punkten
- Quetschperlen in Silber ◆ Schmuckdraht in Silber, ø 0,4 mm, 4,20 m lang
- Schraubhaken, 3 mm x 2 cm ◆ mittlere Nähnadel

Vorlage Seite 161

1 Das Mobile besteht aus sieben großen und acht kleinen Schmetterlingen. Jeder Schmetterling hat ein größeres Mittelteil und zwei äußere Teile (= entspricht Vorder- und Rückseite) der nächstkleineren Größe. Das heißt zum Beispiel, dass für den kleineren Schmetterling für das Mittelteil die mittelgroße Vorlage benötigt wird und für die Flügel die kleine Vorlage. Die Transparentpapiere entsprechend in beliebigen Farbkombinationen zuschneiden.

2 Die Flügel der zwei äußeren, kleineren Schmetterlinge neben den Körpern knicken und sie von beiden Seiten auf den Körper des großen Schmetterlings kleben.

3 Das Mittelteil eines jeden Schmetterlings im Körper bzw. Flügel mit einer Nähnadel durchstechen und den Schmuckdraht durchziehen. Dabei die Schmetterlinge an unterschiedlich langen Aufhängungen anbringen und mit Quetschperlen sichern.

4 Das Mobilekreuz in Rosa bemalen und den Schraubhaken in die mittlere Kugel eindrehen. Die Schmetterlinge an die Stäbe des Mobilekreuzes hängen. Dafür die Drahtenden um die Mobilearme schlingen und mit Quetschperlen fixieren. Das Kreuz mit Schmuckdraht aufhängen.

Schwarze Tattoos

- Tattoofarbe in Schwarz
- Fixierpuder
- Glitzer in Silber

Schriftzeichen
Das Zeichen in einzelne Schritte zerlegen und aufmalen. Mit Fixierpuder fixieren.

Drache
Beim Drachen zunächst den Körper wie ein Fragezeichen mit dem Pinsel malen. Pfeilschwanz und Schnauze malen, dabei ein Dreieck für das Auge aussparen. Flügel, Beine, Feuer und Ornamente ergänzen. Mit silbernem Glitzer Akzente setzen. Das Motiv mit Fixierpuder fixieren.

Ranke
Mit einem schwarzen Pinsel zuerst das geschwungene S, eine Ranke nach unten, eine nach oben malen. Weitere Verzweigungen auftragen. Je nach Körperstelle und Geschmack die Ranke variieren. Die Ranke mit Fixierpuder fixieren.

Hinweis: Die schwarzen Tattoos halten bis zu drei Tagen. Die Farbe färbt nicht auf Bettwäsche oder Kleidung ab!

11

12

Bunte Tattoos

Blaues Oberarm-Tattoo
- Schminkfarbe in Türkis, Blau und Weiß
- Glitzer in Blau

Herz-Tattoo
- Schminkfarbe in Pink, Orange, Weiß und Gold
- Glitzer in Gold

Blaues Oberarm-Tattoo
1 Mit der türkisfarbenen Wellenlinie beginnen. Die weißen Punkte auftupfen. Oben und unten erst die blauen Bogen, dann die Striche aufmalen.

2 Nach Abbildung weiße Punkte ergänzen. Mit Glitzer verzieren.

Herz-Tattoo
1 Die Herzen in Pink, die Ranken in Orange aufmalen. Nach kurzem Trocknen die Herzen weiß, die Ranken golden akzentuieren. Goldene Streifen ergänzen.

2 Die Ranke mit goldenem Glitzer verzieren.

Juni

Windlicht

- Windlicht in Grün, ø 9 cm (oben), 8 cm hoch ◆ extrastarke Klebefolie (Tacky Tape), 8 cm x 20 cm ◆ Rocailles in Gelb, Apfel und Smaragd mit Silbereinzug
- Rocailles in Dunkelgrün transparent ◆ Glasstifte in Dunkelgrün, ø 2 mm, 7 mm lang ◆ Streukügelchen in Gold, ø 0,5 mm ◆ Kerzen-Gel, 200 ml
- Flachdocht mit Halter (Metallfuß), 6 cm lang ◆ 2 Schaschlikstäbchen

1 Das Tacky Tape mit Cutter und Lineal in insgesamt 16 Streifen von je 8 cm Länge und 6 mm, 1,2 cm und 1,5 cm Breite schneiden. In beliebiger Reihenfolge genau senkrecht verlaufend am Windlichtglas ankleben.

2 Für die breiten Streifen alle Perlensorten mischen, die schmalen Streifen werden einfarbig verziert.

3 Die Streifen auswählen, die mit Perlen in einer Farbe belegt werden sollen, deren Schutzfolien abziehen und mit Perlen nach Wahl versehen. Bei den breiten Streifen die Schutzfolie abziehen, zunächst einige Glasstifte aufsetzen, dann die gemischten Perlen aufstreuen. Danach alle Streifen in den Streukügelchen wälzen.

4 Den Docht in das Glas stellen und oben zwischen zwei über das Glas gelegten Schaschlikspießen fixieren, das Kerzen-Gel im Backofen bei 90° verflüssigen und vorsichtig eingießen, erstarren lassen.

13

14

Lampe mit roten Kristallen

- Lampenschirm aus Stoff in Weiß, ø 16 cm unten, ø 12 cm oben, 28,5 cm hoch
- Lampenschirmfuß in Weiß, 40 cm hoch ◆ Glühbirne
- Seidenmalfarbe in Rot und Blau ◆ 5 tropfenförmige Kunststoff-Kristalle in Rot, ca. 3 cm lang ◆ 6 tropfenförmige Facettensteine in Rot, ca. 1,5 cm lang
- 6 achteckige Facettensteine in Rot, ca. ø 1,5 cm ◆ transparenter Nylonfaden
- evtl. Föhn ◆ alte Zeitungen

1 Auf den Lampenschirm mit einem dicken Pinsel (Stärke ca. 10) Flächen, ca. 6 cm x 6 cm groß, in Rot aufbringen. Dabei Zwischenräume lassen. In diese Zwischenräume blaue Seidenmalfarbe malen und die Ränder der Flächen ineinander fließen lassen. Zügig arbeiten!

2 Ein bis zwei Stunden trocknen lassen, eventuell mit dem Föhn die Trocknungszeit beschleunigen.

3 Am unteren Rand des Lampenschirms im Abstand von 3 cm mit der Nadel Löcher vorstechen. Jeweils einen Facettenstein an einen transparenten Faden hängen, verknoten, den Faden mit dem angehängten Kristall durch das Lampenschirmloch ziehen und nochmals gut verknoten.

Tipp: Auch ganz einfache Kringel und Schnörkel auf dem Lampenschirm sehen toll aus. Diese sollten Sie mit Stoffmalstiften aufmalen, die Konturen werden exakter. Seidenmalfarbe eignet sich besonders, um Farben ineinander fließen zu lassen.

Home sweet home

- Sperrholz, 1 cm stark, 32 cm x 16 cm ◆ Sperrholz, 6 mm stark, 6 cm x 22 cm
- je 1 Vierkantstab, 1,4 cm x 1,4 cm, 11 cm und 12 cm lang
- Acrylfarbe in Hellgrün, Rubinrot und Schwarz ◆ Draht, ø 0,65 mm und 0,35 mm
- 4 Nägel, 2 cm lang ◆ Reisig ◆ Holzbohrer, ø 1,5 mm

Vorlage Seite 160

1 Das Häuschen aus dem dicken, die Herzen und das Schild aus dem dünnen Sperrholz aussägen. Die Bohrungen ausführen.

2 Alles wie abgebildet anmalen, die Kanten mit schwarzer Farbe betonen. Die zwei Vierkantstäbe als Dach anbringen, diese zuerst mit Heißkleber fixieren, dann von hinten mit Nägeln befestigen.

3 Den Reisig zum Kranz binden, den Draht durch das Loch in der Mitte des Häuschens stecken und mit Heißkleber befestigen. Die Herzen mit je einem Stück Draht am Kranz befestigen, die Enden zu Locken drehen.

4 Das Schild mit leicht verdünnter Farbe beschriften, auch hier die Kanten mit schwarzer Farbe betonen. Mit Heißkleber am Vogelhäuschen anbringen.

5 Für die Aufhängung ein Stück Draht durch das obere Loch durchführen, die Enden verdrehen.

Tipp: Besprühen Sie das Vogelhäuschen zum Schutz vor Witterung mit mattem Klarlack.

15

16

Luftige Windräder

- Konturenfarbe in Schwarz ◆ Windowcolor in Weiß, Rosé, Hautfarbe, Erdbeere und Apfelgrün ◆ Malfolie, A2

Vorlage Seite 157

1 Zuerst die Konturen aufmalen und nach dem Trocknen die Farbflächen gemäß der Abbildung ausmalen.

2 Die weißen Lichteffekte und die farbigen Spiralen erst nach dem Trocknen aufmalen.

Tipp: Gestalten Sie Ihre Fenster doch mit einem richtigen Windrad-Wald. Toll sehen ganz viele aneinander gereihte, bunte Windräder in unterschiedlichen Längen aus.

Juni

Strandsouvenirs

- je 1 Keilrahmen, 40 cm x 40 cm und 18 cm x 13 cm
- Acrylfarbe in Türkis, Royalblau und Ultramarinblau ◆ Serviette: Insel
- Serviettenlack ◆ 2 Acrylkugeln, ø 4 cm ◆ Strukturgel mit Glasperlen
- Malgel in Transparent ◆ Seesterne, Muscheln, Sand ◆ Wachsperlen in Weiß, ø 4 mm bis 8 mm ◆ Holzstreuteile: Anker, 2 Fische, Steuerrad
- Glasnuggets in Grün, Blau und Transparent ◆ Serviettenlack in Glänzend
- Gabel

1 Die Acrylfarben jeweils mit dem transparenten Malgel vermischen, so dass die Farben pastenartig werden.

2 Den großen Keilrahmen damit grundieren. Immer schön gleichmäßig von links nach rechts die verschiedenen gemischten Farben verstreichen.

3 Mit einer Gabel kleine Wellenmuster am Rand entlang ziehen und trocknen lassen.

4 Auf den kleinen Rahmen die Serviette mit der Insel nach Anleitung auf Seite 13 mit Serviettenlack aufbringen. Den Rand ebenfalls blau streichen. Den kleinen Keilrahmen nach dem Trocknen auf den größeren kleben.

5 Die halben Acrylkugeln mit Sand und Muscheln füllen, den Rand mit Heißkleber bestreichen und sofort auf den Keilrahmen setzen.

6 Damit wirklich kein Sand mehr herausrieseln kann, den Rand und einen Teil der Kugel mit Strukturgel mit Glasperlen betupfen.

7 Weitere Akzente mit Strukturgel mit Glasperlen, größeren Perlen, Muscheln, Seesternen und Holzstreuteilen setzen.

Tipp: Das Aufkleben der gefüllten Kugelhälften gelingt am besten, wenn zwei helfende Hände den Keilrahmen mit der Vorderseite nach unten halten und Sie die Acrylkugeln auf den Keilrahmen kleben.

17

18

Maritime Lichterkette

- Lichterkette mit 10 Lämpchen ◆ Laternenfolie, 65 cm x 33 cm
- Serviette mit Meeresmotiven ◆ Serviettenlack
- Acrylfarbe in Elfenbein ◆ Plastikgeeigneter Kleber

Vorlage Seite 156

1 Anhand der Vorlage zehn Lampenschirmchen aus Laternenfolie ausschneiden.

2 Mit einem Schwämmchen die Acrylfarbe unregelmäßig auf die Schirmchen auftupfen. Gewünschte Serviettenmotive ausschneiden und die bedruckte Serviettenlage auf die Schirmchen aufbringen. Mit einem weichen Pinsel den Serviettenlack auf die Motive streichen und trocknen lassen.

3 Die Lampenschirmchen um die einzelnen Lämpchen legen und mit Plastikkleber zusammenkleben. Während dem Trocknen können die Schirmchen mit Wäscheklammern fixiert werden.

Tipps: Wenn Sie möchten, können Sie in den nassen Serviettenlack noch ultrafeinen Glimmer einstreuen.

Für ganz Eilige: Fertige Lampenschirmchen gibt es auch im Bastelfachhandel zu kaufen.

Schiff mit Fischen

- Fotokartonreste in Weiß und Dunkelblau ◆ Blumendraht, 1 x 30 cm, 1 x 25 cm, 2 x 15 cm lang ◆ Schleifenband in Blau-Weiß kariert, 1 cm breit, 30 cm lang ◆ Schleifenband in Blau-Weiß kariert, 5 mm breit, 3 x 30 cm lang ◆ Buntstifte in Weiß und Blau ◆ Filzstift in Blau ◆ Holzstreuteil „Anker", ca. 3,5 cm hoch

Vorlage Seite 158

1 Die Motivteile ausschneiden und Segel und Anker aufkleben. Auf die Fische die Augen mit weißem oder blauem Stift aufzeichnen.

2 Einen weißen Fisch mit Filzstift beschriften und aufkleben, die anderen andrahten. Das längste Stück Draht für die Aufhangung benutzen. Die Schleifen an die Drahtenden binden.

Tipp: Dieses maritime Motiv eignet sich nicht nur für Küstenbewohner, sondern ist eine sehr schöne und klassische Sommerdekoration.

19

20

Leuchtendes Windspiel

- Tontopf, ø 8 cm ◆ Acrylfarbe in Blau ◆ Plastikeiswürfel in Gold, ca. 2 cm groß ◆ Satinband mit Draht: „Schmuckstich", 1 cm breit, 50 cm lang ◆ 5 Klangstäbe, 8 cm lang ◆ Holzperle mit Bohrung, ø 1,5 cm ◆ Perlonfaden ◆ Holzring, ø 3 cm

1 Den Topf mit blauer Farbe bemalen und trocknen lassen. Anschließend rundum mit Satinband und den Plastikeiswürfeln dekorieren.

2 Die Klangstäbe mit Perlonfaden auf den Ring fädeln. Den Ring im Inneren des Topfes mit Heißkleber befestigen.

3 Durch ein Stück Satinband die Holzperle fädeln und festknoten. Daran eine Reihe von Plastikeiswürfeln, die auf Perlonfaden aufgefädelt sind, festknoten. Dieses Satinband durch das Loch des Topfes ziehen. Es wird durch die Holzkugel gehalten.

Tipps: Variieren Sie! Schon andersfarbige Perlen und Satinbänder ergeben eine andere faszinierende Wirkung.

Verwenden Sie Naturmaterialien. Muscheln eignen sich hier auch wunderbar.

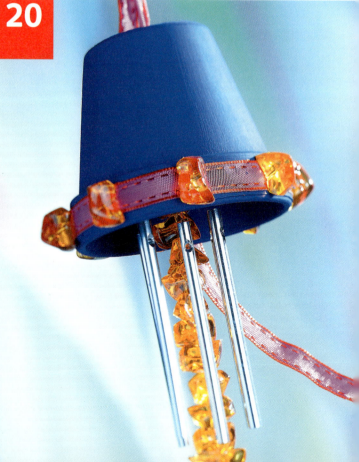

Lustige Hände

◆ Schminkfarbe in beliebigen Farben ◆ Glitzer in beliebigen Farben

1 Hände bemalen ist eine witzige Sache. Hier haben wir einfach einmal Beispiele gemalt. Elefant, Giraffe, Flamingo und Haifisch geben sich ein Stelldichein. Aber auch Schmuck zu malen macht riesig Freude. Die geschmückten Hände gehören zum Burgfräulein und zur Piratin.

2 Gesichter und Frisuren wirken ebenfalls toll. Hier kann man seiner Fantasie freien Lauf lassen. Witzig ist diese Bemalung auch an Geburtstagen oder einfach an Regentagen. Langeweile hat dann keine Chance mehr!

Tipps: Geben Sie ruhig auch Ihrem Kind die Möglichkeit, Ihre Hände mit witzigen Sachen zu bemalen.

Denken Sie sich zusammen mit den Kindern passend zu den aufgemalten Figuren ein lustiges Theaterstück aus, das dann nur mit den Händen aufgeführt wird!

21

22

Zeigt her eure Füße

◆ Schminkfarbe in beliebigen Farben ◆ Glitzer in beliebigen Farben

1 Ob schöner Beinschmuck oder Schuhe, Sandstrand oder Ponyweide, Füße sind immer witzig zu bemalen. Schließlich ist man an den Füßen kitzelig und schon allein aus diesem Grund wird es lustig, diese in Farbe zu tauchen.

2 Hier noch ein paar weitere Ideen zum Bemalen der Füße: Meer mit Leuchtturm, Blumen, Socken, Ballettschühchen, Stiefel mit und ohne Streifen. Hat man einmal damit angefangen, fällt einem viel ein.

Viel Spaß beim Ausprobieren!

Bootsfahrt

- Tonkarton in Gelb, A4

Vorlage Seite 158

1 Die Vorlage mit Hilfe eines Kopierers vergrößern. Die Vorlage auf den passenden Fotokarton übertragen.

2 Das Motiv mit Schere und Cutter ausschneiden. Vorhandene Bleistiftstriche vom Kopieren der Vorlage mit einem weichen Radiergummi entfernen. Kleine Kreise mit einem Bürolocher oder einer Lochzange ausstanzen.

Tipp: Die Motive sind schöne Mitbringsel für strahlende Sonnentage.

23

24

Klangspiel

- Sperrholz, 1,9 cm stark, 15 cm x 15 cm ◆ Sperrholz, 6 mm stark, 30 cm x 20 cm
- Acrylfarbe in Weiß, Grün, Rot, Gelb, Orange und Blau
- Klangstäbe aus Aluminium, 2 x 20 cm, 1 x 17 cm und 1 x 15 cm lang
- 10 Holzperlen in Blau, ø 2,5 mm ◆ Perlonfaden, ø 0,3 mm ◆ Bohrer, ø 1,5 mm

Vorlage Seite 158

1 Alle Teile gemäß Vorlage aussägen und die Kanten schmirgeln. Die Motive und die runde Holzscheibe wie abgebildet bemalen, nach dem Trocknen alle Linien und Verzierungen mit Permanentmarker und Lackmalstift ergänzen.

2 Sämtliche Löcher gemäß Vorlage bohren. Für die Aufhängung drei Perlonfäden an der Holzscheibe befestigen und in der gewünschten Länge zu einer Schlaufe verknoten. Die Klangstäbe in der Mitte der Platte befestigen. Dafür eine Perle an einem Ende der Perlonschnur festknoten. Die Schnur so von oben durch die Platte fädeln, dass die Perle auf der Oberseite sitzt. Am unteren Ende einen Klangstab befestigen.

3 Die Schmetterlinge, Punkte und Herzen ebenso befestigen und gemäß Abbildung in verschiedenen Höhen um die Klangstäbe herum aufhängen. Dabei die Kreise unter die Herzen knoten.

Juni

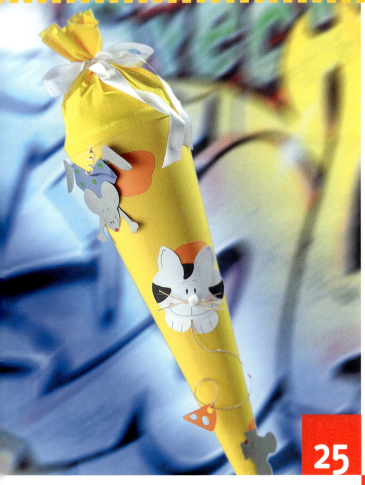

Wie Katz' und Maus

- Schultüte mit Filzumrandung in Gelb ◆ Tonkarton in Grau und Orange, A5
- Tonkartonreste in Orange, Weiß und Blau ◆ Klebepunkte in Grün, ø 7 mm
- Papierdraht in Natur, ø 2 mm, 55 cm lang ◆ Pompon in Weiß, ø 1,2 cm
- Bastrest in Natur ◆ Satinband in Weiß, 2,5 cm breit, 1 m lang

Vorlage Seite 159

1 Alle Tonkartonteile ausschneiden, bemalen und gemäß Vorlage zusammenkleben. Die Motive werden auf die Schultüte geklebt. Die Katze bekommt die Barthaare aus Bast und den Pompon als Nase aufgeklebt.

2 Der Papierdraht wird in 15 cm und 40 cm aufgeteilt. Das kurze Stück wird der Maus als Schwanz aufgeklebt, nachdem es vorher um einen Stift zur Spirale geformt wurde. Der Rest des Drahts wird zweimal verknotet und laut Abbildung zwischen die Pfoten geklebt. Am Ende wird das Käsestück befestigt.

3 Nun kann die Schultüte nach dem Befüllen mit der Schleife zusammengebunden werden.

Tipp: Mit diesen lustigen Figuren können Sie auch Schulhefte oder Briefpapier verzieren.

25

26

Jongleur

- Holzkochlöffel mit ovaler Kelle, 4,5 cm breit, 20 cm lang
- Glitterfilz in Rot, 20 cm x 30 cm ◆ Filzreste in Weiß und Blau
- je 1 Pompon in Gelb bzw. Blau, ø 1,5 cm ◆ je 1 Feder in Gelb bzw. Rot
- Acrylfarbe in Hautfarbe ◆ Aludraht in Silber, ø 2 mm, 60 cm lang
- Draht in Gold, ø 0,35 mm ◆ Lackmalstift in Rot ◆ 3 1- bzw. 2-€-Münzen
- Geldschein

Vorlage Seite 160

1 Den Holzkochlöffel mit Acrylfarbe grundieren, die Feder-Haare auf die Kelle kleben und darüber die zugeschnittene und zusammengeklebte Mütze befestigen. In die Spitze der Mütze die rote Feder kleben und sie zusätzlich mit kleinen, ausgeschnittenen Filzkreisen verzieren.

2 Den Clownmantel zuschneiden und an den Löffelstiel kleben, das Vorderteil von vorne, den Kragen von hinten. Die Filzhände aufkleben. Den Mantel mit den zwei Pompons verzieren.

3 Das Gesicht mit Lackmalstift und Permanentmarkern aufmalen. Den Geldschein gemäß Vorlagenskizze falten, in der Mitte mit Golddraht zusammenbinden und am Löffelstiel festbinden. Auf den Aludraht mit Heißkleber drei Münzen kleben (siehe Abbildung) und ihn von hinten mit Heißkleber am Clown befestigen.

Tipp: Besonders hübsch sieht der Jongleur aus, wenn Sie das große Mantelteil samt Handschuhen doppelt ausschneiden und von hinten gegenkleben. So wird auch die Aludrahtbefestigung verdeckt.

Hurra, ich bin in der Schule

- Schultüte in Regenbogenfarben ◆ Krepppapier in Orange, 90 cm x 45 cm
- Moosgummi-Stanzteile „Kinder", gemischt, 4 cm groß
- Moosgummi-Buchstaben, gemischt, 2 cm groß
- Krepppapierband in Gelb, Pink und Blau, 5 cm breit, je 1,3 m lang
- Krepppapierband in Pink und Blau, 5 cm breit, je 1,2 m lang

1 Krepppapier in die Schultüte einkleben: Dafür das Krepppapier in der gewünschten Länge zuschneiden und auf der Innenseite der Schultüte etwas gerafft festkleben.

2 Moosgummi-Teile gemäß der Abbildung auf die Schultüte kleben. Die 1,2 m langen Krepppapierbänder (pink und blau) am oberen Schultütenrand ankleben und eine Schleife binden.

3 Krepppapier mit den restlichen Bändern zusammenbinden.

Tipp: Im Bastelfachhandel gibt es eine Vielzahl an Moosgummi-Stanzteilen. Lassen Sie sich inspirieren und gestalten Sie die Schultüte z. B. auch mit Autos oder Tieren.

27

28

ABC-Kinder

- Schultüte aus 3D-Wellpappe in Blau ◆ Krepppapier in Gelb, 90 cm x 45 cm
- Tonkartonreste in Hautfarbe, Grün, Gelb, Schwarz, Braun und Blau
- Satinband in Grün, 1,5 cm breit, 60 cm lang ◆ Paketschnur ◆ Permanentmarker in Rot

Vorlage Seite 161

1 Krepppapier in die Schultüte einkleben: Dafür das Krepppapier in der gewünschten Länge zuschneiden und auf der Innenseite der Schultüte etwas gerafft festkleben.

2 Motive auf Tonkarton übertragen, ausschneiden und mit der Paketschnur, die als Hals, Arme und Beine dient, zusammenkleben. Gesichter und Buchstaben aufmalen. Dafür am besten einen wasserfesten Stift in Schwarz und Rot verwenden. Für die feinen Linien einen dünnen Filzstift verwenden. Die Lichtpunkte in den Augen werden mit einem wasserfesten, weißen Lackmalstift aufgesetzt.

3 Motive laut Abbildung auf die Schultüte kleben und das Krepppapier mit dem Satinband zusammenbinden.

Tipp: Basteln Sie diese Schultüte in einer anderen Farbe. Wie wäre es mit Rot?

Juni

Walter, unser Wetterhahn

- Sperrholz, 6 mm stark, 29 cm x 37 cm ◆ Acryllack in Weiß, Blau, Rot, Gelb, Orange und Grün ◆ Dickschichtlasur oder Klarlack in Farblos
- Hauswandthermometer, ca. 26 cm lang ◆ 4 Messingschrauben, 3 mm x 10 mm
- Schraubenzieher ◆ Bilderklappöse ◆ Akkuschrauber

Vorlage Seite 163

1 Das Motiv aussägen, die Kanten abschmirgeln und alles (auch die Rückseite) in Weiß grundieren. Mit Acryllack wird das Motiv wetterfest.

2 Die Konturen gemäß Vorlage übertragen und mit dem Lackmalstift nachzeichnen.

3 Nach dem Anmalen ggf. die Konturen nochmals mit dem Lackmalstift korrigieren.

4 Die Rückseite zur Sicherheit nun ein zweites Mal weiß streichen.

5 Das Motiv abschließend mit Dickschichtlasur oder Klarlack versiegeln. Gut trocknen lassen. Das Thermometer wie abgebildet aufschrauben.

6 Zum Aufhängen die Bilderklappöse auf der Rückseite des Motivs aufkleben.

Tipp: Die Farbe für den Zaun wurde aus etwas Blau und viel Weiß gemischt.

29

30

Tor, Toor, Tooor!

- Schultüte mit Filzumrandung in Grün ◆ Tonkarton in Hautfarbe, A5
- Tonkarton in Weiß, A4 ◆ Tonkartonrest in Türkis
- Filzrest in Gelb ◆ Papierdraht in Gelb, ø 2 mm, 1 m lang
- Papierdraht in Natur, ø 2 mm, 3 x 5 cm lang

Vorlage Seite 162

1 Alle Tonkartonteile ausschneiden, bemalen und zusammenkleben. Die Fußballflecken werden mit schwarzem Filzstift aufgemalt. Die Wangen des Jungen mit Buntstift röten.

2 Motive auf die Schultüte aufkleben. Um den Jungen zu befestigen, wird in den Filz der Schultüte mit dem Cutter ein Schlitz in der Breite des Halses geschnitten und der Hals von der Innenseite festgeklebt. Zu Spiralen gedrehten Papierdraht als Haare befestigen.

3 Ein dreieckiges Halstuch umbinden und die Enden auf der Rückseite verkleben. Nun kann die Schultüte mit dem gelben Draht verschlossen werden. Die Drahtenden zum Schluss um einen Bleistift zu Spiralen drehen.

Tipp: Basteln Sie die Schultüte in den Farben des Lieblingsvereins Ihres Schulanfängers.

Juni

Faltlampion
Seite 142
Bitte auf 200 % vergrößern

Luftige Windräder
Seite 148
Bitte auf 180 % vergrößern

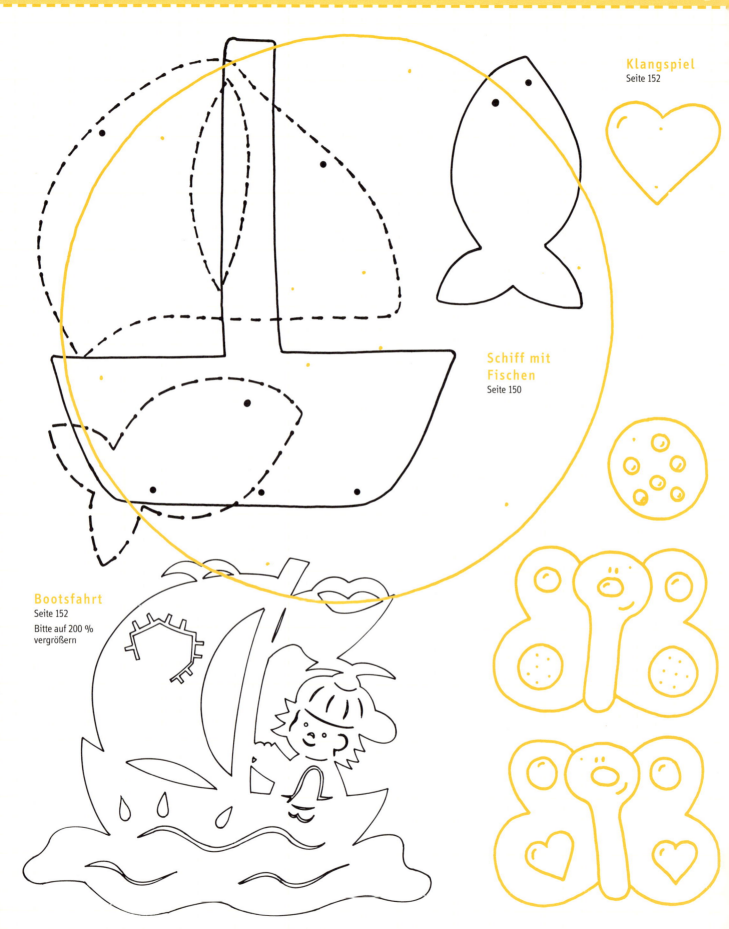

Tor, Toor, Tooor!
Seite 155

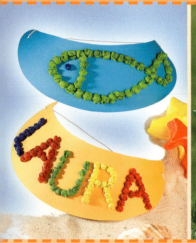   

Juli

Juli

Sommerzeit – Bienchenzeit

- Tonkarton in Orange und Rot, A3
- Tonkartonreste in Gelb, Schwarz, Grau und Grün

Vorlage Seite 181

1 Alle Einzelteile gemäß Vorlage ausschneiden. Die Gesichter mit Filzstift zeichnen, die Wangen mit Buntstift röten.

2 Das Streifenmuster und die Nase von vorne, die Flügel von hinten ankleben und die Bienen auf den Tonkartonring setzen. Buchstaben und Blumen ergänzen.

3 Das Tonkartonband samt des zweiteiligen Falters von hinten an das Türschild kleben.

Tipps: Gestalten Sie die Bienenflügel aus zartem Transparentpapier in Hellblau oder Weiß, das sieht ebenfalls sehr süß aus.

Aus einzelnen Bienchen und Schmetterlingen können Sie schnell eine sommerliche Fensterdeko zaubern!

Sommerparty

Serviettenhalter ◆ Tonkartonreste in Rot, Schwarz und Orange (Marienkäfer) bzw. Grün, Gelb, Rot und Violett (Frosch)
Windlicht ◆ Adhäsionsfolie, 0,15 mm stark, A4 ◆ Windowcolor in Rot, Gelb, Grün, Blau, Violett und Orange ◆ Konturenfarbe in Schwarz ◆ Glas-Windlicht

Vorlage Seite 182

Serviettenhalter

1 Das Gesicht und alle gepunkteten Linien (siehe Vorlagen) aufzeichnen und die Wangen mit Buntstift röten.

2 Beim Marienkäfer Fühlerteil und Nase aufkleben und den Kopf auf den mit Tonkartonpunkten beklebten Körper setzen.

3 Beim Frosch das Kleid mit ausgelochten Punkten und einem Herz bekleben, die Flickennähte mit Filzstift aufzeichnen. Das Kleid auf den Körper und darauf den Kopf mit Krone setzen.

4 Den Tonkartonstreifen zum Kreis und von hinten an die Figur kleben.

Windlicht

1 Die Konturen mit Konturenfarbe nachzeichnen und die Spirale in die Blumenmitte malen. Trocknen lassen.

2 Alle übrigen Flächen farbig gestalten. Nach dem Trocknen die Blumen ausschneiden und auf das Windlicht setzen.

Schmetterlings-Lichter

◆ 10er Lichterkette in Weiß mit blauen Lämpchen ◆ 3 bis 4 Bogen Transparentpapier mit Kreiselmuster, A4 ◆ Transparentpapier in Hellgrün, A4

Vorlage Seite 181

1 Die Vorlage auf Karton übertragen und eine Schablone herstellen. Diese auf das bunte Transparentpapier legen und mit Bleistift umfahren. Zehn Schmetterlinge ausschneiden.

2 Den Lämpchenumfang und die Länge der Lämpchenhalterung abmessen. Die Maße auf Karton übertragen, eine Schablone herstellen, dabei an der langen Seite ca. 2 cm zum Aufeinanderkleben zugeben. Schablone auf das grüne Transparentpapier auflegen, nachfahren und zehn Rechtecke ausschneiden.

3 Die grünen Papierrechtecke zu einem Röllchen zusammenkleben, evtl. mit doppelseitigem Klebeband. Prüfen, ob sie über die Lämpchenhalterung passen. Schmetterlingsflügel einmal in der Mitte falten. Auf diese Faltlinie an der Unterseite Klebstoff aufbringen und auf die Klebenaht des Röllchens setzen. Trocknen lassen und über die Lämpchen schieben.

Tipp: Die leuchtenden blauen Lämpchen sehen bei dieser Schmetterlings-Lichterkette besonders hübsch aus. Mit ein bisschen Glasmalfarbe können Sie auch ganz normale transparente Glas-Lämpchen in bunte Lichter verwandeln.

3

4

Stars and Stripes

◆ Keilrahmen, 40 cm x 50 cm ◆ Acrylfarbe in Kadmiumrot, Orientblau und Weiß ◆ lufttrocknende Modelliermasse ◆ Ausstecher: Stern, ø 6 cm ◆ Wellholz ◆ Kreppklebeband zum Abkleben, ca. 4 cm breit ◆ Bastelkleber

1 Auf der linken Seite einen 16 cm breiten Streifen in Orientblau bemalen. Die übrige Fläche weiß grundieren.

2 Mit dem Kreppklebeband drei Streifen und die restliche Fläche am linken Rand abkleben. Der Abstand zwischen den Streifen kann dabei auch mit dem Kreppklebeband abgemessen werden, da alle Streifen gleich breit werden sollen. Die freien Streifen in Kadmiumrot streichen. Das Klebeband erst abziehen, wenn die Farbe vollständig getrocknet ist.

3 Die weiße Modelliermasse auf einer glatten Fläche ausrollen und elf Sterne in beliebiger Dicke ausstechen. Die Sterne nach dem Trocknen weiß anstreichen und mit dem Bastelkleber gemäß der Abbildung auf die blaue Fläche kleben.

Tipp: Sollten die Sterne nach dem Ausstechen Kanten und Unebenheiten haben, kann man diese nach dem Trocknen mit einem Küchenmesser abschaben.

Juli

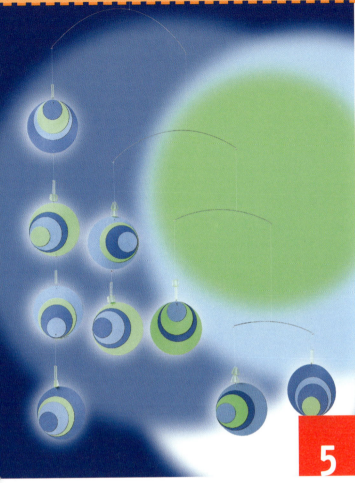

Die 70er lassen grüßen

- 4 Mobilestäbchen aus Metall, 13 cm, 16 cm, 21 cm und 25,5 cm lang
- je 1 Bogen Fotokarton in Dunkelblau, Hellblau und Hellgrün, A3
- 15 gemischte Perlen in milchigem Grün ◆ Quetschperlen in Silber
- Nylonfaden ◆ Zirkel

1 Zunächst in jeder Farbe drei Kreise mit ø 8 cm zuschneiden. Dann vier hellblaue, acht dunkelblaue und sechs grüne Kreise mit ø 6 cm ausschneiden. Anschließend sechs hellblaue, sechs dunkelblaue und sechs grüne Kreise mit ø 5 cm ausschneiden. Außerdem benötigt man noch acht hellblaue, sechs dunkelblaue und vier grüne Kreise mit ø 3 cm.

2 Auf die großen Kreise wie abgebildet deckungsgleich auf Vorder- und Rückseite die kleineren Kreise aufkleben.

3 Dann die Kreise und die Perlen an die Nylonfäden hängen. Die Perlen und Kreise dabei durch Quetschperlen sichern.

4 Zum Schluss die Ketten an die Mobilestäbchen hängen, diese mit Nylonfäden aneinander knoten und das Mobile durch Verschieben der Nylonfäden ausbalancieren.

Tipp: Mit einem Kreisschneider können Sie sich die Arbeit erleichtern.

5

Poppige Kreise

- Rechteckiges, konisches Glas, oberer Rand 10 cm x 10 cm, 13 cm hoch
- Windowcolor in Hellgrün, Blau, Pink und Rot ◆ Schwimmkerzen in Pink

Vorlage Seite 182

6

1 Die Kreise ohne Kontur auf Folie malen und trocknen lassen.

2 Kreise abziehen, auf dem Glas anordnen und mit der Hand feststreichen.

3 Das Glas mit Wasser füllen und die Schwimmkerzen hineingeben.

Tipp: Auch nur in einer Farbe oder Ton in Ton gemalt machen sich die Kreise sehr hübsch. Außerdem können Sie das Glas auch mit weißen Kieseln und einigen Teelichtern füllen.

Schiff, ahoi!

Schiff ◆ ovale Spandose, 10 cm x 7,5 cm ◆ Acrylfarbe in Rot, Hellblau und Weiß ◆ Tonkartonrest in Weiß ◆ Schaschlikstab
Matrose ◆ runde Spandose, ø 9 cm ◆ Acrylfarbe in Blau, Weiß, Hautfarbe und Rot ◆ Tonkartonreste in Weiß und Gelb ◆ Chenilledraht in Blau, 3 cm lang
Vorlage Seite 183

Schiff

1 Spandose laut Abbildung bemalen.

2 Für die Befestigung der Segel wird in die Mitte des Deckels mit dem Cutter ein Loch gestochen und der Schaschlikstab hineingeklebt.

3 Jetzt die Segel aus Karton ausschneiden und mit Heißkleber am Stab befestigen.

Matrose

1 Spandose gemäß Abbildung und Vorlage bemalen.

2 Tonkartonteile ausschneiden, bemalen und aufkleben.

3 Zum Schluss wird der zuvor rund geformte Chenilledraht aufgeklebt.

Tipp: Sammeln Sie Muscheln oder Sand in der Dose. Schreiben Sie den Urlaubsort und das Jahr auf die Segel des Schiffes bzw. auf die Mütze des Matrosen.

Thermometer

◆ Sperrholz, 1 cm stark, 15 cm x 30 cm ◆ Acrylfarbe in Dunkelrot, Weiß, Braun, Hautfarbe, Grün und Gelb ◆ Permanentmarker in Braun, Blau und Rot ◆ Bilderhaken zum Aufkleben ◆ Papierthermometer, 10 cm lang
Vorlage Seite 181

1 Alle Teile gemäß Vorlage aussägen und die Kanten schmirgeln. Die Figur gemäß Abbildung bemalen. Dabei für das Mützenschild viel Weiß mit etwas Dunkelrot abtönen. Die Mütze in Dunkelrot und Weiß und die Haare in Braun malen. Für die Bäckchen etwas rote Farbe in die noch nasse Hautfarbe einmalen.

2 Den Jungen mit Permanentmarkern und Lackmalstiften verzieren, die Ringelstreifen auf dem T-Shirt mit blauem Permanentmarker aufmalen. In Braun die Sommersprossen auftupfen. Die Punkte auf dem Eimer mit rotem Permanentmarker gestalten.

3 Das Papierthermometer aufkleben. Auf der Rückseite der Holzfigur an der Oberkante mittig den Bilderhaken anbringen.

Tipp: Das Motiv eignet sich auch als Blumenstecker. Lassen Sie dann das Thermometer weg und befestigen Sie stattdessen einen Holzstab auf der Rückseite.

Juli

Baumel-Engelchen

- FIMO® soft in Weiß, Schwarz, Sahara, Apfelgrün und Indischrot
- Baumwollkordel in Weiß, ø 1 mm, 10 cm lang ◆ Baumwollkordel in Grün, ø 1 mm, 18 cm (für die Beine) und 4,5 cm (für die Schlaufe) lang
- Bast in Grün ◆ Nähgarn in Grün ◆ Patchworkstoffstreifen, 1 cm x 14 cm
- Zugfeder, verzinkt, ø 4 mm, 20 cm lang

Vorlage Seite 181

1 Den Engel nach Abbildung formen: den Kopf als Kugel, Hände und Füße olivenförmig. Für die Flügel eine Schablone benutzen.

2 Für seine Arme ein durchgehendes Loch mit einem Zahnstocher stechen.

3 Nachdem alle Teile geformt sind, bei 120° C etwa 25 Minuten lang im Ofen aushärten. Nach dem Abkühlen die Baumwollkordeln in die Löcher kleben.

4 Die Haare aus Bast mit etwas Nähgarn umwickeln. Zum Schluss die Lichtflecken mit weißem Lackmalstift in die Augen malen, dem Engelchen einen Schal umbinden und ihn an die Zugfeder hängen.

9

Ich kann sprechen!

- Fotokarton in Gelb, A3

Vorlage Seite 184

10

1 Die Vorlage mit Hilfe eines Kopierers vergrößern. Die Vorlage auf den passenden Fotokarton übertragen.

2 Das Motiv mit Schere und Cutter ausschneiden. Vorhandene Bleistiftstriche vom Kopieren der Vorlage mit einem weichen Radiergummi entfernen.

Tipp: Lassen Sie doch noch viele separat geschnittene Schmetterlinge um das Motiv herum flattern!

Ein sportlicher Typ

◆ Fotokarton in Orange, A2

Vorlage Seite 185

1 Die Vorlage eventuell mit Hilfe eines Kopierers vergrößern. Die Vorlage auf den passenden Fotokarton übertragen.

2 Das Motiv mit Schere und Cutter ausschneiden. Vorhandene Bleistiftstriche vom Kopieren der Vorlage mit einem weichen Radiergummi entfernen.

Tipp: An einem großen Fenster können auch zwei sich anschauende Affen gezeigt werden. Hängen Sie dafür ein Tier seitenverkehrt auf.

11

12

Engel auf Luftballon

◆ Glanzkarton in Gelb, A5 ◆ Fotokartonreste in Hautfarbe, Weiß, Rot und Schwarz ◆ Baumwollfaden in Rot, ø 1 mm und 3 mm
◆ Lackdraht in Schwarz, ø 0,5 mm, 17 cm lang ◆ feiner Filzstift in Rot

Vorlage Seite 185

1 Auf das weiße Kleid kleine rote Kringel malen und auf die roten Flügel schwarze Punkte tupfen. Den Engel zusammenkleben.

2 Die Hände mit der Prickelnadel durchbohren. Den Haarschopf mit dem dünnen roten Baumwollfaden umwickeln.

3 Den Lackdraht durch die Löcher des beschrifteten Schildes ziehen, die Enden um ein Schaschlikstäbchen zu Spiralen drehen, durch die Löcher in den Händen stecken und umbiegen.

4 Den Engel auf den Luftballon kleben. Unten am Verschluß des Ballons mit dem dicken Baumwollfaden eine Schleife binden.

Juli

Kleine Hexe

- Schultüte in Pink ◆ Krepppapier in Orange, 60 cm x 22 cm ◆ Tonkarton in Schwarz und Blau, A4 ◆ Tonkartonreste in Gelb, Flieder, Rot und Orange
- Plusterfarbe in Gelb ◆ Klebepunkte in Gelb, ø 7 mm
- Chenilledraht in Gelb, Rot und Blau, ø 7 mm, je 30 cm lang ◆ Schwammrest
- Papierdraht in Natur, ø 2 mm, 10 cm lang

Vorlage Seite 184 + 186

1 Tonkartonteile laut Vorlagen ausschneiden, das Gesicht aufmalen und zusammenkleben. Tafelumrandung von 17 cm x 13,5 cm in Blau und Tafel von 13 cm x 9 cm in Schwarz zuschneiden. Die Ecken werden etwas abgerundet. Die Teile dann auf die Schultüte kleben. Schwammrest mit dem Papierdraht gemäß Abbildung festkleben.

2 Mit gelber Plusterfarbe den Namen des Kindes auf die Tafel schreiben und einige Buchstaben frei Hand auf die Schultüte ebenfalls mit Plusterfarbe malen.

3 Krepppapier von der Innenseite ankleben: Dafür das Krepppapier in der gewünschten Länge zuschneiden und auf der Innenseite der Schultüte etwas gerafft festkleben. Die Schultüte mit Chenilledraht verschließen. Die Enden zu Spiralen drehen.

Tipp: Vielleicht kann die kleine Hexe dem Schulanfänger einen Wunsch erfüllen. Wir drücken die Daumen.

13

14

Zaubereule

- Schultüte in Blau ◆ Krepppapier in Rotviolett, 60 cm x 22 cm
- Tonkartonreste in Gelb, Hellbraun, Orange, Schwarz und Grau
- Hologrammfolienrest in Silber ◆ 2 Federn in Rotbraun, ca. 8 cm lang
- Chenilledraht in Silber, ø 9 mm, 2 x 50 cm lang

Vorlage Seite 186

1 Tonkartonteile laut Vorlagen ausschneiden, bemalen und zusammenkleben. Die Wangen der Eule mit Buntstift röten. Ebenso die Wange vom Mond und dessen Nasenspitze.

2 Von den Federn ca. 2 cm abschneiden und auf die Ohren der Eule kleben. Die restlichen Federteile werden als Flügel aufgeklebt. Eule, Mond und Sterne gemäß der Abbildung auf die Schultüte kleben.

3 Krepppapier von der Innenseite einkleben: Dafür das Krepppapier in der gewünschten Länge zuschneiden und auf der Innenseite der Schultüte etwas gerafft festkleben. Mit dem Chenilledraht verschließen. Die Enden werden zu Spiralen gedreht.

Tipp: Eine Schultüte mit hohem Beliebtheitsfaktor. Wer mag seit Harry Potter keine Eulen? Und wer weiß, vielleicht zaubert sie zukünftigen Schulstress einfach weg?

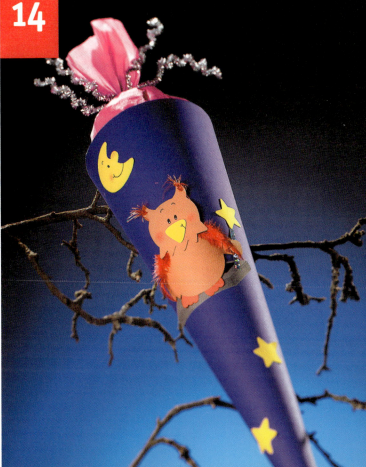

Zum Schulanfang

Rechteckige Karte ◆ geprägter Tonkarton in Dunkelblau, 22 cm x 21,5 cm ◆ Tonpapier in Orange, 21 cm x 21 cm ◆ Tonkartonrest in Grün-Weiß gestreift ◆ Tonpapierreste in Gelb, Weiß und Orange ◆ dünne Schnur in Orange, 30 cm lang ◆ 2 kleine Glückskäfer aus Holz, 1,8 cm lang ◆ Motivlocher: großes Gänseblümchen ◆ Gelstift in Orange ◆ Konturenschere
Karte in Tütenform ◆ Tonkarton in Grün-Weiß gestreift, A5 ◆ Tonpapier in Gelb, A5 ◆ Tonpapierreste in Orange und Weiß ◆ dünne Schnur in Orange, 30 cm lang ◆ 2 kleine Glückskäfer aus Holz, 1,8 cm lang ◆ Buchstaben (ABC) aus Tonkarton oder Moosgummi in Orange und Grün, 2 cm bis 2,5 cm hoch ◆ Motivlocher: großes Gänseblümchen (ø 2,5 cm) ◆ Gelstift in Orange
Vorlage Seite 183

Rechteckige Karte

1 Blaue Karte falten. Mit der Konturenschere am Kartenvorderteil einen Bogen von rechts unten nach links oben abschneiden.

2 Die Teile für die Schultüte ausschneiden und aufkleben. Dabei darauf achten, dass das gestreifte Teil nur an den langen Kanten mit Klebstoff bestrichen wird, damit später noch ein Geldschein in die Tüte geschoben werden kann. Die Falten mit einem orangefarbenen Stift aufmalen und die Schnur anknoten. Blümchen und Blütenmitten ausstanzen und festkleben.

3 Zum Schluss den Schriftzug (7,5 cm x 1,5 cm) anknoten, die Käfer fixieren und die orangefarbene Innenkarte einkleben.

Karte in Tütenform

1 Die Kartenteile laut Vorlage zuschneiden und falten. Die gelbe Innenkarte in die gestreifte Tüte kleben.

2 Falten aufmalen. Die Schnur anknoten und die Buchstaben daran befestigen. Blümchen und Blütenmitten ausstanzen.

3 Zum Schluss die gelbe Spitze, die Blümchen und die Glückskäfer aufkleben.

Tipp: Die Buchstaben können Sie auch selbst laut Vorlage ausschneiden.

15

16

Hmm, Eiszeit!

◆ Fotokarton in Grau, A4 ◆ Fotokartonreste in Orange, Hellblau, Dunkelgelb, Pink, Hellgrün, Schwarz und Weiß ◆ Filzstift in Hellblau
Vorlage Seite 184

1 Alle Einzelteile nach Vorlage ausschneiden.

2 Das Gesicht des Seehundes gestalten und die Zunge hinter den Mund kleben. Halstuch und die Flosse anbringen.

3 Das Eis zusammensetzen. Zuerst die pinkfarbene und dann die grüne Kugel auf die Eiswaffel kleben. Von hinten die blaue Kugel einfügen und das Sahnehäubchen aufkleben.

4 Die Eiswaffel bemalen und dem Seehund an die Flosse kleben. Den Seehund auf dem Ball platzieren. Mit dem Bürolocher Punkte ausstanzen und den Ball verzieren.

5 Zum Schluss die Lichtpunkte mit Lackmalstift setzen und die Barthaare mit Bleistift aufmalen.

Juli

173

Meerestier-Mobile

- Fotokartonreste in Lavendel, Rosa, Orange, Eosin und Weiß ◆ 4 Muscheln
- Stock, ca. 33 cm lang ◆ Paketband, ca. 60 cm lang ◆ Acryl-Strass, ø 3 mm

Vorlage Seite 187

1 Alle Einzelteile ausschneiden und gemäß der Vorlage zusammenfügen.

2 Die Gesichter und alle gekennzeichneten Linien und Punkte aufmalen. Die Wangen der Tiere mit einem Buntstift rot färben. Die Fische mit Strasssteinen verzieren und dem Seestern mit dem Locher gestanzte Punkte aufkleben.

3 Die Motive zum Mobile zusammenfügen. Einzelne Muscheln mit Heißkleber am Stock befestigen.

Tipp: Sie können die Meerestiere natürlich auch einzeln dekorieren. Besonders hübsch sieht es aus, wenn man sie z. B. um den Badezimmerspiegel drapiert.

17

18

Segelschiff

- Styroporstück, 3 cm stark, 25 cm x 15 cm ◆ Tonpapier in Weiß, 15 cm x 15 cm ◆ Faltblatt in Blau-Weiß gestreift, 15 cm x 15 cm
- Schaschlikspieß ◆ Holzperle in Natur, ø 1,2 cm
- Acrylfarbe in Ultramarinblau ◆ scharfes Messer

Vorlage Seite 181 + 182

1 Die Schiffform aus dem Styropor mit einem scharfen Messer ausschneiden und mit blauer Acrylfarbe bemalen.

2 Das große Segel aus dem weißen Tonpapier und das kleine aus dem blau-weiß gestreiften Faltpapier schneiden. Oben und unten an den Enden zusammenkleben und den Schaschlikstab in der Mitte durchstechen.

3 Die Fahne doppelt aus rotem bzw. blauem Tonpapier schneiden, das in der Länge zusammengefaltet wurde. Am Schaschlikspieß ankleben. Die naturfarbene Kugel ganz oben am Mast fixieren.

4 In das Styropor ein kleines Loch bohren und das Segel einstecken.

Tipp: Das Boot kann richtig schwimmen und je nach Geschmack als Segelboot oder als Piratenboot benutzt werden. Dafür müssen Sie dann nur ein passendes Segel basteln. Für ein Piratenboot eignet sich z. B. längsgestreiftes Papier, das mit einem Totenkopf aus Papier beklebt werden kann.

Glas im Bastmantel

- Einmachglas, ca. ø 9 cm, 19 cm hoch
- Tonpapierreste in Orange und Pink
- Kunstbast im Rosa-Weiß-Farbverlauf

Vorlage Seite 181

1 Den Bast der Breite nach auseinander ziehen. Einige Zentimeter des Glases mit Holzleim einstreichen und den Bast um das Glas wickeln.

2 So weiter verfahren, bis das Glas komplett mit Bast umwickelt ist.

3 Die Blumen aus Tonkarton ausschneiden. Mit einem Bürolocher die Blütenmitten lochen und aufkleben. Alle Blüten auf dem Glas arrangieren und aufkleben.

Tipp: Um einen rustikalen Effekt zu erzielen, können Sie das Glas auch mit Naturbast in gedeckten Farben und Holzstreuteilen bekleben.

19

20

Leuchtende Papiertütchen

- 10er-Minilichterkette in Transparent
- 10 schmale Frühstückspapiertüten
- verschiedene Papierschnipsel
- Goldfolie
- Zackenschere

1 Die Papiertüten jeweils auf 11 cm Länge kürzen.

2 Beide Seiten mit unterschiedlichen Papierschnipseln bekleben. Darauf achten, dass die Papierstücke um die Faltränder der Tüten herum fortlaufend geklebt werden. Mit Goldfolie Akzente setzen.

3 Den Rand der Tüten mit einer Zackenschere zurechtschneiden.

4 Den oberen Rand der Tüten in der Mitte mit Klebefilm verstärken.

5 Jeweils eine kleine Öffnung für die Aufhängung hineinschneiden.

6 Die Öffnung darf gerade so groß sein, dass das Lämpchen mit etwas Widerstand hineingeschoben werden kann.

7 Auf jedes Lämpchen eine Tüte stecken und die Lichterkette ist fertig.

Juli

Sehnsucht

- Keilrahmen, 20 cm x 50 cm ◆ Acrylfarbe in Elfenbein, Rubin, Krappdunkel und Rotgold ◆ 6 Glasnuggets in Apricot oder Klar, ø 1 cm bis 2 cm
- 9 bis 10 Muscheln (Schnecken und Kauri) ◆ 4 kleine Seesterne, ø 2,5 cm
- 2 skelettierte Willowblätter in Elfenbein, 10 cm lang ◆ Kordel in Elfenbein, ø 1 cm, 60 cm lang ◆ UHU hart

1 Auf dem Keilrahmen mit Bleistift und Lineal unterschiedlich breite Streifen einzeichnen. Alle Streifen in den verschiedenen Farben bemalen.

2 Die einzelnen Elemente mit Ausnahme der Kordel entsprechend der Abbildung mit UHU hart aufkleben.

3 In die Kordelenden jeweils einen Knoten machen. Zunächst den einen Knoten in die Mitte der entsprechenden Fläche kleben. Sobald der Klebstoff trocken ist, die Kordel einmal um den Knoten legen und an einigen Stellen festkleben. Danach wieder den Klebstoff trocknen lassen. So weiter verfahren, bis die komplette Spirale aufgeklebt ist.

Tipp: Hier wurden zu den maritimen Materialien afrikanisch anmutende Farben gewählt. Selbstverständlich können Sie auch typische Meeresfarben verwenden. Empfehlenswert: Königsblau, Kobaltblau dunkel, Kobalttürkis und Elfenbein.

21

22

Blumiger Bilderrahmen

- Bilderrahmen mit breitem Rand in Silber, 19 cm x 19 cm
- extrastarke Klebefolie (Tacky Tape), 13 cm x 6 cm (für 3 Blüten)
- Rocailles in Orange gelüstert ◆ 3 Muggelsteine in Perlmutt, ø 5 mm
- Flitter in Hellorange

Vorlage Seite 184

Die Blüten nach Vorlage aus der Klebefolie ausschneiden, nacheinander Muggelsteine, Perlen und Flitter satt aufstreuen und die Blüten direkt auf den Rahmen kleben.

Tipps: Vor dem Aufkleben überschüssigen Flitter und Rocailles über einem Teller abklopfen.

Auch an einer Vase und anderen Gegenständen sehen die Blüten sehr dekorativ aus.

Die Blüten können Sie auch zuerst auf Filz in Orange aufkleben und dann mit einem Stück Haftfolie ansetzen. So können sie leichter platziert (oder auch wieder entfernt) werden. Nett sieht es auch aus, wenn die Blütenblätter etwas abstehen.

176

Geldgeschenk für Traumurlaub

- Metallringe, ø 25 cm und ø 7 cm ◆ Bast in Natur und Hellgrün
- Bambusstab in Natur, ø 1 cm, 40 cm lang ◆ Plastilin-Knetmasse, ca. 50 g
- Sand ◆ Glasteller, ø 28 cm ◆ Muscheln
- Miniatur-Liegestuhl in Geldscheinbreite ◆ Kaktus, 12 cm groß

1 Ringe ineinander legen und mit Bast umwickeln. Den inneren Ring dabei zunächst mit vier Bastfäden genau in der Mitte des großen Rings fixieren, die Enden des Basts mit der Heißklebepistole auf dem äußeren Ring festkleben. Beginnende und endende Baststücke am äußeren Ring festkleben oder verknoten. Den Schirm rundum dicht weben.

2 Fünf Bastfäden nur am kleinen Ring befestigen und in der Schirmmitte mit sich selbst verknoten. Bambusstab von unten durch die Mitte in den Knoten schieben und Knotenteile mit Heißkleber am oberen Stabende einkleben. Den Sonnenschirm mit der Knetmasse auf dem Teller befestigen.

3 Geldschein in den Liegestuhl einlegen, evtl. zuvor im Randbereich passend falten. Glasteller mit Sand füllen, Kaktus einpflanzen, Liegestuhl und Muscheln ergänzen.

Tipp: Da kommt Urlaubsfreude auf. Wenn Sie noch mehr Geld verschenken wollen, stecken Sie rundum Münzen in den Sand.

23

24

Vorratsgläser

- Vorratsgläser aus transparentem Glas, 14 cm x 14 cm; 14 cm, 18 cm und 22 cm hoch ◆ Kristalllack in Braun und Hellbraun ◆ Colorsand in Goldocker
- Maldüse, ø 0,9 mm ◆ Glaskügelchen in Transparent-farblos, ø 1,5 mm
- kleine Muscheln ◆ Malpalette

Vorlage Seite 189

1 Mit Klebefilm eine Vorlagenkopie so in das größte Glas einkleben, dass das Motiv direkt hinter einer der Glasflächen gut sichtbar ist. Der auf eine Malpalette aufgetragene Kristalllack in Hellbraun wird mit einem Schwamm rund um das Vorratsglas und den Deckel gleichmäßig aufgetupft.

2 Nach kurzer Trocknungszeit werden direkt aus der mit der Maldüse versehenen Kristalllackflasche die durch das Glas sichtbaren Spiralbogen gearbeitet. Maldüse anschließend mit Wasser reinigen.

3 In die noch feuchte Farbe die Muscheln einsetzen und nach Belieben Glaskügelchen einstreuen. Alle anderen Gläser genauso arbeiten, dabei Motivteile von der Vorlage immer der Glasgröße entsprechend abschneiden.

Tipp: Falls Sie keinen Kristalllack haben, können Sie die Gläser auch mit Windowcolor bearbeiten. Die Muscheln müssen Sie dann allerdings mit Klebstoff aufsetzen.

Juli

Lustige Sonnenschilder

Pro Schild ◆ Fotokarton in beliebiger Farbe, A4 ◆ Krepppapierreste in verschiedenen Farben ◆ Hutgummi, ca. 25 cm lang

Vorlage Seite 187

1 Das Schild nach Vorlage aus dem Fotokarton ausschneiden.

2 Vom Krepppapier kleine Stücke herausreißen und zwischen Daumen, Zeige- und Mittelfinger zu Kügelchen zusammenknüllen.

3 Mit Bleistift leicht Buchstaben oder ein Motiv aufzeichnen und die kleinen Krepppapierkugeln mit Klebstoff an die richtige Stelle setzen.

4 Am linken und rechten Ende mit einer Prickelnadel ein Loch in das Kartonschild stechen und den Hutgummi darin verknoten.

Tipp: Bei Namen mit mehr als sechs Buchstaben wird der Platz zu knapp. Sie können dann Abkürzungen oder Spitznamen nehmen. Alternativ können Sie auch weitere Motive, beispielsweise eine Sonne, Blumen und vieles mehr aufkleben.

25

26

Sommer, Sonne, Badestrand

◆ Windowcolor in Weiß, Gelb, Hautfarbe, Orange, Himbeere, Rubinrot, Apfelgrün, Hellgrün, Flieder, Violett, Hellblau und Ultramarinblau
◆ Adhäsionsfolie

Vorlage Seite 188

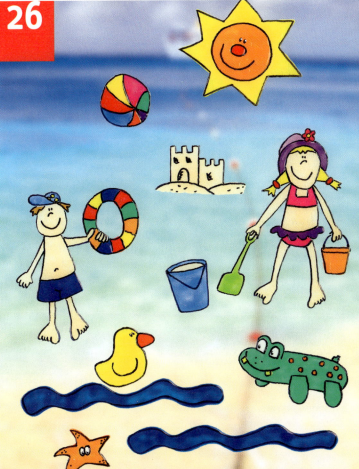

1 Bei diesem Motiv wird keine Konturenfarbe verwendet, sondern die Ränder und Linien nach dem Trocknen mit Permanentmarker gearbeitet.

2 Bei Junge und Mädchen mit dem Bemalen an den Füßen beginnen. Dann jeweils die übernächste Farbfläche ausmalen. Bei allen Motiven darauf achten, dass keine nassen Windowcolor-Farbflächen nebeneinander liegen.

3 Nach dem vollständigen Trocknen der Motive alle Linien mit Permanentmarker aufmalen und einige Lichtpunkte für die Augen mit weißem Lackmalstift aufsetzen.

Tipp: Malen Sie mehrere Wellenteile und dekorieren Sie diese mit vielen kleinen Entchen und Seesternen. Jetzt ist der Sommer nicht mehr aufzuhalten!

Vögel in Gelb und Grün

Pro Vogel ◆ Sperrholz, 6 mm stark, 15 cm x 40 cm ◆ Acrylfarbe in Zitronengelb, Gelbgrün, Dunkelgrün und Weiß (Lichtpunkte in den Augen) ◆ Lackdraht in Schwarz, ø 0,5 mm, 10 x 10 cm lang ◆ evtl. Bast in Zitronengelb, 30 cm lang ◆ Bohrer, ø 1 mm ◆ evtl. Rundholzstäbchen, ø 6 mm (Punkte bei Vogel rechts auftupfen)
Vorlage Seite 188

1 Den Vogel mit Flügeln, Sitzstange, Schwanz und Stab als ein Teil aussägen. Die Füße extra aussägen. Dann die Flügel und die beiden Schwanzteile von Körper und Stab trennen. Kopf, Rumpf und Sitzstange bleiben ein Teil.

2 Schnabel, Kopf und Rumpf sowie die Sitzstange wie abgebildet anmalen. Mit dem Filzstift die Trennlinie zwischen den Schnabelhälften sowie Nasenloch und Auge aufzeichnen. Mit einem feinen Pinsel oder dem Rundholzstäbchen das Muster auf den Rumpf und die Sitzstange malen. Die restlichen Motivteile einfarbig bemalen.

3 Alle Motivteile an den Rändern abschleifen und, wenn gewünscht, mit Klarlack überstreichen. Den unteren Teil der Sitzstange mehrfach übermalen.

4 Nun die Flügel, den Schwanz und die Füße andrahten. Zum Schluss die Bastschleife umbinden.

27

28

Süße Tiere

◆ Nostalgie-Holzwäscheklammern, ø 1,5 cm, 9,7 cm lang ◆ Acrylfarbe in Weiß, Rosa, Pink, Grün, Schwarz, Braun und Gelb ◆ Filzreste in Hellblau, Rosa, Gelb und Braun ◆ Rundholzstab, ø 2 mm (für Giraffe) ◆ je 1 Schraubhaken in Silber, 1 cm x 3 mm x 1,8 cm ◆ Wachskordel in Braun, ø 1 mm, je 7 cm bis 20 cm lang ◆ Strukturschnee in Weiß (für Eisbär) ◆ Klarlack ◆ Bohrer, ø 2 mm
Vorlage Seite 185

1 Außer für Kuh und Giraffe die Wäscheklammern mit der Säge auf 6,5 cm Länge kürzen. Für die Giraffenhörner zwei Bohrungen (ø 2 mm) anbringen. Die Klammern gemäß Vorlage und Abbildung bemalen und trocknen lassen. Für den Schmutz am Schweinchen mit der Zahnbürste etwas braune Farbe aufspritzen.

2 Den Eisbär mit etwas Strukturschnee verzieren. Die Hörner der Giraffe aus je 2 cm langen, braun bemalten Rundholzstäbchen in die Bohrungen kleben. Dann mit Klarlack überziehen.

3 Die Teile aus Filz zuschneiden und aufkleben. Die Schraubhaken in die Köpfe der Klammern drehen. Als Aufhängung 7 cm bis 20 cm Wachskordel durch die Ösen ziehen und verknoten.

Juli

Bunte Schalen

- Pflanzenuntersetzer aus unglasiertem Ton ◆ Acrylfarbe in beliebigen Farben
- Glasmurmel, ø ca. 1,7 cm ◆ flaches Plastikschälchen

1 Den Pflanzenuntersetzer grundieren. Etwas von der gewünschten Farbe in ein flaches Plastikschälchen geben und die Murmel darin einfärben.

2 Die mit Farbe behaftete Murmel an den Rand des Schälchens setzen und durch Hin- und Herkippen zum Rollen bringen. Beim Rollen hinterlässt die Murmel Farbspuren.

3 Die Kugel mit einem feuchten Tuch reinigen und dieselbe Prozedur mit anderen Farben wiederholen.

4 Mit einem Pinsel den Rand ggf. farbig anmalen.

Tipp: Sie können in dieser Technik auch hübsches Geschenkpapier herstellen. Dazu ein normales Schreibblatt in einen Schuhkartondeckel legen und die Murmel dort hin- und herrollen.

29

30

Keilrahmen-Türschild

- Keilrahmen, 30 cm x 40 cm ◆ Acrylfarbe in Kadmiumgelb dunkel, Kadmiumrot, Kobaltblau hell, Olivgrün, Goldocker und Weiß

Vorlage Seite 189

1 Zunächst entsprechend der Skizze das Motiv auf dem Keilrahmen vorzeichnen. Mit dem Radiergummi kann problemlos korrigiert werden.

2 Die einzelnen Flächen gemäß der Abbildung anmalen.

3 Nach dem vollständigen Trocknen alle Konturen mit einem wasserfesten Filzstift einzeichnen und den Namen der Bewohner eintragen.

Tipp: Für den Familiennamen können Sie sich selbst eine Vorlage mit dem PC ausdrucken, diese mit Kohlepapier übertragen und mit dem Permanentmarker nachfahren.

Urlaubsmitbringsel

- Wellpappe in Gelb, 50 cm x 70 cm
- Fotokarton in Schwarz, A4
- Kordel in Hellblau, 2 mm, 50 cm lang
- Postkarte oder Urlaubsfoto
- Muscheln
- Seesterne
- Vogelsand
- Schreibmaschinenpapier in Weiß
- zylinderförmige Weinflasche

1 Aus gelber Wellpappe ein Rechteck zuschneiden, das jeweils ca. 2 cm höher als die Flasche und breiter als der untere Flaschenumfang ist. Den Wellenverlauf beachten! Als Deckel einen Kreis (ø 16 cm) zuschneiden und bis zum Mittelpunkt einschneiden. Den Kreisausschnitt hütchenförmig übereinander schieben und mit Klebefilm von innen fixieren.

2 Die Wellpappe straff um die Flasche wickeln, den überstehenden Rand verkleben. Damit die Flasche nicht herausrutschen kann, einen u-förmigen Streifen als Boden in die Umhüllung mit einkleben. Den Deckel auf die Hülse kleben und z. T. mit Klebstoff bestreichen. Die Klebefläche mit Sand bestreuen und mit Muscheln, Steinchen und einem Seestern dekorieren.

3 Die Urlaubskarte und den auf Karton geklebten Urlaubsgruß auf die Säule kleben. Die Kartenecken mit kurzen, verknoteten Kordelstücken, einzelnen Muscheln und einem Seestern verzieren.

Tipp: Mit der Litfasssäule können Sie auch zu einem netten Abend einladen – zum Beispiel zum Urlaubsbilder anschauen.

31

Schiff, ahoi! Seite 168

Zum Schulanfang Seite 172

Juli

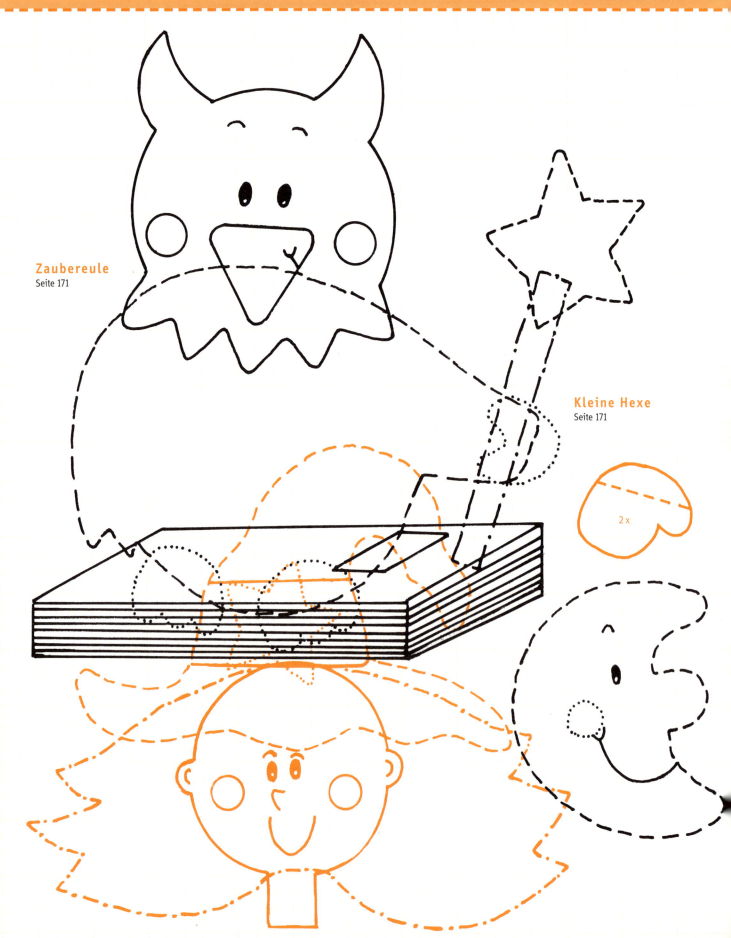

Zaubereule
Seite 171

Kleine Hexe
Seite 171

Juli

Vorratsgläser
Seite 176

Keilrahmen-Türschild
Seite 179
Bitte auf 160 % vergrößern

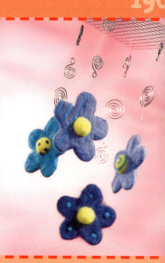

August

August

Quik und Quak

Ente ♦ Wolle, 3 g in Weiß und 3 g in Orange ♦ 2 Perlen in Schwarz, ø 2,5 mm
♦ Lederband in Schwarz, 90 cm lang ♦ Nähfaden in Weiß
Frosch ♦ Wolle, 4 g in Grün, Reste in Rot, Schwarz und Weiß
♦ Lederband in Grün, 90 cm lang ♦ Nähfaden in Grün
Vorlage Seite 208

1 Für die Ente den Kopf in Weiß und den Schnabel in Orange getrennt nach Vorlage ca. 1 cm dick filzen. Für die Haare mehrfach gezielt an den dafür vorgesehenen Stellen einstechen, damit die Haarform entsteht.

2 Den Schnabel auf den Entenkopf legen und festfilzen. Die Perlen als Augen annähen und das Lederband an zwei Stellen von hinten festnähen.

3 Für den Frosch die Gesichtsfläche nach Vorlage ca. 1 cm dick filzen. Durch häufiges Einstechen an den selben Stellen das Froschgesicht ausformen.

4 Die Backen direkt auffilzen. Danach den Mund von einem Bäckchen zum anderen auffilzen. Dafür einen dünnen Strang Wolle nach und nach festfilzen. Das Weiß der Augenflächen ebenfalls direkt auffilzen. Dafür weiße Wolle über die Augenflächen legen und gezielt in die Fläche einstechen, die weiß werden soll. Überstehende Ränder entweder umschlagen und in die Augen einarbeiten oder, wenn die Augenflächen schon dick genug sind, am Rand entlang abschneiden. Dann die Pupillenpunkte einarbeiten. Zuletzt das Lederband von hinten an zwei Stellen festnähen.

1

Darf ich bitten?

♦ Tonkarton in Weiß, Sonnengelb, Hell- und Dunkelgrün, A4
♦ Tonkartonreste in Rot, Orange, Violett, Grau, Zitronengelb und Schwarz
Vorlage Seite 207

1 Die Gesichter, alle benötigten Linien (siehe Vorlagen) und das Ringelmuster der Biene mit einem schwarzen Filzstift aufzeichnen und die Wangen mit Buntstift röten.

2 Die Beine und die Arme laut Abbildung fixieren und den Schnabel, die Sonnenbrille und das zweiteilige gepunktete Halstuch bei der Ente ergänzen. Überstehende Tonkartonpunkte beim Halstuch abschneiden. Den Froschkopf samt der Krone auf dem Kleidchen platzieren. Dieses mit einem Flicken und dem zusammengeklebten Bienchen dekorieren, die Flickennähte mit Filzstift aufzeichnen.

3 Die Tiere auf der Wiese fixieren und die Blumen aufkleben. Der Schmetterling, der zwischen Krone und Schnabel klebt, gibt dem Fensterbild Stabilität.

2

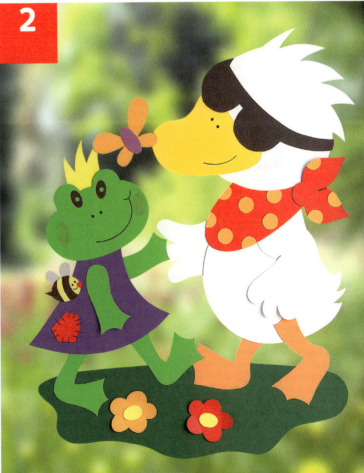

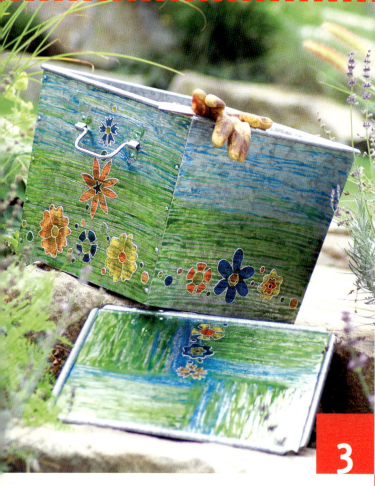

Garten-Kiste

◆ Metallkiste, 40 cm x 30 cm x 40 cm ◆ Windowcolor in Hellgrün, Oliv, Hellblau, Dottergelb und Sonnengelb ◆ Konturenfarbe in Silber ◆ Maldüse, ø 0,9 mm ◆ Deko-Eis in Kristallklar ◆ Mobilefolie ◆ Wattestäbchen

Vorlage Seite 208

1 Alle Seiten der Metallbox mit den Blau- und Grüntönen der Windowcolorfarben einfärben. Die Farben werden direkt aus der Flasche in Linien aufgetragen und anschließend mit einem Wattestäbchen ineinander gezogen. Für den Deckel genauso vorgehen, er wird in vier Farbfelder unterteilt.

2 Die Vorlagen mit Klebefilm unter der Mobilefolie befestigen und zunächst mit der silbernen Konturenfarbe auf der Mobilefolie arbeiten. Nach dem Trocknen der Konturen die Blüten nach Belieben mit Windowcolor ausmalen und Deko-Eis einstreuen.

3 Die getrockneten Blüten von der Folie lösen und am gewünschten Ort auf der Kiste platzieren. Vorsicht, da die Windowcolor-Blüten auf einen Windowcolor-Untergrund geklebt werden, sind sie schon nach ganz kurzer Zeit nicht mehr ablösbar.

Tipp: Das Deko-Eis bewirkt, dass die Blüten weniger durchsichtig sind. Das ist wichtig, weil sonst der vorgefärbte Untergrund zu stark durch die Blüten durchscheinen würde.

Muscheln mit Herz

◆ Keilrahmen, 40 cm x 40 cm ◆ Reliefgießmasse in Weiß
◆ Glitzersand in Venezia-Gold ◆ kleine Muscheln

1 Die Reliefgießmasse unter Zugabe von Wasser anrühren und kurz andicken lassen. Die breiige Masse mit einem Spachtel auf dem Keilrahmen verteilen.

2 Die Muscheln in die noch nasse Masse drücken. Alles trocknen lassen.

3 Den Glitzersand mit einem kurzhaarigen Pinsel auf die trockene Modelliermasse aufbringen.

Tipp: Statt dem Herz können Sie auch andere Figuren mit Muscheln legen. Etwa ein Quadrat oder einen Kreis.

August

Frische Fische

Pro Fisch ♦ Sperrholz, 1 cm stark, 38 cm x 26 cm ♦ Acrylfarbe in Friesenblau, Elfenbein und Schwarz ♦ 2 Ringschrauben, ø 2,8 mm, 1,6 cm x 6 mm ♦ Paketschnur, 50 cm lang ♦ Fischernetz, 50 cm x 1 m
Kartenhalter ♦ Sperrholz, 1 cm stark, 13 cm x 8 cm ♦ Acrylfarbe in Friesenblau und Elfenbein ♦ Memohalter mit Krokodilklammer ♦ Muscheln oder Seesterne ♦ Holzbohrer, ø 2 mm
Vorlage Seite 208

Fische

1 Die Fische aussägen und die Kanten mit Schmirgelpapier glätten.

2 Die Fische blau anmalen. Um den Fischen einen verwitterten Charakter zu verleihen, die Kanten nach dem Trocknen anschleifen. Die Augen sowie die Streifen malen.

3 Die Ringschrauben vorne ins Holz hineindrehen und die Fische mit der Paketschnur aneinander binden.

4 Die Fische mit dem Fischernetz dekorieren.

Kartenhalter

1 Das Motiv aussägen, die Kanten abschleifen und das Loch bohren. Den Fisch blau anmalen.

2 Die Krokodilklammer und die Muscheln oder einen Seestern mit Heißkleber befestigen.

5

6

Elegante Vase

♦ Leimholzrest, 1,8 cm stark, 11 cm x 11 cm ♦ Aludraht, ø 2,5 mm, 47 cm lang
♦ Acrylfarbe in Elfenbein und Purpurrot ♦ Nylonfaden, ø 0,3 mm
♦ Perlen in Pink und Orange irisierend, ø 4 mm ♦ Facettentropfen in Pink, 1,5 cm x 3 cm ♦ Reagenzglas, 16 cm lang ♦ Holzbohrer, ø 2,5 mm
Vorlage Seite 209

1 Aus dem Leimholz die Blüte aussägen und das Loch bohren.

2 Die rote Farbe mit Wasser verdünnen und das Motiv zügig anmalen. Nach dem Trocknen die Kanten mit Elfenbein betonen.

3 Den Aludraht ins Bohrloch stecken und um das Reagenzglas wickeln.

4 Die Perlen auf den Nylonfaden fädeln, die Kette sowie den Facettentropfen anbringen.

Weiße Callas

- 10er Lichterkette im Ring in Weiß ◆ Modellierfilz in Weiß und Hellgrün, je 30 cm x 45 cm ◆ Folienkleber und Metallfolie in Gold ◆ Seidenmalfarbe in Hellgrün

Vorlage Seite 208

1 Die Blüten und Blätter aus dem Filz zuschneiden und mit Wasser anfeuchten, evtl. etwas ausdrücken. Im feuchten Zustand den weißen Filz um das Lämpchen legen, eine plastische Blüte formen und am Lampenhals mit Heißkleber festkleben.

2 Je zwei Blätterteile zwischen die beiden Kabel klemmen und mit dem Ring festhalten.

3 Die Seidenmalfarbe sehr stark mit Wasser verdünnen. Nachdem die Blüten trocken sind, auf den Rand und in die Blütenmitte mit einem Pinsel etwas Farbe geben.

4 Auf den Außenrand der Blüte mit dem Folienkleber eine dünne Linie ziehen und nach dem Trocknen die Metallfolie aufbringen.

Tipp: Bevor Sie die Seidenmalfarbe auf die Blüten auftragen, probieren Sie es zunächst auf einem Reststück aus. So können Sie das Fließverhalten der Farbe auf dem Filz besser beurteilen.

7

8

Edle Laterne

- Laterne in Weiß, 17 cm x 45 cm x 17 cm ◆ Klarsichtklebefolie, 50 cm x 74 cm
- Satinierfarbe mit Frosteffekt

Vorlage Seite 209

1 Die Glasplatten aus der Laterne herausnehmen. Zwei Kopien des Motivs (davon eine seitenverkehrt) hinter einer der Glasplatten mit Klebefilm befestigen.

2 Die Glasplatte auf die Klebefolie legen und diese mit Randzugabe zuschneiden. Die Folie blasenfrei auf die Glasplatte aufziehen. Mit einem Cutter die Blattranken aus der Folie ausschneiden und herauslösen.

3 Satinierfarbe mit einem Schwamm auf die Folienschablone der Blattranke auftupfen und noch vor dem Trocknen der Farbe vorsichtig das Folienstück von der Glasplatte entfernen. Abschließend die Motivvorlage entfernen. So werden alle Glasplatten bearbeitet.

Tipp: Arbeiten Sie die Blätterranken auf einer Glasplatte nacheinander. Es ist wichtig, dass die Farbe noch nicht trocken ist, wenn Sie die Folie abziehen.

August

Bezaubernde Teelichter

◆ Aluminiumdraht, ø 1 mm, 4 x 30 cm lang ◆ 4 Facettentropfen in einer beliebigen Farbe, 1 cm x 2 cm ◆ Teelicht ◆ verschiedene Gläser
Vorlage Seite 210

1 Die Drähte laut Vorlage paarweise um das Teelicht biegen und mit einer Zange so miteinander verdrehen und festzurren, dass das Teelicht dadurch sicher gehalten wird.

2 Auf jeden zweiten der abstehenden acht Drähte einen Facettentropfen auffädeln. Jetzt alle Drahtenden mit der Zange zu einer kleinen Schnecke mit ein bis zwei Umdrehungen nach unten biegen. Zwischen Daumen und Zeigefinger die Drahtschnecke vollenden, bis der Abstand zum Teelicht ca. 3 cm beträgt.

3 Den Teelichthalter auf ein Glas (ø 7 cm bis 7,5 cm) setzen und das Teelicht nach Belieben durch Biegen der Drähte nach unten versenken. Bei ausgebrannten Teelichtern nur das Wachsteil ersetzen.

Tipp: Für einen nostalgischen Tischschmuck füllen Sie wenig Wasser und kleine Blüten in alte Gläser, bevor Sie die Teelichthalter aufsetzen. Auch gefärbtes Wasser in den Gläsern verleiht den Teelichtern ein tolles Schimmern.

9

10

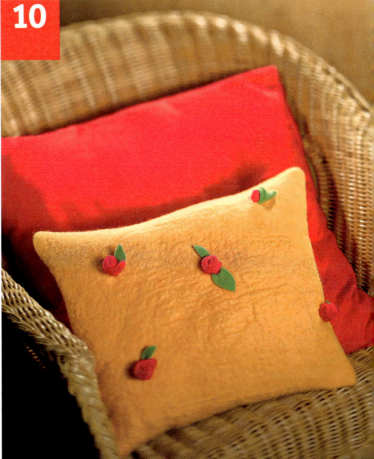

Blumenkissen

◆ fertig nassgefilzte Filzplatte in Gelb, 4 mm stark, 40 cm x 60 cm (alternativ: 2 Textilfilzplatten in Gelb, 4 mm stark, 45 cm x 30 cm) ◆ Textilfilzrest in Pink, 4 mm stark ◆ Bastelfilzrest in Hellgrün, 1 mm stark ◆ Füllwolle oder Füllwatte, 200 g bis 300 g ◆ Nähmaschine
Vorlage Seite 210

1 Den gelben Filz aufeinander legen und so zuschneiden, dass zwei 25 cm x 30 cm große Rechtecke entstehen. Diese zusammenstecken und bis auf eine 10 cm lange Öffnung zusammennähen. Wenden, mit Füllwatte ausstopfen und die Öffnung schließen.

2 Für die Blüten vier 1,5 cm x 11 cm große und einen 1,5 cm x 6 cm großen Streifen aus dem pinkfarbenen Filz ausschneiden, einzeln aufrollen und mit zwei bis drei Stichen fixieren.

3 Die Blätter ausschneiden. Zusätzlich einen 2,5 cm breiten und 12 cm langen Streifen aus dem grünen Filz ausschneiden, um die Knospe wickeln und festnähen. Die Blätter am Stielansatz (gestrichelte Linie auf der Vorlage) etwas falten. Blätter, Blüten und die Knospe auf das Kissen nähen.

Tipp: Spielen Sie mit verschiedenen Farbzusammenstellungen und stimmen Sie das Kissen so auf Ihre Wohnung ab.

Windlicht und Spiegel

Spiegel ◆ runder Spiegel mit Holzrahmen in Hellblau, ø 45 cm
◆ extrastarke Klebefolie (Tacky Tape), 5 cm x 5 cm (für 1 großen Kringel mit Punkt)
◆ Rocailles in Pastellrosa und Weiß, ø 2 mm ◆ Rocailles in Türkis, Rosa und Weiß opak, ø 2 mm ◆ Rocailles in Babyblau gelüstert und Hellblau mit Silbereinzug, ø 2 mm ◆ Flitter in Perlmutt (Motive in Weiß und Rosa) und Hellblau (Motive in Hellblau) ◆ ggf. Deko-Kleber (trocknet transparent auf)
Windlicht ◆ Windlicht, ø 14 cm (oben), 16 cm hoch ◆ extrastarke Klebefolie (Tacky Tape), 18 cm x 12 cm (für 12 Ellipsen, in vier verschiedenen Größen)
◆ Rocailles in Orange, Blau und Grün gelüstert, ø 2 mm ◆ Rocailles in Pink mit Silbereinzug, ø 2 mm ◆ Streukügelchen in Bernstein (Motive in Orange), Weiß (Motive in Hellblau und Pink) und Grün (Motive in Grün), ø 0,5 mm
Vorlage Seite 209

Spiegel

1 Die Perlen der gleichen Farbe miteinander mischen. Die Ringe und Punkte nach den Mustern auf der Vorlage aus der Haftfolie ausschneiden und auf der Oberseite mit Perlen und Flimmer verzieren.

2 Damit der hellblaue Spiegelrand nicht zu stark durchscheint, die weißen und rosa Teile auch auf der Rückseite mit Flitter in Perlmutt bestreuen und dann mit dem transparent auftrocknenden Deko-Kleber (oder mit ein paar Stücken aus Klebefolie) auf den Spiegelrand setzen. Die blauen Teile direkt aufkleben.

Tipps: Probieren Sie die Anordnung der Motive auf dem Spiegelrand vor dem Ankleben aus, ein Umplatzieren ist bei Tacky Tape nicht möglich!

Natürlich können Sie auch einen ganz anderen Spiegel mit breitem Rahmen als Grundlage benutzen, ihn mit der Farbe Ihrer Wahl bemalen und dann mit passenden Perlen verzieren!

Windlicht

1 Die Motive aus Tacky Tape ausschneiden und mit Perlen und Streukügelchen verzieren.

2 Dann direkt auf das Windlicht kleben.

11

12

Gefilzte Blumenpracht

◆ Drahtgitter in Silber, 18 cm x 20 cm ◆ Moosgummi in beliebiger Farbe, 30 cm x 30 cm ◆ Märchenwolle, ca. 5 g in Hellblau und je 2,5 g in Dunkelblau, Türkis und Gelb ◆ 4 Styroporkugeln, ø 3,5 cm ◆ Aludraht in Silber, ø 2 mm, ca. 2,40 m lang ◆ Nylonfaden ◆ mittlere Filznadel und Unterlage (z. B. Styroporplatte oder Schaumstoff) ◆ kleine Rundzange ◆ kleines, spitzes Messer
Vorlage Seite 211

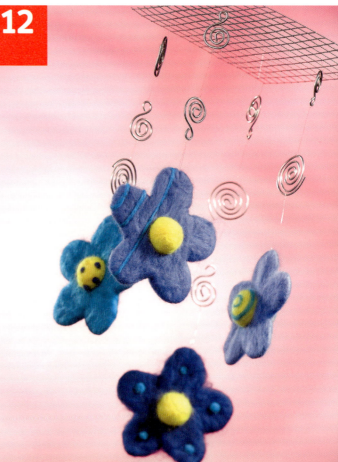

1 Die Blumen laut Vorlage aus Moosgummi ausschneiden und mit der Märchenwolle umfilzen. Dafür die Wolle um das Moosgummi legen und so häufig mit der Filznadel senkrecht nebeneinander in das Moosgummi einstechen, bis die Wollfasern verfilzen.

2 Die Styroporkugeln mit dem Messer halbieren und die acht Hälften auf der gewölbten Seite ebenfalls umfilzen. Anschließend die Styroporkugeln mit etwas gelber Filzwolle auf die Blumen filzen. Dann die Streifen, Spiralen und Punkte laut Vorlage bzw. Abbildung mit der Nadel auffilzen.

3 Den Aludraht in vier Stücke von je 27,5 cm (für die Schnecken) und in sechs Stücke von je 21,7 cm (für die Schnecken mit Gegendrehung) teilen und laut Vorlage zurechtbiegen.

4 Die Blumen und Schnecken mit Nylonfaden aneinander knoten. Die fertigen Ketten sind 42 cm, 33 cm, 30 cm und 28 cm lang. Die Ketten an das Drahtgitter knoten und das Gitter an den vier Ecken mit Nylonfaden aufhängen.

Tipp: Als Unterlage zum Filzen eignet sich eine dicke Styroporplatte oder Schaumstoff. Sie können auch einen Autoschwamm verwenden.

August

Die sportliche Ente

◆ Sperrholz, 4 mm stark, 16 cm x 20 cm ◆ Acryllack in Weiß, Gelb, Blau, Rot und Orange ◆ Nylonfaden, ø 0,3 mm ◆ Bohrer, ø 1 mm
Vorlage Seite 210

1 Das Motiv auf die Sperrholzplatte übertragen und aussägen. In den Ball ein Loch bohren und die Kanten schmirgeln.

2 Das ganze Motiv weiß grundieren und gut trocknen lassen. Anschließend alle Konturen beidseitig übertragen. Die Linien mit schwarzem Permanentmarker nachzeichnen und die Ente samt Ball von beiden Seiten wie abgebildet bemalen.

3 Das Motiv nochmals gut trocknen lassen und mit dem Nylonfaden aufhängen.

Tipp: Diese kleine niedliche Sportskanone sieht auch aus Tonpapier oder Windowcolor hübsch aus! Einfach die Vorlage auf Windrad- oder Malfolie legen und mit den entsprechenden Farben ausmalen, oder die Einzelteile auf Tonkarton übertragen und zusammenkleben.

13

14

Sommerzeit am Meer

◆ Tonkarton in Gelb, A4
Vorlage Seite 213

1 Die Vorlage mit Hilfe eines Kopierers vergrößern. Die Vorlage auf den passenden Fotokarton übertragen.

2 Das Motiv mit Schere und Cutter ausschneiden. Vorhandene Bleistiftstriche vom Kopieren der Vorlage mit einem weichen Radiergummi entfernen.

Tipp: Die Motive sind schöne Mitbringsel für strahlende Sonnentage.

Ein Hauch von Südsee

◆ Windowcolor in Gelb, Hautfarbe, Orange, Pink, Rubinrot, Apfelgrün, Azurblau, Dunkelbraun und Hellbraun ◆ Adhäsionsfolie
Vorlage Seite 207

1 Bei diesem Motiv wird keine Konturenfarbe verwendet, sondern die Ränder und Linien nach dem Trocknen mit Permanentmarker gearbeitet.

2 Bei den Vögeln zuerst die Körper malen, dabei ggf. die Deko-Punkte aussparen. Trocknen lassen und anschließend die Punkte, Schnäbel und Beine hinzufügen.

3 Bei der Insel mit Palme erst das Wasser, dann den Seestern und anschließend den Stamm malen. Trocknen lassen und nun den Sand und das Grün für die Blätter auftragen.

4 Nach dem vollständigen Trocknen alle Linien mit Permanentmarker aufmalen und die Vögel mit Lackmalstift in Weiß verzieren.

Tipp: Lustig sieht es auch aus, wenn der Kannibale direkt auf der Insel steht. Vergrößern Sie dafür einfach die Vorlage der Palmeninsel. Das Motiv nach dem Ausmalen gut trocknen lassen und noch nicht ausschneiden! Legen Sie anschließend die Vorlage des Kannibalen so unter die fertig gemalte Insel, dass es aussieht, als ob er im Sand steht. Wenn alles getrocknet ist, das ganze Motiv ausschneiden. Das einzelne Männchen jedoch nicht auf die Sandfläche setzen, da die beiden Windowcolor-Motive sonst verkleben!

15

16

Kindertassen

Tasse mit Bär und Hund ◆ Porzellantasse in Weiß, ø 8 cm, 10 cm hoch
◆ Porzellanmalstift in Hellgrün ◆ Porzellanmalstift mit Pinsel in Opalblau
◆ Porzellanmalfarbe in Reseda, Elfenbein und Hellblau
◆ Konturenstift in Schwarz
Kirschentasse ◆ Porzellantasse in Weiß, ø 8 cm, 10 cm hoch ◆ Porzellanmalstifte in Orange, Kirschrot und Hellgrün ◆ Konturenstift in Schwarz
Tasse mit Katze und Maus ◆ Porzellantasse in Weiß, ø 8 cm, 10 cm hoch
◆ Porzellanmalstifte in Orange und Kirschrot ◆ Porzellanmalfarbe in Rosa, Elfenbein und Magenta ◆ Konturenstift in Schwarz
Vorlage Seite 213

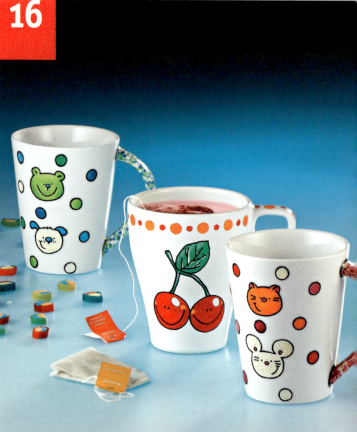

1 Die Tassen werden wie in der allgemeinen Anleitung auf Seite 13 beschrieben bemalt.

2 Bei den Tiertassen die Kreise frei Hand aufmalen oder Klebepunkte aufkleben und umranden. Anschließend wieder entfernen. Den Henkel mit Hilfe eines Zahnstochers mit vielen kleinen Punkten verzieren.

3 Bei der Kirsche die Kreise laut Vorlage übertragen und mit Porzellanmalstift ausmalen. Mit einem Zahnstocher ein paar Lichtreflexe um die Blattnarben und am Stiel einkratzen.

Tipp: Kinder haben beim Malen mit den Stiften genauso viel Spaß wie die Großen.

August

Bunte Schmetterlinge

Pro Schmetterling ◆ Regenbogen-Transparentpapierrest
◆ 2 Regenbogen-Transparentpapierstreifen, 17 cm x 1,5 cm
◆ 2 Wackelaugen, ø 4 mm ◆ Nylonfaden
Vorlage Seite 213

1 Von den Flügeln und vom Kopf jeweils eine Schablone anfertigen. Den Umriss des Kopfes auf Transparentpapier übertragen, ausschneiden und an der gestrichelten Linie falten. Die Wackelaugen mit Hilfe der Pinzette auflegen und den Mund aufzeichnen.

2 Für die Flügel das Transparentpapier, 16 cm x 10 cm, auf der matten Seite mit dem Cutter im Abstand von 1 cm leicht anritzen (gestrichelte Linien). Die Schablone auflegen und den Umriss mit Bleistift nachziehen. Die Flügel ausschneiden, im Zickzack zusammenfalten und wieder öffnen.

3 Aus den zwei Transparentpapier-Streifen – am schönsten sieht es aus, wenn sie verschiedenfarbig sind – eine Hexentreppe mit zehn Zacken falten (siehe Seite 7). Am Kopf die gepunktete Fläche mit Klebstoff bestreichen und auf den Hexentreppenrumpf kleben. Den Rumpf etwas dehnen und auf die Flügel kleben.

4 Mit der Nadel die Hexentreppe oben hinter dem Kopf durchstechen und den Nylonfaden als Aufhängung hindurchfädeln.

17

18

Freizeit-Spaß

◆ Windowcolor in Rubinrot, Sonnengelb, Hellorange, Orange, Rosa, Apfelgrün, Blauviolett, Hellblau und Schneeweiß ◆ Plusterstifte in Kirschrot, Mittelgelb, Orange, Pink, Hellgrün, Lavendel, Himmelblau, Weiß und Schwarz ◆ Windradfolie
Vorlage Seite 211

1 Die Vorlagen unter die Malunterlage legen. Die Ränder mit den Plusterstiften nachziehen und trocknen lassen.

2 Anschließend die Fenstermalfarbe auf die Flächen auftragen. Hierzu vorsichtig auf die Flaschen bzw. Stifte drücken und die Flächen gleichmäßig mit der Farbe ausfüllen. Am besten mit einem Zahnstocher durch die Farbe fahren und diese so gleichmäßig verteilen. Dabei immer bis an den Rand der Konturen malen, damit keine „Löcher" entstehen.

3 Den Sombrero zunächst in Hellorange ausmalen, nach dem Trocknen mit Orange Punkte auftupfen. Für den Farbverlauf beim Fell die Flächen zunächst in Weiß und Gelb malen, dann mit einem Zahnstocher die Farbgrenzen wellenförmig ineinander ziehen.

4 Beim Trinkglas zunächst den Strohhalm ausmalen und trocknen lassen, dann das rosafarbene Getränk ausmalen. Dabei die Farbe auch vorsichtig über den Strohhalm malen. Für die Wellen erst die Plusterfarbe auftragen, dann eine blaue und eine weiße Linie malen und beide Linien mit dem Zahnstocher ineinanderziehen.

5 Nach dem Trocknen (siehe Herstellerangaben) die Motive vorsichtig von der Unterlage abziehen und am Fenster oder auf Fliesen anbringen.

Tipp: Sie können für die Motive natürlich auch normale Windowcolor-Konturenfarbe verwenden. Durch die bunten Plusterstift-Konturen wirken die Motive aber besonders plastisch und fröhlich.

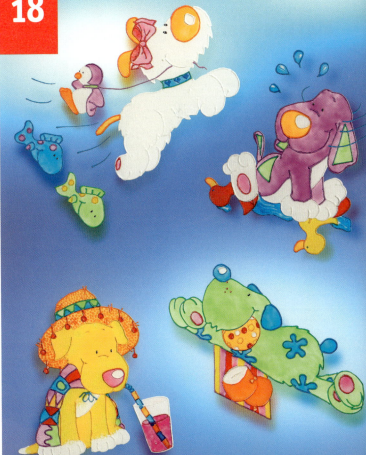

Sonnenlicht

- 3 Keilrahmen, 20 cm x 20 cm
- Acrylfarbe in Saftgrün
- Strohseide in Dunkelbraun, 15 cm x 30 cm
- Sonnenblumenkopf, ca. ø 18 cm
- 4 Sonnenblumenköpfe, ca. ø 6 cm
- 9 Sonnenblumenköpfe, ca. ø 4 cm
- Sprühkleber

1 Die Keilrahmen mit unterschiedlich stark mit Wasser verdünntem Saftgrün zügig bemalen. Dabei immer nur von links nach rechts bzw. von oben nach unten streichen.

2 Auf die Strohseide zwei Quadrate der Größe 12 cm x 12 cm aufzeichnen. Die Quadrate zurechtreißen. Dafür die eingezeichneten Linien leicht anfeuchten. Die Strohseidenstücke mit Sprühkleber mittig auf die beiden helleren Rahmen kleben.

3 Die Blütenköpfe mit Heißkleber entsprechend der Abbildung aufkleben.

Tipp: Diese Trilogie wirkt auch zauberhaft mit weißen Margeriten auf blauem Untergrund. Verwenden Sie dann sattgelbe Strohseide.

Muschellampe

- Aluminiumdraht, ø 2 mm, ca. 1,20 m lang
- Aluminiumdraht, ø 1 mm, ca. 2 m lang
- kleine bis mittelgroße Muscheln, bevorzugt mit vorhandenem Loch
- Bohrer, ø 1,5 mm - 2 mm
- Lampe

1 Mit einem Bohrer in die Muscheln, soweit noch kein natürliches Loch vorhanden ist, jeweils ein oder zwei kleine Löcher zum Auffädeln bohren: Dafür immer ein mindestens 3 cm starkes Holzstück unter die Muschel legen und den Bohrer möglichst senkrecht auf die Muschel setzen. Darauf achten, dass die Bohrerspitze nicht von der Muscheloberseite abrutscht.

2 Den dünnen Aludraht fest durch Umwickeln an einem Ende des dickeren Aludrahts befestigen. Muscheln jetzt nacheinander im Abstand von ca. 8 cm auf den dünnen Draht auffädeln und diesen dabei um den dicken Aludraht winden. So werden die Muscheln am Draht fixiert.

3 Das dicke Drahtende wird mit der Schelle des Lampenschirms an der Birnenfassung eingeklemmt. Anschließend die Draht-Muschelkombination großzügig um den Lampenfuß winden.

Tipp: Mit diesem Muscheldraht können Sie jede Lampe verzieren. Passen Sie die Form und Länge des Drahts Ihrer Lampe an.

August

Mediterranes Flair

Bordüre ◆ Malfolie, A3 ◆ Konturenfarbe in Schwarz ◆ Windowcolor in Moosgrün, Hell- und Dunkelgrün, Braun, Bernstein, Gelb, Orange und Transparent
Kräuterschilder ◆ Mobilefolienreste, 0,2 mm stark
◆ Konturenfarbe in Schwarz ◆ Windowcolor in Grün und Weiß
◆ evtl. Schaschlikstäbchen ◆ Maldüse, ø 0,5 mm
Vorlage Seite 212

Bordüre

1 Die Konturen schwarz zeichnen und alle Teile ausmalen. Die Zitronen von Gelb in ein leichtes Orange schattieren, die Blätter in verschiedenen Grüntönen. Der grüne Blattrand wird nach dem Trocknen der weißen Farbe aufgesetzt. Alle Zwischenräume mit transparenter Farbe füllen.

2 Nach dem Trocknen von der Folie abziehen und an das Fenster oder die Küchenkacheln streichen.

Tipp: Das Motiv kann beliebig oft wiederholt und so die Bordüre nach Bedarf verlängert werden. Die Zitronen können auch einzeln als Topfanhänger auf Mobilefolie gemalt werden.

Kräuterschilder

1 Beide Konturlinien ringsum ziehen und das Rankenmotiv dazwischen mit aufgesetzter Maldüse (ø 0, 5 mm) zeichnen.

2 Gut trocknen lassen, die Folie wenden und die gesamte Rückseite weiß bemalen.

3 Den Kräuternamen mit wasserfestem Filzstift von vorne aufschreiben, das Schild ausschneiden und direkt an den Tontopf oder an ein Schaschlikstäbchen kleben und dies im Topf einstecken.

21

22

Sommerlaune

◆ Fotokarton in Dunkelblau und Weiß, A2 ◆ Fotokartonreste in Schwarz, Gelb, Creme und Orange ◆ Filzstifte in Gelb, Rot und Blau
◆ Nähgarn in Weiß ◆ Rocailles, perlmutt, in Creme, Orange und Rot, ø 2,6 mm
Vorlage Seite 212

1 Die weiße Grundform der Leuchttürme mit roten Streifen, Dächern und eckigen Fenstern bekleben. Die runden Fenster und die weiteren Details aufmalen.

2 Die Schiffe bemalen, dann hinter die Wellenborte kleben.

3 Seesterne und Muscheln bemalen, durch den oberen Rand einen Faden ziehen, auf diesen Rocailles fädeln und danach mit Klebefilm unten hinter der Borte befestigen.

4 Motiv am Fenster dekorieren und die Möwen mit Klebefilm anbringen.

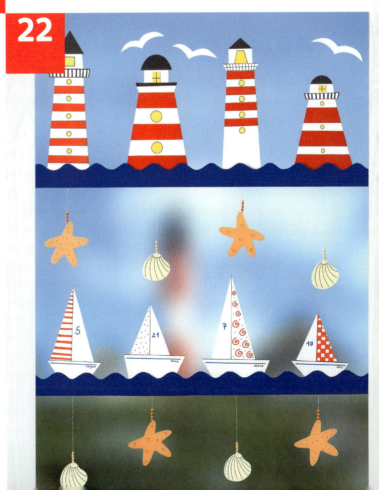

Coole Fächer

- Universalpapier in beliebiger Farbe, A4
- Acrylfarbe in verschiedenen Farben

1 Das Papier in Spritztechnik herstellen. Dafür das Papier auf altes Zeitungspapier legen und mit dem eingefärbten Pinsel und schnellen, ruckartigen Bewegungen aus dem Handgelenk Flecken auf das Blatt spritzen. Die Acrylfarbe evtl. mit etwas Wasser verdünnen. Am besten mit mehreren Farben wiederholen und anschließend das Papier trocknen lassen.

2 Für den Fächer das fertige Blatt mit der kurzen Seite vor sich hinlegen und einen ca. 1,5 cm breiten Streifen von unten nach oben falten und mit dem Daumennagel nach links und rechts ausstreichen.

3 Das Blatt auf die Rückseite umdrehen und wieder einen Streifen in der gleichen Breite herstellen. Diesen Vorgang so lange wiederholen, bis das ganze Blatt gefaltet ist.

4 Den Fächer in der Mitte knicken und die beiden Seiten mit Alleskleber zusammenkleben.

Achtung! Bei der Spritztechnik fliegen die Farbspritzer sicher nicht nur auf das Papier! Deshalb entweder im Freien arbeiten oder die Arbeitsfläche großzügig auslegen und in Räumen mit abwischbaren Möbeln und Wänden arbeiten.

23

24

„Handtaschen" und „Fußtaschen"

- Baumwolltragetasche oder Baumwollbeutel
- Stoffmal- und Druckfarbe in Gelb, Rot, Blau und Grün
- Malschwämmchen
- Pappe oder Zeitungspapier

1 Pappe oder sehr viel Zeitungspapier in die Tasche legen, damit die Farbe nicht auf die andere Seite durchfärbt. Mit einem dicken Pinsel oder einem Malschwämmchen eine Hand mit Textilfarbe bestreichen. Diese mit festem Druck auf die Baumwolltasche pressen.

2 Vor jedem neuen Druck die Hand erneut einstreichen. Beim Wechsel der Farbe die Hände gründlich waschen und abtrocknen.

3 Beim Fußdruck genauso verfahren. Da es schwieriger ist, sich den Fuß selbst mit Farbe einzupinseln, ist es praktischer und lustiger, sich gegenseitig die Füße einzupinseln. Bei kitzligen Füßen sind Malschwämmchen empfehlenswert.

Tipp: Eine schöne Erinnerung ist es, jedes Jahr vom Kind, z. B. an seinem Geburtstag, die Hände oder Füße auf ein Blatt Papier zu drucken. Vergessen Sie das Datum mit Jahreszahl nicht!

August

Blumenklammern

◆ Pappelsperrholz, 3 mm stark, 30 cm x 30 cm ◆ 4 Holzwäscheklammern, 7,4 cm lang ◆ Acrylfarbe in Karminrot und Orange ◆ Seidenmalfarbe in Orange und Mittelgelb

Vorlage Seite 209

1 Die Blumen übertragen, aussägen und mit feinem Schmirgelpapier abschleifen.

2 Die rote Blüte mit Acrylfarbe anmalen, alle anderen mit Seidenmalfarbe. Nach dem Trocknen die Punkte und Spiralen mit Acrylfarbe aufmalen.

3 Zum Schluss die Holzwäscheklammern mit Holzleim hinten mittig aufkleben.

Tipp: Die knallbunten Blumen sehen natürlich auch als Topf- oder Glasuntersetzer toll aus! Bitte jedoch keine heißen Töpfe auf die Blumen stellen!

25

26

Biedermeier-Zeit

◆ 10er Mini-Lichterkette ◆ 10 Mini-Biedermeiermanschetten, ø 7,5 cm
◆ Acrylfarbe in Gelb, Violett, Orange, Pink und Rot ◆ Tonkarton in Hellgrün, A5

Vorlage Seite 213

1 Die Manschetten mit der Acrylfarbe von beiden Seiten bemalen und gut trocknen lassen.

2 Tonkartonkreise gemäß Vorlage zuschneiden und in die Manschetten kleben.

3 Lämpchen von hinten durch die Manschetten stecken.

Tipp: Edel wirkt diese Kette auch mit gold- oder silberfarbenen Manschetten, die Sie entweder so kaufen oder ebenfalls selbst bemalen.

Toskanische Häuser

- Keilrahmen, 20 cm x 50 cm ◆ Acrylfarbe in Elfenbein, Beige und Olivgrün
- ultraleichte Modelliermasse in Weiß ◆ je 1 Serviette: Olivenzweig und Ferienhäuser ◆ 2 Tontöpfe, ø 3 cm ◆ Grasfasern in Elfenbein
- Strukturgel mit Glasperlen ◆ Serviettenlack in Matt ◆ Schwammpinsel
- Wellholz

1 Den Keilrahmen mit einem Schwammpinsel in Elfenbein und Beige grundieren, anschließend trocknen lassen.

2 Die Modelliermasse 5 mm stark ausrollen.

3 Die Serviettenmotive nach Anleitung auf Seite 13 auf die Modelliermasse auftragen. Die Häuser auf der Modelliermasse zurechtschneiden. Den Serviettenmotiv-Olivenzweig und den Schriftzug auf den Keilrahmen kleben.

4 Mit Strukturgel mit Glasperlen einzelne Stellen der Serviettenmotive hervorheben.

5 Mit einem Schwämmchen olivgrüne Akzente setzen und auch den Rahmen damit bestreichen.

6 Den Tontopf, Grasfasern, Tontopfscherben und die Häuschen mit Heißkleber aufkleben.

Tipp: Schöne plastische Effekte können auch mit 3D-Lack gesetzt werden.

27

28

Teelichthalter

- Aludraht in Silber, ø 2 mm und 1 mm ◆ Aludraht in Silber, ø 1 mm
- Teelichthalter in Silber mit Schnörkeln, 9,5 cm hoch (Fertigteil)
- 6 Facettenperlen in Transparent, ø 1 cm ◆ 4 Facettenperlen in Transparent, ø 1,4 cm ◆ 2 Facettenperlen in Transparent, ø 1,8 cm
- Rundholzstäbchen o. Ä., ø 8 mm und 1 cm

1 Für die Aufhängung aus einem 8 cm langen Draht einen S-förmigen Haken biegen. Für den folgenden Bügel den 22 cm langen Draht in der Mitte um das 8 mm starke Holzstäbchen schlingen und dann die Enden zu Spiralen formen.

2 Zwei 6 cm lange dünne Aludrähte mit Ösen an diesen Spiralen befestigen, dann jeweils eine kleine und eine mittlere Perle auffädeln und unten mit einer Öse abschließen. An diesen Ösen jeweils einen 20 cm langen Draht einhängen, der an einem Ende mit einer kleinen Spirale, am anderen Ende mit einer großen Spirale versehen ist. Unten an diesen Spiralen jeweils einen 4 cm langen dünnen Draht mit einer Öse einhängen, eine mittlere Perle auffädeln, eine weitere Öse fertigen und diese an der Spirale des Teelichthalters einhängen.

3 Auf zwei 6 cm lange dünne Drähte jeweils eine kleine und eine große Perle fädeln, die Enden zu Ösen biegen und ebenfalls an den Spiralen des Teelichthalters einhängen.

4 Die Mitte des 18 cm langen Drahtstücks um das 1 cm dicke Stäbchen schlingen, dann die Drahtenden überkreuzen und die Enden jeweils mit einer Öse versehen. An diesen beiden Ösen jeweils einen 3 cm langen dünnen Draht mit einer Öse einhängen, dann eine kleine Perle auffädeln und mit einer Öse unten am Teelichthalter einhängen.

August

Himmlische Zeitgenossen

- Sperrholz, 4 mm stark, 30 cm x 20 cm ◆ Acrylfarbe in Gelb, Rot, Weiß und Blau
- 2 Rundholzstäbchen in Natur, ø 6 mm, 25 cm lang ◆ ca. 12 Holzperlen in Rot, ø 1 cm ◆ Lackmalstift in Rot ◆ Bohrer, ø 1,5 mm ◆ Perlonfaden, ø 0,3 mm

Vorlage Seite 213

1 Jedes Motiv aus Sperrholz aussägen und die Kanten abschmirgeln.

2 Alles wie abgebildet nass-in-nass bemalen und nach dem Trocknen mit Lackmalstift bzw. Permanentmarker verzieren.

3 Die Löcher für die Aufhängung bohren. Im unteren Loch des Mondes einen ca. 40 cm langen Perlonfaden einfädeln und festknoten. In etwa 15 cm Abstand das erste Rundholzstäbchen festbinden.

4 Nun eine Perle auffädeln und das zweite Stäbchen darunter festbinden. An den äußeren Enden der Stäbchen jeweils eine rote Perle festkleben. Am Ende des Perlonfadens den Engel befestigen.

5 Die Sterne an den Fäden befestigen und an die Stangen knoten. Damit das Mobile im Gleichgewicht ist, entweder die Sterne auf den Stäbchen entsprechend verschieben, oder zusätzliche Perlen unterhalb der Sterne auf den Faden knoten.

29

30

Stilvoll aufbewahrt

- dreiteiliges Büroset aus mattiertem Edelstahl ◆ Prägefolie in Silber, 20 cm x 15 cm ◆ Windowcolor in Königsblau ◆ Maldüse, ø 0,9 mm
- weiche Arbeitsunterlage (Moosgummi) ◆ doppelseitiges Klebeband

Vorlage Seite 210

1 Die gesamte Vorlage wird im Randbereich mit Klebefilm auf die Prägefolie aufgeklebt. Diese auf eine Moosgummiplatte legen und zunächst alle Motive mit dem Kugelschreiber nachmalen, dann alle Linien mit Lineal und Kugelschreiber nachziehen, Vorlage entfernen. Die Motive mit einem stumpfen Gegenstand, z. B. einem Bleistift, auf der Moosgummiplatte dreidimensional ausprägen.

2 Die Windowcolorflasche mit der Maldüse versehen und alle Flächen rund um die Motive und die kleinen, in den Randlinien entstandenen Quadrate mit dunkelblauer Windowcolorfarbe ausfüllen. Trocknen lassen.

3 Die Quadrate entlang der jeweils mittleren und der äußeren Linien ausschneiden. Auf der Rückseite entlang der Kanten mit doppelseitigem Klebeband versehen und am gewünschten Ort aufkleben.

Tipp: Meeresstimmung pur! Verwenden Sie für die Motive Windowcolor in verschiedenen Blau- und Grüntönen.

Putziger Lampenschirm

◆ Tonkartonreste in Hautfarbe, Rot und Hellblau ◆ Pompons in Schwarz, ø 7 mm ◆ Nähgarn in Schwarz ◆ Schablonierfarbe in Apfelgrün ◆ Lampenschirm in Weiß

Vorlage Seite 207

1 Die Tonkartonteile ausschneiden und zusammenfügen.

2 Das Gesicht anmalen. Für die Lichtreflexe einen weißen Lackmalstift benutzen. Die Pompons fixieren und die Fühler aus Nähgarn ankleben.

3 Den Lampenschirm am unteren Rand mit Hilfe eines Schwämmchens mit Schablonierfarbe betupfen und die kleinen Marienkäfer und die Wolken fixieren.

Tipp: Versüßen Sie Ihrem Kind das Träumen in der Nacht. Mit dieser liebevoll gemachten Lampe fällt das Einschlafen noch viel leichter.

31

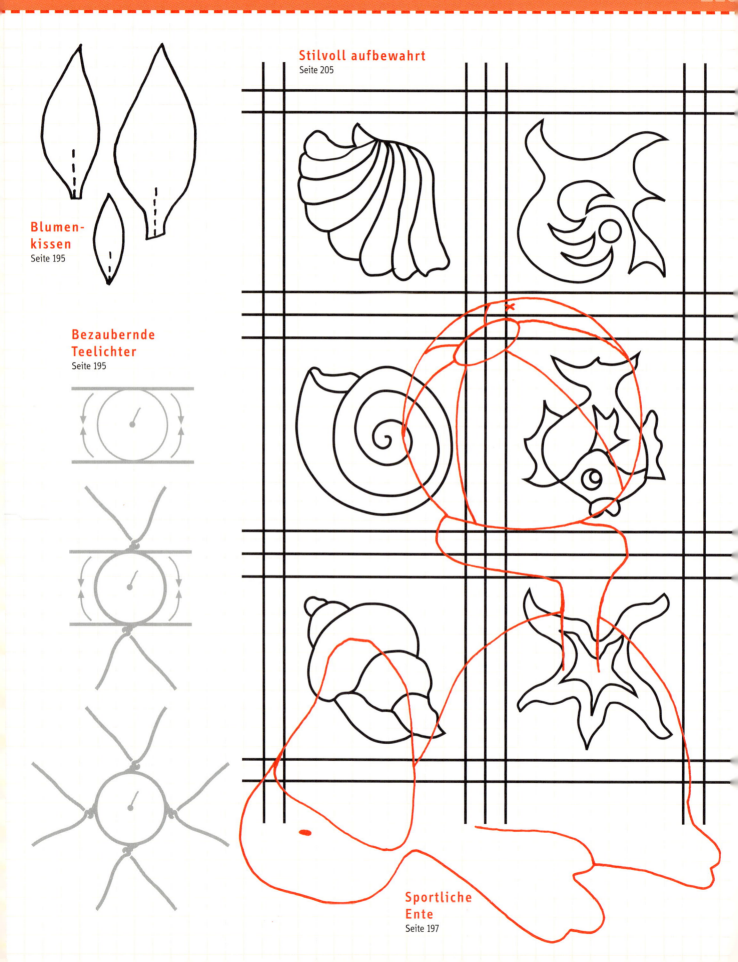

August

Freizeit-Spaß
Seite 199
Bitte auf 200 % vergrößern

Gefilzte Blumenpracht
Seite 196
Bitte auf 200 % vergrößern

August

Sommerzeit am Meer
Seite 197
Bitte auf 200 % vergrößern

Bunte Schmetterlinge
Seite 199

Biedermeier-Zeit
Seite 203

Kindertassen
Seite 198

Himmlische Zeitgenossen
Seite 205

214

September

September

Herzlich willkommen

- Sperrholz, 6 mm stark, 22 cm x 30 cm (für alle Katzenteile) ◆ Sperrholz, 3 mm stark, 8 cm x 15 cm (Schild mit abgerundeten Ecken) ◆ Acrylfarbe in Schwarz, Weiß und Grau ◆ geglühter Draht, ø 0,65 mm, 3 x 16 cm lang ◆ Feile ◆ Bohrer, ø 1 mm ◆ Holzleim

Vorlage Seite 230

1 Die Katzenteile aussägen, die Ränder mit Feile und Schmirgelpapier leicht abrunden und glätten.

2 Die Katze bis auf die Pfoten grau bemalen. Nach dem Trocknen mit weißer Farbe die Ohrinnenflächen, die Schnauze und die Brust-Bauchfläche aufmalen. Das Gesicht mit Bleistift vorzeichnen und mit einem dünnen Filzstift nachziehen. Auf Augen und Nase weiße Lichtreflexe aufmalen. Mit schwarzer Farbe die Fellzeichnung an Kopf und Schwanz ergänzen. Die Pfoten schwarz anmalen. Das weiß bemalte Schild mit dem dicken Filzstift beschriften.

3 Die Löcher für die Barthaare bohren und von hinten die drei Drähte durchstecken. Zum Schluss das Schild auf die Katzenbrust leimen und die Pfoten fixieren.

Mädchen auf Zaun

- Tonkarton in Lavendel, A4

Vorlage Seite 232

1 Die Vorlage mit Hilfe eines Kopierers vergrößern. Die Vorlage auf den passenden Fotokarton übertragen.

2 Das Motiv mit Schere und Cutter ausschneiden. Vorhandene Bleistiftstriche vom Kopieren der Vorlage mit einem weichen Radiergummi entfernen. Kleine Kreise mit einem Bürolocher oder einer Lochzange ausstanzen.

Bauernhof-Trio aus Stein

- glatte Steine in verschiedenen Größen ◆ Acrylfarbe in Weiß, Schwarz, Hautfarbe, Rosa und Grau ◆ Papierdraht in Weiß, ø 2 mm, 2 x 8 cm lang
- Plusterstifte in Schwarz und Weiß ◆ ggf. Föhn

Vorlage Seite 231

1 Für die Auswahl der Steingrößen die Vorlage beachten. Dann die Steine wie abgebildet bemalen und zusammenkleben.

2 Die Schwänze aus Papierdraht anfertigen. Den Papierdraht für das Schwein in Rosa bemalen und trocknen lassen. Den Draht um einen Bleistift wickeln, abziehen und zu einer Spirale dehnen. Für die Kuh einen kleinen schwarz bemalten Stein auf das weiße Papierdrahtende kleben.

3 Die Gesichter aufmalen, dabei die Wangen mit Rosa in die noch feuchte Gesichtsfarbe malen und mit etwas Wasser verreiben.

4 Zum Schluss das Schaffell und die Kuhlocken mit Plusterstift auftragen, trocknen lassen und nach Herstellerangaben aufplustern.

Tipp: Die Motive eignen sich hervorragend als Briefbeschwerer. Mit größeren Steinen werden aus Kuh, Schaf und Schwein auch ungewöhnliche Türstopper!

Schlüsselanhänger

- Sperrholzreste, 4 mm und 6 mm stark ◆ Acrylfarbe in Nougat, Zimt, Schwarz, Weiß und Kirschrot ◆ Rohholzhalbkugel, ø 1 cm ◆ Messingschelle, ø 9 mm
- Schlüsselring-Anhänger, ø 2,5 cm ◆ Baumwollkordel in Weiß, ø 1 mm, 4 cm lang ◆ Bohrer, ø 2 mm

Vorlage Seite 231

1 Die Pfoten aus dem dünnen und den Körper aus dem dicken Sperrholz aussägen.

2 Die Rohholzhalbkugel und alle Sperrholzteile wie abgebildet anmalen. Für die Farbakzente der Ohren mit einem Pinsel etwas Nougat in die noch feuchte Farbe des Hundes geben. Nach dem Trocknen die Bohrung ausführen und das Gesicht aufmalen.

3 Die Nase und die Pfoten aufkleben. Das Baumwollkordelstück als Schlaufe in die Kopfbohrung kleben, vorher jedoch eine kleine Messingschelle auffädeln.

4 Zum Schluss den Schlüsselring-Anhänger einhängen.

September

Prächtige Anhänger

- geglühter Blumendraht, ø 0,65 mm ◆ Karabiner, 4 cm und 4,5 cm lang
- Schlüsselring, ø 2 cm oder 2,5 cm ◆ Glasperlen in Blau, Grün, Kristall oder Braun-Orange, ø ca. 2 cm bis 2,5 cm ◆ runde Glas- oder Plastikperlen in Blau, Grün oder Braun-Orange, ø 8 mm ◆ Indianerperlen in Schwarz, ø 4 mm

1 Ein 15 cm langes Drahtstück am Karabiner andrahten und die Perlen in der gewünschten Reihenfolge auffädeln.

2 Das Drahtende nach dem Durchziehen um die letzte Perle legen und nochmals durch das Loch ziehen. Das Drahtende fest anziehen und direkt an der Perle abschneiden.

3 Am Karabiner einen Schlüsselring und evtl. noch einen zweiten Draht einhängen und Perlen auffädeln.

5

6

Tischlicht mit Sonnenblume

- Lampenschirmfolie, einseitig selbstklebend, 50 cm x 30 cm ◆ Lampendrahtgitter oder Hasendraht, 20 cm x 28 cm ◆ 20er Lichterkette
- Japanseide in Grün, 50 cm x 30 cm ◆ Kokosband in Natur, 10 cm breit, 30 cm lang ◆ Chiffonband mit Sonnenblumen, 4 cm breit, 30 cm lang
- 2 Haselnussreiser, ø 1 cm, 13 cm lang ◆ Seiden-Sonnenblume
- Bast in Natur ◆ transparentes, doppelseitiges Klebeband

1 Die Lampenschirmfolie in zwei 25 cm x 30 cm große Teile teilen. Die Schutzfolie abschnittsweise abziehen und die Japanseide aufkleben. Das Papier von der Mitte nach außen feststreichen, um Falten zu vermeiden. Die zwei Längsseiten beider Folien 1 cm neben der Kante in 2 cm-Abständen lochen.

2 Auf der vorderen, der Schauseite, mit doppelseitigem Klebeband das breite Kokosband, das Sonnenblumen-Chiffonband und die Seiden-Sonnenblume mit Heißkleber befestigen. Die Reiser mit Bast mit Hilfe einer Stopfnadel aufnähen.

3 Das Drahtgitter so zwischen die beiden Folien legen, dass es unten und an einer gelochten Seite bündig liegt. Dort durch die Löcher hindurch die drei Teile mit Bast zusammenbinden. Mit der zweiten Seite genauso verfahren, damit die Lampe dreidimensional wird und stabil steht.

4 Eine Schleife aus Bast binden und damit den oberen Lampenrand dekorieren. Die Lichterketten-Lämpchen im Inneren gleichmäßig verteilt in die Drahtfläche stecken.

Tipp: Mit der Anzahl der Lämpchen Ihrer Lichterkette bestimmen Sie den Ausdruck und die Helligkeit der Lampe. Da die grüne Japanseide relativ dunkel ist, sollten Sie 20 Lämpchen wählen. Übrigens kann man die Kette auch schon vor dem „Annähen" des Gitters einflechten.

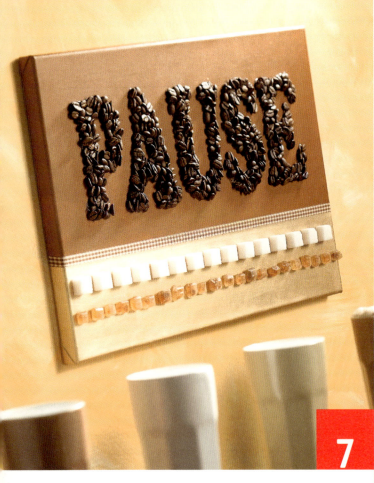

Have a break

- Keilrahmen, 30 cm x 50 cm ◆ Acrylfarbe in Siena, Umbra gebrannt und Renaissance Gold ◆ ganze Kaffeebohnen ◆ Kandiszucker in Braun
- Würfelzucker ◆ Schleifenband in Braun-Weiß kariert, 1 cm breit, 60 cm lang
- 2 Reißnägel ◆ Bastelkleber ◆ UHU hart

Vorlage Seite 230

1 Am unteren Rand des Bildes einen etwa 10 cm breiten Streifen in Gold bemalen. Die übrige Fläche sienafarbig streichen.

2 Auf der oberen Fläche die Buchstaben gemäß der Vorlage vorzeichnen und mit Umbra grundieren. Die Kaffeebohnen mit dem Bastelkleber auf die Buchstaben kleben.

3 Über die Kante zwischen den beiden Farbflächen das Band legen und auf der Rückseite die Enden mit den beiden Reißnägeln befestigen. Den Würfelzucker und den Kandiszucker gemäß der Abbildung mit UHU hart aufkleben.

Tipp: Und was ist mit Tee? Statt der Kaffeebohnen können Sie auch offenen Schwarztee auf die Buchstaben kleben. Dann passt dieses Bild auch für Teeliebhaber.

7

Wandketten in Orange

Pro Kette ◆ Sperrholz, 4 mm stark, 20 cm x 30 cm ◆ Acrylfarbe in Rot und Orange ◆ Holzring, ø 3 cm ◆ Schleifenband in Orange-Rot kariert, 2,5 cm breit, 60 cm lang ◆ Schleifenband in Orange-Rot kariert, 1 cm breit, 25 cm lang

Vorlage Seite 232

1 Für jede Kette die passenden Teile aussägen und glatt schleifen. In der gewünschten Farbe bemalen. Bei den Blüten nach dem Trocknen den Mittelpunkt aufmalen.

2 Die Kanten nochmals abschleifen, bis das Holz durchschimmert.

3 Das breite Stück Schleifenband an einem Ende durch den Holzring ziehen, umknicken und mit Heißkleber festkleben. Die bemalten Teile auf dem Schleifenband arrangieren und anschließend festkleben.

4 Auf das Herz eine gebundene Schleife kleben.

Tipp: Arbeiten Sie die Kette in der Länge Ihres Esstisches. Das ergibt im Nu ein stilvolles Tischband im Country-Look.

8

September

Efeutopf mit Kürbis

- Tontopf, ø 14 cm, 14 cm hoch ◆ Kürbis in Gelb, ca. ø 11 cm ◆ Efeutopf, ø 13 cm
- je 2 Peperoni in Grün und Rot ◆ Silberdraht, ø 0,5 mm, mind. 4 m lang

1 Den Kürbis in der Mitte der Efeupflanze platzieren. Die Blattranken um den Kürbis schlingen und mit Draht fixieren.

2 Die Peperoni mit Draht umwickeln und die Drahtenden in die Erde stecken.

3 Insgesamt etwa 3 m Draht in Abschnitten um einen Bleistift wickeln, die Spiralen aufspringen lassen und locker über die Efeuranken legen. Das gesamte Efeuarrangement in den Tontopf stellen.

Tipp: Sie können statt der Peperoni auch Lampionfrüchte verwenden. Das sieht ebenfalls sehr hübsch aus.

9

10

Blätterkranz mit Kürbissen

- Heurohling, ø 20 cm ◆ Heu ◆ künstliche Blätterranke, 1,50 m lang
- 16 künstliche Kürbisse, ø 4 cm bis 6 cm ◆ 2 Sonnenblumenpicks
- Bast in Natur ◆ Veloursband in Braun mit Blättermuster und Drahtkante, 4 cm breit, 1,30 m lang

1 Das Heu mit Hilfe von Bindedraht locker über den Heurohling binden.

2 Die Blätterranke mit Heißkleber darauf befestigen, dazwischen die Sonnenblumenpicks und 13 Kürbisse kleben.

3 Den Kranz am Veloursband aufhängen. Die restlichen drei Kürbisse an 60 cm Bast aufhängen und diesen am Dekoband festknoten. Dazwischen kleine Blätter am Bastfaden festkleben.

4 Die abstehenden Blätter der Ranke abschneiden und an geeigneter Stelle einkleben.

Tipp: Mit echten Blättern, die Sie beim Herbstspaziergang sammeln und einigen Kastanien sieht dieser Kranz natürlich auch toll aus. Allerdings bleibt er dann nicht so lange frisch.

Rustikal & herzlich

- 23 große Walnüsse ◆ Blumendraht in Grün, ø 1,5 mm, 1 m lang
- 4 kleine Zwiebeln oder Schalotten ◆ 4 Pompons in Rot, ø 5 mm
- 2 Holzperlen in Rot, ø 1,2 cm ◆ Schleifenband in Rot-Weiß kariert, 1 cm breit, 1 m lang ◆ Perlonfaden, ø 0,3 mm ◆ Bohrer, ø 3 mm

1 Alle Walnüsse auf gleicher Höhe durchbohren und auf den Blumendraht auffädeln. Dabei in der Mitte der Kette mit der Herzeinbuchtung beginnen. Die Walnusskette anschließend in Herzform biegen.

2 Die Drahtenden an der unteren Spitze des Herzens miteinander verzwirbeln, mit einer Zange abkneifen und die roten Perlen auf die Enden kleben.

3 Das Schleifenband halbieren und als Aufhängung um die mittleren fünf Nüsse knoten. Über die beiden Knoten aus jeweils 25 cm Band eine kleine Schleife binden.

4 Gesichter auf die Schalotten bzw. Zwiebeln malen und die Pompons als Nasen aufkleben. Die Gesichter wie abgebildet mit Perlonfaden am Herz aufhängen.

Tipp: Knoten Sie so viele Gesichter an das Türherz, wie Familienmitglieder im Haus oder in der Wohnung leben. Sie können die Schalotten bzw. Zwiebeln auch mit Namen beschriften.

11

12

Indianer-Pärchen

Pro Indianer ◆ Tannenzapfen, ca. 14 cm hoch ◆ Rohholzkugel, ø 4 cm
◆ 2 Rohholzperlen, ø 1,5 cm ◆ Rohholzhalbkugel, ø 1 cm
◆ Bastelfilzreste in Gelb, Orange und Rot ◆ Jutekordel, ø 3 mm, 20 cm lang
◆ Feder in Rosa oder Gelb ◆ Wollrest in Schwarz ◆ Acrylfarbe in Rosa und Weiß ◆ Plusterstifte in Rosa, Gelb, Orange und Glitter-Rot

Vorlage Seite 234

1 Das Gesicht wie abgebildet mit Permanentmarker und Plusterstiften bemalen und die rosa bemalte Halbkugel als Nase aufkleben. Einen weißen Lichtpunkt auftragen. Die Wangen mit Buntstift röten.

2 Einige Wollfäden bündeln und in der Mitte zusammenlegen (Länge siehe Vorlage). Mit Heißkleber auf dem Kopf befestigen. Bei der Indianer-Frau zwei Zöpfe flechten und mit rotem Filz zusammenbinden. Beim Indianer-Mann die Haare ggf. auf eine Länge zurechtschneiden.

3 Das Stirnband aus Filz zuschneiden, mit Plusterstiften verzieren und um die Stirn kleben. Am Hinterkopf eine bunte Feder befestigen.

4 Die Kordel mit den als Hände aufgezogenen Holzperlen auf den Zapfen kleben. Den Filzumhang mit beidseitig eingeschnittenen Fransen wie abgebildet darüber legen und fixieren. Kopf und Körper mit Heißkleber zusammenkleben.

5 Zum Schluss den schmalen Schal um den Hals binden. Die Indianer mit den Armen an einen Ast hängen.

Tipp: Die Zapfen-Indianer eignen sich hervorragend als kleines Geschenk! Kleben Sie die Figuren dafür einzeln oder zusammen mit der unteren Spitze des Zapfens auf eine Holzscheibe und dekorieren Sie etwas Moos und Flechten außen herum. Für einen sicheren Stand können Sie auf der Rückseite im spitzen Winkel einen Zahnstocher oder ein Schaschlikstäbchen als Stütze ankleben.

September

Tierisch bunte Schachteln

Eule ◆ ovale Käseschachtel, 9 cm x 11 cm ◆ Acrylfarbe in Gelb, Hellblau, Grün und Rosa ◆ 2 Holzperlen in Gelb, ø 8 mm ◆ Kürbiskerne in Weiß ◆ 2 Sternanis ◆ kleiner Ast
Schmetterling ◆ runde Käseschachtel, ø 9 cm ◆ Acrylfarbe in Weiß, Hellgrün, Lila, Rosa, Gelb, Orange, Rot und Braun ◆ 2 Nelken ◆ 6 glatte Kieselsteine
Vorlage Seite 233

1 Beide Schachteln mit Acrylfarben bemalen und gut trocknen lassen. Den gelben Holzkugeln für die Eulenaugen jeweils einen schwarzen Pupillenpunkt mit Permanentmarker aufsetzen.

2 Für die Eule die Kürbiskerne wie abgebildet schuppenartig auf dem Schachteldeckel anordnen und festkleben. Zwei Kürbiskerne als Ohren fixieren. Als Augen zwei Sternanis und die Holzkugeln auf den Körper setzen.

3 Als Schnabel einen rosa bemalten Kürbiskern aufkleben. Den kleinen Ast mit zwei grün bemalten Kürbiskernblättern unterhalb der Eule fixieren.

4 Die Steine für die Schmetterlingsflügel, den Körper und Kopf wie abgebildet anmalen. Die Punkte am besten mit einem Wattestäbchen auftupfen oder mit Permanentmarker malen. Den Schmetterling gemäß Vorlage auf dem Deckel anordnen und festkleben. Am Kopf zwei Nelken als Fühler fixieren.

Tipp: Gestalten Sie mit den Motiven ein individuelles Türschild auf Pappe oder Holz. Auf eine dünne Glasscheibe geklebt wird aus den bunten Motiven ein farbenfrohes Fensterbild.

13

14

Herbstliches Schreibtischset

◆ Holzbilderrahmen, ca. 18 cm x 12 cm ◆ runde Pappmaché-Dose, ø 7 cm, 5 cm hoch ◆ Tannenzapfen ◆ bemooste Aststückchen, ø ca. 4 mm
◆ Baumrindenstreifen, ca. 1 cm breit ◆ Aststück mit Rinde, ø ca. 2 cm
◆ getrocknete und gepresste Blätter ◆ 2 Erdnüsse
◆ Acrylfarbe in Rot, Braun und Orange ◆ Bastelfilzreste in Rot und Orange
◆ Märchenwollrest in Weiß ◆ Nähfaden in Rot
Vorlage Seite 231

1 Die Schuppen des Tannenzapfens mit einer Schere vorsichtig vom Strunk abnehmen. Von dem dicken Aststück sieben ca. 5 mm breite Kreise absägen. Die dünnen, bemoosten Äste und Rindenstreifen in jeweils 3 cm lange Stücke schneiden.

2 Die Pappmaché-Dose in Braun bemalen und gut trocknen lassen. Den Bilderrahmen und die Dose wie abgebildet mit Naturmaterialien bekleben. Dabei auf den Deckel der Dose für das Zwergenbett zwei Astscheiben übereinander kleben. Die Schuppen des Tannenzapfens und einige kleine Äste rundherum anordnen.

3 Für die schlafenden Zwerge drei Viertel der Nuss und die Nasen in Rot bzw. Orange anmalen. Die Augen mit schwarzem Permanentmarker aufzeichnen.

4 Für den Schnurbart von der Märchenwolle ca. 1,5 cm x 5 mm und für den langen Bart ca. 2 cm x 2 cm in der Hand etwas zusammenrollen und auf die Gesichter aufkleben.

5 Die Mützchen gemäß Vorlage aus Filz ausschneiden, auf der Rückseite zusammenkleben oder zusammennähen und auf die Zwergenköpfe kleben. Die Figuren auf Rahmen und Dose kleben.

Tipp: Pappmaché-Dosen erhalten Sie in gut sortierten Bastelgeschäften. Holzbilderrahmen gibt es in Foto-Fachgeschäften und Kaufhäusern.

Country-Vogelhäuser

◆ Mobilefolie, 0,4 mm stark, A4 ◆ Konturenfarbe in Schwarz ◆ Windowcolor in Schwarz, Weiß, Gelb, Orange, Hellgrün, Bernstein, Elfenbein und Rot
◆ Karoband in Weiß-Grün und Weiß-Gelb, 1 cm breit, 20 cm lang (pro Stecker)
◆ Blumendraht in Braun, ø 0,6 mm, 4 m lang

Vorlage Seite 235

1 Alle Konturen auf Mobilefolie übertragen, die Flächen ausmalen und die Streifen und Punkte anbringen. Diese können in die noch nasse Farbe gesetzt oder nach dem Trocknen aufgemalt werden.

2 Das Motiv ausschneiden, mit der Prickelnadel ein Loch einstechen und einige Blumendrahtspiralen durchstecken. Zum Locken den Draht um einen Zahnstocher wickeln, abziehen und etwas in Form ziehen.

3 Die karierte Schleife binden, den Blumendraht um ihre Mitte führen und die beiden restlichen Teile des Drahtes eng miteinander verdrehen, so dass der so entstandene Stab in die Erde gesteckt werden kann. Mit Heißkleber am Häuschen befestigen.

4 Die Blume und das Vöglein malen und ausschneiden. Dem Vogel drei Drahtspiralen (siehe Schritt 2) als Schwänzchen an der Rückseite fixieren. Für die Füße mit Blumendraht drei Zehen formen, die Beinstücke doppelt miteinander verdrehen und an der Rückseite fixieren. Blume und Vöglein direkt an ein eingedrehtes Drahtstück kleben.

Tipp: Die einzelnen Elemente können auch zu einer Kette zusammengefügt werden. Hübsch sehen einzeln aufgezogene Holzperlen dazwischen aus.

15

Sonnenblumenstecker

Pro Sonnenblume ◆ Eierkartonschälchen (Schachtel), 2 cm hoch
◆ Acrylfarbe in Gelb, Grün und Braun ◆ Tonkartonrest in Grün
◆ Schaschlikstäbchen ◆ Pfefferkörner

Vorlage Seite 231

1 Das Schälchen gerade abschneiden. Für die Blütenblätter an der Außenkante ringsum ca. 1 cm tief Zacken einschneiden. Die Blütenblätter beidseitig mit Wasser befeuchten und mit Daumen und Zeigefinger leicht nach außen biegen: Zum Befeuchten am besten einen Pinsel verwenden. Danach zum Trocknen auf eine Zeitung oder ein Küchentuch legen.

2 Die Einzelteile gemäß der Abbildung bemalen (die Blütenmitte in Braun).

3 Die Pfefferkörner ankleben. An die Blumenrückseite das Schaschlikstäbchen kleben. In die Blätter aus Tonkarton mit der Lochzange ein Loch stanzen und den Stab durchziehen.

16

September

Herbstmobile

- Sperrholz, 6 mm stark, 35 cm x 30 cm ◆ Acrylfarbe in Moosgrün, Gelb, Terrakotta, Elfenbein, Braun und Rot ◆ Vierkantstab, 1,5 cm x 2 cm, 40 cm lang
- Draht, ø 0,35 mm und 0,65 mm ◆ Holzbohrer, ø 0,5 mm und 1 mm

Vorlage Seite 230

1 Die Motive aus dem Sperrholz aussägen und die benötigten Löcher bohren. Dabei jedes Motiv zweimal und je ein Blatt, Blüte, Vogel und eine Apfelscheibe einmal durchbohren.

2 Alles wie abgebildet anmalen.

3 Die Einzelteile mit jeweils einem 13 cm langen, dünnen Draht verbinden, die Enden verzwirbeln und locken.

4 Aus dem stärkeren Draht die Aufhängung am Vierkantstab anbringen.

Tipp: Wenn Sie die kleinen Holzmotive nur an der oberen Kante durchbohren, werden daraus hübsche Geschenkanhänger. Herbstliche Kränze, z. B. zum Erntedank lassen sich damit ebenfalls wunderbar aufpeppen.

17

18

Apfelbäume

Kette ◆ Sperrholz, 4 mm stark, 25 cm x 35 cm ◆ Acrylfarbe in Grün, Terrakotta und Rot ◆ Schleifenband in Rot, 8 mm breit, 4 x 25 cm lang
- Holzperle in Rot, ø 1,2 cm ◆ Rundholz, ø 5 mm ◆ Wickeldraht, ø 0,5 mm
- Bohrer, ø 1 mm

Pro Baum ◆ Naturholz, 1,8 cm stark, 40 cm x 50 cm
- Acrylfarbe in Grün und Terrakotta ◆ Bast in Natur

Vorlage Seite 230 + 232 + 235

Kette

1 Drei große und zwei kleine Bäume aussägen, die Löcher bohren und glatt schleifen.

2 Die Bäume grün und terrakottafarben bemalen. Nach dem Trocknen die Kanten abschleifen und mit dem Rundholzstab die roten Äpfel auftupfen.

3 Vom Draht je 20 cm lange Stücke abschneiden und über einem Stift zu Spiralen winden. Damit die Bäume aneinander drahten. Die roten Schleifen und unten an einem Drahtstück die Perle anbringen.

Bäume

1 Die Bäume und die dazu passenden Sockel aussägen, glatt schleifen und bemalen.

2 Die Fläche nochmals ganz leicht und an den Kanten die Farbe stärker abschleifen.

3 Den Baum auf den Sockel kleben und mit einer Bastschleife verzieren.

Tipp: Für einen besseren Halt können Sie den Sockel auch an den Baum schrauben. Die Löcher dann aber vorbohren.

Drachen im Wind

- Tonpapier in Hellgelb, Gelb und Orange, A4
- Tonpapierreste in Hellblau, Grau und Weiß
- 3 Holzperlen in Gelb, ø 8 mm
- 12 Klebepunkte in Schwarz, ø 8 mm
- Baumwollfaden in Weiß, 3 m lang

Vorlage Seite 233

1 Alle Teile doppelt aus Tonpapier ausschneiden.

2 Die Sonne zusammensetzen und das Gesicht aufmalen. Das Gesicht des Drachens gestalten, die Wangen mit Buntstift röten. Die Vögel auf Wolke und Drachen aufkleben.

3 Den Baumwollfaden in drei gleich lange Stücke teilen. Nun die fertigen Motive jeweils von beiden Seiten auf den Faden kleben. Am Ende jeder Kette eine Perle befestigen.

19

20

Familie Rabe

- 2 Holzwäscheklammern, 7,5 cm lang
- Holzwäscheklammer, 4,5 cm lang
- Fotokartonreste in Hellgrün, Blau, Schwarz, Braun und Sonnengelb
- Feder in Schwarz
- Acrylfarbe in Schwarz

Vorlage Seite 236

1 Die Klammern schwarz anmalen. Nach dem Trocknen die Gesichter aufmalen, die restlichen Innenlinien ergänzen und die Wangen auf dem Schnabel mit Buntstift röten.

2 Hut und Sonnenblume zusammenfügen. Den Hut, den Schnabel, beide Flügel und das Fußteil beim Rabenmann von vorne anbringen.

3 Die Rabenfrau bekommt die Haarpracht, den Schnabel, die Blume, beide Flügel und das Fußteil aufgeklebt.

4 Dem kleinen Raben Schnabel und Füße ankleben. Den Schwanz aus Fotokarton ergänzen und ein paar Federteilchen von hinten an das vordere Klammerteil kleben.

Tipp: Der Rabenfrau kann auch eine echte Feder als Haarschopf angeklebt werden.

September

Mein Schutzengel

◆ Mobilefolie, 0,4 mm stark, A4 ◆ Laternenfolie, A5 ◆ Konturenfarbe in Schwarz ◆ Windowcolor in Tagesleucht-Blau, Rubinrot, Orange, Hautfarbe, Weiß, Perlmutt und Dunkelbraun ◆ Samtpuder in Rot ◆ Satinband in Weiß, 3 mm breit, 21 cm lang ◆ Bindedraht in Blau geglüht, ø 0,4 mm, 13 cm lang
Vorlage Seite 230 + 231

1 Das Herz sowie den Rock auf Laternenfolie malen, die übrigen Teile auf Mobilefolie. Sobald die Farbe trocken ist, die Schuhe bemalen und in die nasse Farbe den Samtpuder streuen. Wenn die Farbe trocken ist, überschüssigen Puder über einem Stück Papier abklopfen.

2 Zwei Schleifen aus Satinband (je 10,5 cm lang) binden und auf die Zöpfe kleben. Mit einer Nadel zwei Löcher durch das Herz stechen, den Draht durchziehen, beidseitig zu Spiralen drehen und die Enden mit Sekundenkleber auf der Rückseite fixieren.

3 Die Standflächen nach hinten knicken, den Rock mit Abstandsband befestigen.

21

22

Raupenschild

◆ Pappelsperrholz, 8 mm stark, 17 cm x 12 cm ◆ Pappelsperrholzrest, 3 mm stark ◆ Seidenmalfarbe in Mittelgelb, Maigrün, Blau und Rot ◆ Rohholzperle, ø 8 mm ◆ Bast in Natur ◆ Holzkugel mit Bohrung in Natur, ø 3,5 cm ◆ Draht, ø 1 mm, 15 cm lang ◆ Bohrer, ø 2 mm
Vorlage Seite 235

1 Die Vorlage für den Raupenkörper fünfmal aufzeichnen und aussägen. Die große Holzkugel in der Mitte auseinander sägen und abschleifen.

2 Das zugesägte Sperrholzbrett rechts und links durchbohren, danach mit der wasserverdünnten blauen Seidenmalfarbe anmalen und trocknen lassen. Die Raupenteile in Maigrün, den Kopf in Gelb anmalen und trocknen lassen. Die kleine Rohholzperle rot anmalen.

3 Die Raupenteile auf das Brett leimen. Das Gesicht mit Permanentmarker aufmalen. Ein ca. 15 cm langes Drahtstück in der unteren Hälfte zusammenzwirbeln und in die noch zur Hälfte vorhandene Bohrung leimen. Die Drahtenden um einen Pinselstiel wickeln und zurechtbiegen.

4 Zum Schluss Naturbast als Aufhängung durch die Bohrungen fädeln.

Old McDonalds Farm

◆ Windowcolor in Weiß, Gelb, Hautfarbe, Orange, Hellrosa, Rubinrot, Apfelgrün, Tannengrün, Hellbraun, Mittelbraun und Schwarz ◆ Adhäsionsfolie

Vorlage Seite 234

1 Bei diesem Motiv wird keine Konturenfarbe verwendet, sondern die Ränder und Linien nach dem Trocknen mit Permanentmarker gearbeitet.

2 Mit der Bemalung bei Old McDonald oben mit dem Hut beginnen. Dann jeweils das übernächste Farbfeld ausmalen. Nach dem Trocknen die Zwischenräume ausfüllen. Bei den restlichen Motiven darauf achten, dass keine nassen Farbflächen nebeneinander liegen, damit diese nicht ineinander laufen.

3 Nach dem vollständigen Trocknen alle Linien und Verzierungen mit Permanentmarker aufmalen und die Motive zusätzlich mit weißem Lackmalstift verzieren.

Tipps: Besonders lustig sieht es aus, wenn Sie viele Kühe, Pferde, Schweine und Schäfchen malen, am besten in verschiedenen Farben und – bei den Kühen – mit unterschiedlichen Fellzeichnungen.

Die Ente freut sich sicher über einen kleinen Teich! Einfach eine schmale, wolkenförmige Fläche in einem schönen Blau malen und das Entchen (ohne Beine malen!) darauf setzen! „Sitzt" die Ente aber erst einmal auf dem Teich, lässt sie sich nicht mehr entfernen, ohne dass der Teich kaputtgeht.

23

Nutze den Tag

◆ Tonkarton in Weiß, A4 ◆ Tonkarton in Maigrün, A5 ◆ Tonkartonreste in Creme, Gelb, Orange, Rot, Tannengrün und Schwarz ◆ Buntstift in Weiß

Vorlage Seite 237

1 Sämtliche Motivteile gemäß Vorlage ausschneiden. Den Rasen in Maigrün hinter den Rahmen kleben. Die orangefarbene Sonne ebenfalls von hinten ankleben.

2 Ein Karomuster in Weiß und Schwarz mit Bunt- und Filzstift auf die roten Herzen malen.

3 Den rechten Arm auf das große Herz kleben und dieses dann am Kleid befestigen. Den linken Arm von hinten am Kleid anbringen und vorne über das Herz kleben. Die Haare von hinten an den Kopf und diesen dann hinter das Herz kleben. Die Beine mit den aufgeklebten Schuhen hinter das Kleid kleben.

4 Das Mädchen und die Herzblumen aufkleben. Kleine Herzen in die vier Ecken kleben.

5 Zuletzt Augen und Konturen schwarz einzeichnen und den Schriftzug auf den Rahmen übertragen.

Tipp: Um den Schriftzug zu übertragen, legen Sie das Transparentpapier genau über den Rahmen und zeichnen die einzelnen Buchstaben mit einem Kugelschreiber nach. Durch den Druck hinterlässt der Kugelschreiber Vertiefungen auf dem Rahmen, die Sie dann nur noch mit einem schwarzen Stift nachfahren müssen.

24

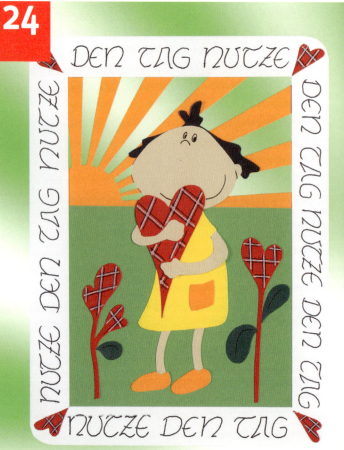

September

Klingende Schäfchenträume

◆ Tonkartonreste in Elfenbein und Hautfarbe ◆ 5 Klangstäbe in Grün, 14 cm lang, hohl, eloxiert ◆ Satinband in Dunkelgrün, 3 mm breit, ca. 70 cm lang
◆ evtl. Nähgarn in Weiß

Vorlage Seite 236

1 Alle Teile aus Tonkarton laut Vorlage ausschneiden, die Fellpunkte mit einem Bürolocher ausstanzen.

2 Die Teile gemäß Abbildung zusammenkleben und das Gesicht aufmalen. In die Augen einen Lichtreflex mit weißem Stift setzen. Nase und Wangen mit einem Buntstift röten. Auch die Ohren etwas schattieren.

3 Aus dem grünen Satinband eine Schleife binden und gemäß Abbildung am Schäfchen fixieren. Das Satinband ebenfalls als Aufhängung verwenden.

Tipp: Sie können das Schäfchen als Fensterbild verwenden oder ein Klangspiel daraus machen. Für das Klangspiel am Körper unten mit einer Lochzange fünf Löcher ausstanzen und die Klangstäbe festknoten.

25

26

Gartenvögel

Pro Vogel ◆ Leimholz oder Pappelsperrholz, 1,8 cm stark, 26 cm x 17 cm
◆ Pappelsperrholzrest, 3 mm stark ◆ Streuteil: Holzherz, 3 cm breit
◆ Buchen-Rundholzstab, ø 8 mm, Länge nach Belieben ◆ Acrylfarbe in Elfenbein, Karminrot und Antikblau ◆ Seidenmalfarbe in Mittelgelb
◆ Golddraht, ø 0,25 mm ◆ Holzleim ◆ Bohrer, ø 8,2 mm und 2 mm

Vorlage Seite 233

1 Die Vögel aus dem 1,8 cm starken Holz aussägen, die Flügel aus dem dünnen Sperrholz. Die Bohrungen an den markierten Stellen durchführen.

2 Die Schnäbel mit der gelben Seidenmalfarbe aufmalen und trocknen lassen. Anschließend die restliche Fläche mit Acrylfarbe bemalen. Dabei zuerst alles mit Elfenbein bemalen. Dann einen Borstenpinsel kurz in die rote bzw. blaue Farbe tauchen und damit über die noch nasse Farbe in Elfenbein wischen. Die Flügel in Rot bzw. Blau bemalen, trocknen lassen und dann die Kanten mit grobem Schmirgelpapier bearbeiten, damit das Holz hier wieder durchschimmert.

3 Die Flügel anleimen und die Herzen mit Draht an die Schnäbel hängen.

4 Einen Vogel mit Draht aufhängen. In das untere Bohrloch des anderen Vogels den Rundholzstab leimen.

Herbstschüsseln

- 3 Porzellanschüsseln in Weiß, ø 12 cm, ca. 6 cm hoch
- Porzellanmalstifte mit Pinsel in Reseda, Cognac und Türkisblau
- Porzellanmalfarbe in Französisch-Grün sowie Elfenbein und Cognac
- Korken mit verschiedenen Durchmessern oder Holzstab
- Konturenstift in Schwarz

Vorlage Seite 236

1 Die Suppenschüsseln wie in der allgemeinen Anleitung auf Seite 13 beschrieben bemalen.

2 Die Pilze mit dem cognacfarbenen Stift ausmalen. Die dunkleren Stellen werden durch nochmaliges Übermalen erzielt. Für das Gras einige kurze Striche um die Pilze zeichnen.

3 Bei den Blättern seitlich der Blattadern mit einem Zahnstocher feine Linien herauskratzen.

4 Für die Punkte der Schüssel oben (wird ohne Vorlage gestaltet) können Korken oder ein Holzstab verwendet werden. Das dunkle Grün sowie den cognacfarbenen Ton zusammen mit Elfenbein auf die Korken tupfen und dann auf die Schüssel stempeln. Zusätzlich einige Kreise und Spiralen zeichnen, kleine Punkte aufmalen und farbige Muster mit Strichen und Zackenrändern gestalten.

27

28

Blätter schablonieren

- Schablonierfarbe in Hell- und Dunkelgrün
- Tontopf, ø 15 cm, 13 cm hoch
- ggf. Schablonierpinsel

Vorlage Seite 235

1 Aus dünnem Karton die Schablonen nach Vorlage mit dem Cutter ausschneiden.

2 Die Schablonen auf dem Blumentopf mit Klebestreifen fixieren und mit der Schablonierfarbe gemäß der Abbildung austupfen. Dazu einen Borsten- oder speziellen Schablonierpinsel verwenden.

3 Die Schattierungen entstehen durch das Ineinandertupfen von heller und dunkler Schablonierfarbe. In dieser Weise sind sechs Blätter um den Topf herum gestaltet. Sehr gut trocknen lassen.

Tipp: Den Topf können Sie z. B. mit einem Reisigkranz und einer mit Blättern dekorierten Styroporkugel schmücken. Dafür einfach Blätter überlappend auf der Styroporkugel mit Stecknadeln feststecken.

September

Filigrane Dekokugeln

◆ Styroporkugeln, 2 x ø 10 cm und 1 x ø 8 cm ◆ skelettierte Willowblätter in Rot, Hell- und Dunkelgrün, 10 cm - 14 cm groß ◆ Stecknadeln mit silbernem Kopf, 1,8 cm lang ◆ Rocailles in Apricot und Grün, ø 2,5 mm ◆ Rocailles in Silber, ø 2,6 mm ◆ Satinband in Grün, 5 mm breit, 1,20 m lang ◆ Satinband in Orange, 1,5 cm breit, 60 cm lang ◆ gepresste Ahornblätter in Rot

1 Die Styroporkugeln mit den Willowblättern und den gepressten Blättern bzw. den Bändern verkleiden und diese mit Stecknadeln feststecken. Bitte an der Abbildung orientieren.

2 Eine große Kugel mit dunkelgrünen Willowblättern, die andere große Kugel mit roten verkleiden. Die kleine Styroporkugel mit hell- und dunkelgrünen Willowblättern verkleiden.

3 Auf die Stecknadeln die grünen, die apricotfarbenen bzw. die silbernen Rocailles auffädeln und feststecken.

Tipp: Sie können die Kugeln in einer schönen Schale dekorieren oder auch mit einem Nylonfaden aufhängen.

29

30

Märchenhaft verpackt

Pro Verpackung ◆ Bastelfilz in Lila oder Orange, A4 ◆ Lurexkordel in Gold, ø 3 mm, 60 cm lang ◆ Windlichtglas mit Duftkerze in Lila, ø 7 cm, 7 cm hoch oder Kerze mit Perlkranz in Orange, ø 6 cm, 7 cm hoch ◆ UHU Glitter Glue in Gold ◆ flache Glas- und Strasssteinchen zum Aufkleben ◆ Glasperlen in Transparent, ø 1 cm ◆ Teppich-/Montageband

1 Die CD in Filz verpacken: Dabei wie beim Verpacken eines Buches vorgehen. Die Nähte mit doppelseitigem Klebeband verschließen.

2 Die Ornamente mit Glitter Glue aufmalen. In die noch nasse Farbe kleine Steinchen und Perlen eindrücken und ca. eine Stunde trocknen lassen.

3 Die Verpackung mit der Goldkordel umkleben. Mit doppelseitigem Teppich- oder Montageband ein kleines Windlichtglas oder eine dekorative Kerze auf der Verpackung platzieren.

Tipp: Wenn Sie zur Filzhülle noch einen passenden stärkeren Karton beilegen, kann diese später als Untersetzer für Kerzen oder Windlichter verwendet werden.

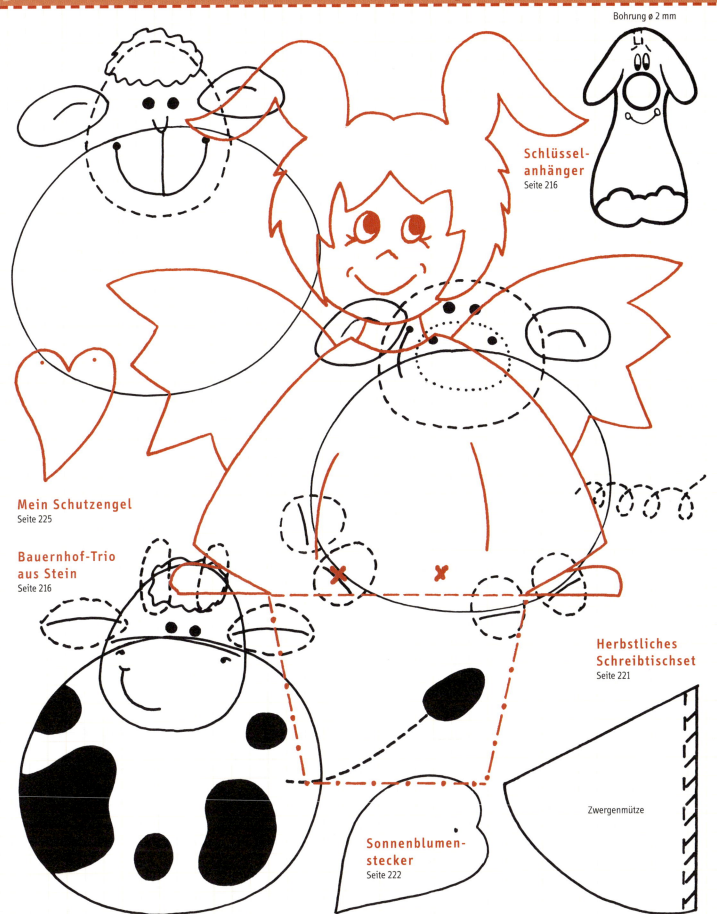

September

233

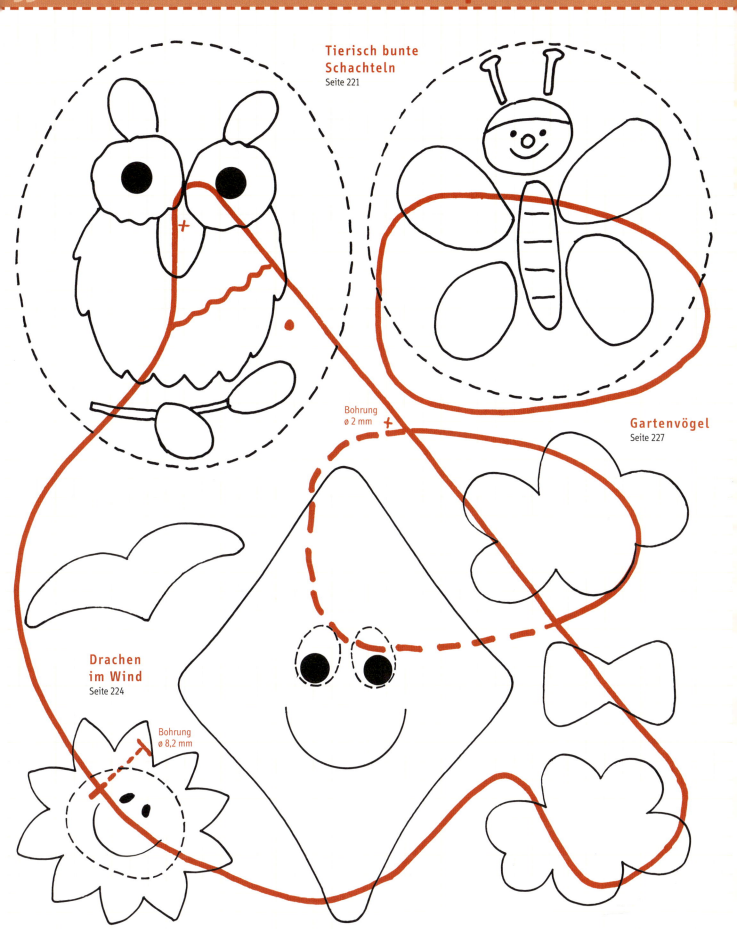

Tierisch bunte Schachteln
Seite 221

Gartenvögel
Seite 227

Drachen im Wind
Seite 224

Bohrung ø 2 mm

Bohrung ø 8,2 mm

September

235

Country-Vogelhäuser
Seite 222

Apfelbäume
Seite 223

Blätter schablonieren
Seite 228

Raupenschild
Seite 225

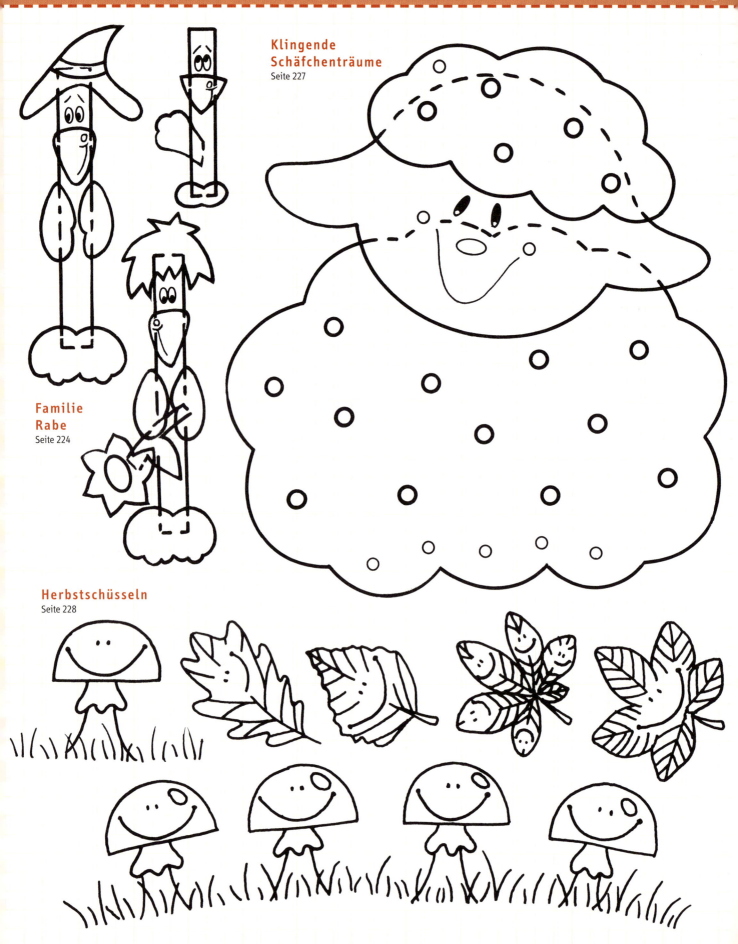

September

Nutze den Tag
Seite 226

Oktober

Oktober

Witzige Vogelscheuche

◆ Konturenfarbe in Schwarz ◆ Windowcolor in Gelb, Arktis, Orange, Korallenrot, Reseda, Weiß, Terrakotta und Ultramarinblau ◆ Windrad- bzw. Mobilefolie, 0,4 mm stark, A4 ◆ Glaskügelchen in Weiß und Blau, ø 2 mm ◆ 2 Knöpfe in Rot, ø 1,3 cm ◆ Nähgarn in Gelb ◆ Bast in Natur

Vorlage Seite 257

1 Die Konturen aufmalen, die Nasen und alle Pünktchen ergänzen. Trocknen lassen.

2 Die restlichen Farbflächen ausfüllen. Den gestreiften Flicken dabei Streifen für Streifen aufmalen und zwischendurch trocknen lassen. In die Ähre, das Haar, den Flicken und die Füße des Raben Glaskügelchen einstreuen.

3 Etwas Nähgarn durch die Knopflöcher ziehen und die Knöpfe dann, wenn alle Farben trocken sind, aufkleben. Das Motiv lochen, eine Bastschlaufe durchfädeln und oben verknoten.

Peruanische Rauten

◆ Wollreste in beliebigen Farben in etwa gleicher Stärke ◆ je 2 Schaschlikspieße aus Holz ◆ Holzperlen in verschiedenen Formen und Farben, ø 1,2 cm und 1,5 cm ◆ ggf. 4 Holzperlen in Gold, ø 8 mm ◆ ggf. Walzperlen, ca. 2 cm lang

1 Die beiden Schaschlikspieße anspitzen und zu einem Kreuz mit gleich langen Seiten legen. Mit einem kleinen Stück Wolle der zuerst verwendeten Farbe die Spieße aneinander knoten. Die Fäden kurz abschneiden.

2 Das Wollende mit Alleskleber am Holzstäbchen an der Verknotung befestigen. Die Wolle bis zum nächsten Stäbchen spannen, einmal um dieses stramm wickeln und in der gleichen Richtung zum nächsten Stab weiterziehen. Den Vorgang so lange wiederholen, bis man die nächste Farbe verwenden möchte. Immer erst vorher die Runde beenden, damit das Muster gleichmäßig aussieht. Dabei darauf achten, dass sich die Stäbe nicht verziehen.

3 Die Raute beliebig groß anfertigen. Die Fäden miteinander verknoten und kurz abschneiden. Statt Wolle kann zwischendurch auch Bast, Kordel oder Schnur verwendet werden.

4 Für die Quasten vier bis fünf ca. 15 cm lange, bunte Wollfäden schneiden, auf die Hälfte zusammenlegen und mit einem weiteren Wollfaden oben zu Schlaufen abbinden. An den Schlaufen zwischen zwei Perlen auf den Holzstab stecken.

5 Die Kugeln an den Enden auf die Schaschlikspieße kleben, evtl. die Stäbe danach kürzen. Zur Verzierung können auch Perlen auf den Bast oder die Wolle aufgeklebt werden.

Welcome

- Tonkartonreste in Rot, Weiß, Olivgrün, Hautfarbe und Dunkelblau
- Bindedraht, ø 0,35 mm und 0,65 mm ♦ Reisigzweiglein

Vorlage Seite 255

1 Alle Einzelteile gemäß Vorlage ausschneiden. Den Pilz und den Zwerg wie abgebildet zusammensetzen.

2 Ein Stück dicken Draht mit dem Herz bekleben, trocknen lassen und hinter die Hand kleben.

3 Die restlichen Innenlinien ergänzen, die Wangen mit einem Buntstift etwas röten, den Schriftzug aufschreiben und die Pilzpunkte aufkleben. Mit dünnem Draht ein paar Reisigzweiglein zusammenbinden, die Drahtenden abkneifen und das Ganze unten am Pilzstiel ankleben.

Tipp: Die Pilzpunkte stanzen Sie am besten mit einem Bürolocher aus.

Fußballer

- Glas, ø 7 cm (Deckel), 13 cm hoch ♦ Styroporkugel, ø 8 cm
- Strukturpaste in Weiß ♦ Acrylfarbe in Purpurrosa, Rosa und Schwarz
- 2 Wackelaugen, ø 1 cm ♦ Wattekugel, ø 1,2 cm
- Bastelfilz in Schwarz, 2,4 cm x 36 cm und Rot und Gelb, 8 mm x 36 cm
- Vivelle®-Papier in Grasgrün (Einleger)

Vorlage Seite 260

1 Die Kugel und den Glasdeckel mit Strukturpaste grundieren und nach dem Trocknen das Ballmuster auf die Kugel zeichnen. Zusammenkleben und die Felder ausmalen. Das Gesicht mit Acrylfarbe, bemalter Wattekugel und Wackelaugen gestalten.

2 Den schwarzen Filzstreifen mit dem roten und gelben bekleben. Die Enden fransig schneiden. Umbinden und in Form kleben. Vivelle®-Papier als Einleger passend zuschneiden und als Sichtschutz ins Glas stecken.

Tipp: Fertigen Sie den Schal passend zu den Farben des Lieblingsvereins an! Mit dem Glas können Sie Fußballtickets oder Gutscheine verschenken.

Oktober

Hier wache ich!

◆ Fotokarton in Weiß, A4

Vorlage Seite 257

1 Die Vorlage mit Hilfe eines Kopierers vergrößern. Die Vorlage auf den passenden Fotokarton übertragen.

2 Das Motiv mit Schere und Cutter ausschneiden. Vorhandene Bleistiftstriche vom Kopieren der Vorlage mit einem weichen Radiergummi entfernen. Kleine Kreise mit einem Bürolocher oder einer Lochzange ausstanzen.

Tipp: Sie können den Hofhund an eine Glasscheibe im Eingangsbereich hängen und den Schriftzug „Hier wache ich" auf die Rasenfläche schreiben.

5

Fröhliche Wichtelparade

Pro Wichtel ◆ Holzpfahl, ø 6 cm, 15 cm oder 30 cm lang ◆ je 1 Tontopf, ø 6,5 cm und ø 3,5 cm oder ø 4,5 cm ◆ Jutegarnrest in Rot, Natur oder Grün, je 20 cm lang ◆ Messingglöckchen in Blau, Grün, Gelb oder Rot, ø 1,6 cm ◆ Fotokartonrest in Weiß ◆ 2 Halbperlen in Schwarz, ø 6 mm ◆ halbgebohrte Rohholzkugel, ø 2 cm ◆ Karostoff in Rot, Grün, Blau oder Gelbgrün, 2 cm breit, 2 cm lang (Flicken) und evtl. 2 cm breit, 25 cm lang (Halstuch) ◆ Zackenschere ◆ Grasfaser in Grasgrün, Oliv, Orange oder Rotbraun ◆ Wickeldraht, ø 0,5 mm, 30 cm lang ◆ wasservermalbare Buntstifte in Rot, Grün, Rotbraun und Weiß

Vorlage Seite 258

1 Für die Haare Grasfaserbüschel (ca. 10 cm lang) rings um den Holzstamm (Pfahlspitze zeigt nach oben) kleben und nach Abbildung in Form schneiden.

2 Die Holzkugel mit angefeuchteten Buntstiften bemalen und die Farbe mit einem Schwämmchen leicht verwischen. Nach Vorlage die Augen aus weißem Fotokarton schneiden und die Halbperlen als Pupillen aufkleben. Augen und Nase aufkleben, den Mund nach Vorlage aufpausen und ausmalen. Die Bäckchen mit einem Schwämmchen mit weißer und roter Buntstiftfarbe aufwischen und mit einem rotbraunen Stift umranden.

3 Nach Abbildung die Tontöpfchen mit Heißkleber übereinander kleben und aufsetzen. Die Juteschnur mit Wickeldraht umwickeln und spiralförmig biegen. Ein Ende der Schnur in das Loch der Tontopfmütze einkleben, am anderen Schnurende ein Glöckchen einhängen. Die großen Wichtel bekommen ein Halstuch, alle Wichtel karierte Flicken mit Zackenrand auf ihre Mützen.

6

Moosbäumchen

- Zinkvase, ø 18 cm, 21 cm hoch ◆ 2 Steckschaumziegel, 23 cm x 11 cm x 8 cm
- Astgabel, ca. 55 cm lang ◆ Ast, ca. 35 cm lang ◆ Moosherz, 10 cm hoch
- Plattenmoos ◆ Drahtgimpe mit transparenten Perlen in Creme, Grün und Gold, 7,50 m lang ◆ Organzaband in Apfelgrün, 4 cm breit, 4,20 m lang
- 4 Zimtstangen, 25 cm lang ◆ Glimmerfarbe in Irisierend
- Kerzendraht, ø 8 mm, 8 cm lang ◆ 3 Teelichtständer aus Metall, 25 cm hoch
- 3 Teelichter in Hellgrün ◆ Stumpenkerze in Hellgrün, ø 7 cm, 7,5 cm hoch

1 Die Zinkvase mit Steckschaum füllen und diesen mit Moos abdecken.

2 Den kürzeren Ast mit der Astgabel zusammenkleben, damit diese drei Enden hat. Die Klebestelle am Ast mit dem Moosherz abdecken. Die Äste mit Glimmerfarbe streichen und nach dem Trocknen in den Zinkkübel stecken.

3 In die Astgabel ein Stück Steckschaum kleben und diesen mit Moos abdecken. Hierauf die Stumpenkerze setzen. In diese vorher den Kerzendraht (über einer Flamme erwärmt) ca. 2 cm tief einstecken.

4 Die Zimtstangen mit 1 m Perlengimpe zusammenbinden und vor dem Ast auf das Moos legen. Die drei Teelichthalter dazu stecken und die Teelichter einsetzen.

5 Je 1,40 m lange Stücke Organzaband und Perlengimpe an jedem Astende festbinden. Die restliche Perlengimpe um den oberen Rand des Zinkgefäßes binden.

7

8

Heugans

- Heu ◆ Myrthendraht in Grün ◆ Figurendraht, ø 6 mm, 40 cm lang
- 2 Halbperlen in Schwarz, ø 1 cm ◆ Seidenmalfarbe in Orange
- Karodrahtband in Dunkelorange-Gelb, 4 cm breit, 25 cm lang
- verzinkte Blechwanne, ø 27 cm, 11,5 cm hoch ◆ Moos ◆ 2 Gänseeier

1 Den Körper aus Heu binden, bis er 22 cm lang und 16 cm breit ist und einen Umfang von 54 cm hat. Dabei das Heu immer wieder mit Myrthendraht umwickeln. Den Schwanz spitz auslaufen lassen.

2 Für den Hals den Figurendraht mit Heißkleber 5 cm tief in den Körper kleben und mit Heu umwickeln, bis er unten am Körper einen ø von 6 cm und am Kopf einen ø von 4,5 cm hat. Den Kopf 6 cm lang und mit 19 cm Umfang weiterarbeiten, den Schnabel 7,5 cm lang. Er ist am Kopf 4,5 cm breit, an der Schnabelspitze 2,5 cm. Den Schnabel mit der Seidenmalfarbe einfärben.

3 Die Augen aufkleben. Die Blechwanne mit Moos auslegen, die Gans hineinsetzen und die Eier davor dekorieren. Eine Schleife binden und mit Heißkleber befestigen.

Tipp: Das Heu lässt sich am besten verarbeiten, wenn es etwas angefeuchtet wird. Dadurch ist es leichter formbar. Verwenden Sie zum Anfeuchten einen Zerstäuber, wie er oft auf Reinigungsmitteln zu finden ist.

Oktober

Heudrachen

- Pappe, A4 oder A5 (großer bzw. kleiner Drachen) ◆ Heu ◆ Filzreste in Gelb, Rot und Blau ◆ Wellpapperest in Weiß ◆ Juteband in verschiedenen Farben, 5 cm breit, pro Drache 40 cm lang ◆ Schleifenband in verschiedenen Farben, 4 cm breit, pro Drache 40 cm lang ◆ Paketschnur, pro Drache 50 cm lang ◆ Zeitungspapier ◆ Bindedraht in Silber

Vorlage Seite 262

1 Die Drachen mit Heu bekleben: Eine Pappschablone nach Vorlage herstellen, dann eine ca. 1 cm bis 2 cm dicke Schicht Heu auf der Arbeitsfläche verteilen. Eine Seite der Schablone mit Heißkleber bestreichen und diese in das Heu drücken. Den Vorgang auf der anderen Seite wiederholen. Das Heu bündig am Papprand abschneiden oder umknicken. Dann den Drachen kreuz und quer mit Bindedraht umwickeln. Den Draht gut festziehen und immer wieder neues Heu auflegen. Am Schluss den Draht abschneiden und das Ende in das Heu stecken.

2 Die Augen und die Münder aus weißer Wellpappe ausschneiden. Die Pupillen, Nasen und Münder werden aus Filz ausgeschnitten. Dann wird der Filz für die Nase mit etwas zerknülltem Zeitungspapier ausgestopft und mit Draht verknotet. Die Gesichter auf die Drachen kleben.

3 Das Juteband und das Schleifenband in ca. 4 cm lange Stücke (für den großen Drachen ca. 7 cm lang) schneiden, mit Bindedraht in der Mitte zusammendrahten und mit der Heißklebepistole auf die Paketschnur kleben.

4 Zum Schluss die Drachen mit einem Stück Paketschnur aufhängen.

9

10

Blätter-Windlicht

- 2 Gläser, ø 7,5 cm, 9 cm hoch ◆ gepresste Blätter nach Belieben
- Serviette in Weiß ◆ Serviettenlack ◆ 2 Teelichter

1 Eine Lage der weißen Seviette zuschneiden, 9 cm hoch, ca. 25 cm lang.

2 Den Serviettenstreifen mit Serviettenkleber an einer Seite des Glases befestigen.

3 Nun die Blätter nacheinander unter die Serviette legen und mit Kleber darüberstreichen. Gut trocknen lassen.

4 Überstehende Ränder sorgfältig abschneiden.

Tipp: Wenn Sie bunte Servietten benutzen, erzielen Sie einen auffälligeren Effekt.

Obst verschenken

Pro Motiv ♦ Wäscheklammer, 4,5 cm lang ♦ Acrylfarbe in Gelb oder Rot
♦ Tonkarton in Rot und Gelb sowie Schwarz oder Dunkelbraun
♦ Holzperlen in Gelb und Rot, ø 6 mm ♦ Grasfaser in Gelb, 3 cm lang
♦ Deko-Kordel in Gelb oder Rot, ø 3 mm, 30 cm lang
♦ Baumwollkordel in Schwarz oder Rot, ø 1 mm, 30 cm oder 18 cm lang

Vorlage Seite 255

1 Die Klammer farbig bemalen.

2 Eine Holzperle mit dem Cutter auf der Schneideunterlage spalten und als Nase ankleben. Das Gesicht aufmalen. Von hinten den Stiel ankleben. Die Schleife binden und dann das Faserbüschel ankleben.

3 Das Früchtchen auf die Klammer kleben.

4 Den Faden durch die Klammerspirale ziehen und die Perlen sowie die mit der Lochzange gelochten Schilder auffädeln und anknoten.

Tipp: Basteln Sie auch anderes Obst in diesem Stil. Wie wäre es mit Pfirsichen oder dicken Orangen? Schauen Sie auch einmal auf Seite 250!

11

12

Kaffeezeit

♦ Fotokarton in Dunkelbraun und Dunkelrot, A2 ♦ Fotokarton in Braun, A3
♦ Fotokartonreste in Weiß, Dunkelgelb, Orange, Olivgrün und Creme
♦ Filzstifte in Grün und Orange ♦ Buntstift in Braun ♦ Papierdraht in Grün, 20 cm lang ♦ Tonkarton mit Bordüren in Braun, Bordüre ca. 1 cm breit, 2 x 50 cm lang ♦ Kaffeebohnen

Vorlage Seite 256

1 Alle Einzelteile ausschneiden und zusammenfügen. Dabei auf die Grundform der kleinen Vase und der Kanne die mit dem Cutter geschnittenen Streifen kleben, dann umdrehen und die überstehenden Kanten sorgfältig abschneiden.

2 Die Untertasse mit einem Cutter einritzen und die Tasse hineinschieben, den Schaum von hinten ergänzen. Alles bemalen.

3 Aus Papierdraht einen Blumenstängel zuschneiden (20 cm lang), mit Heißkleber hinter die Vase kleben, dann Blüte und Blatt anbringen.

4 Aus dem Tonkarton mit Bordüren den gewünschten Streifen mit einem Cutter heraustrennen und auf die beiden dunkelbraunen Borten kleben. Dann die Motive befestigen und die Kaffeebohnen aufkleben.

Tipp: Wenn Sie den Tonkarton mit Bordüren nicht bekommen, können Sie auch ein Muster von Hand aufmalen oder Sie verwenden Geschenkband.

Oktober

Bürotassen

Kaffeetasse ◆ Porzellantasse mit kurzem Henkel in Weiß, ø 8 cm, 10 cm hoch ◆ Porzellanmalstifte in Gelb, Orange und Hellgrün ◆ Porzellanmalstift mit Pinsel in Opalblau ◆ Porzellanmalfarbe in Reseda, Rosa, Magenta, Elfenbein und Cognac ◆ Konturenstift in Schwarz
I hate Mondays ◆ Porzellantasse mit eckigem Grund in Weiß, ø 8 cm, 10,5 cm hoch ◆ Porzellanmalstifte in Orange und Kirschrot ◆ Porzellanmalfarbe in Hellblau, Elfenbein, Rosa und Magenta ◆ Konturenstift in Schwarz

Vorlage Seite 259

1 Die Tassen werden wie in der Anleitung auf Seite 13 beschrieben bemalt.

2 Bei der Kaffeetasse für die Milchkaffeewelle ein wenig Elfenbein und Cognac auftragen und mit einem Zahnstocher ineinander ziehen.

3 Bei der Tasse „I hate Mondays" für die Katzennase die beiden Rosétöne mit einem Zahnstocher ineinanderziehen. Das Blau ggf. mit ein wenig Elfenbein aufhellen.

Tipp: Die Trinkränder von Tassen sollten lieber nicht bemalt werden.

13

14

Apfelengel

Pro Apfelengel ◆ Apfel, 6 cm bis 8 cm hoch ◆ Rohholzperle, ø 4 cm ◆ 2 Rohholzperlen, ø 1,5 cm ◆ Tonkartonreste in Rot, Weiß oder Grün ◆ Acrylfarbe in Hautfarbe ◆ Buntstift in Grün ◆ Jutekordel in Rot und Grün, ø 3,5 mm, 2 x 30 cm (für die Arme), 9 x 20 cm (für die Haare) und 1 x 30 cm lang (für die Schleife) ◆ Bastelfilzreste in Rot und Grün ◆ Blumendraht, ø 0,65 mm, 20 cm (um die Haare in den Kopf zu ziehen) und 10 cm lang (für den Heiligenschein) ◆ Zahnstocher

Vorlage Seite 258

1 Die große Holzperle hautfarben grundieren und dann das Gesicht aufmalen.

2 Die 20 cm langen Haarkordeln aufdrehen (jede Kordel ist aus drei Einzelfäden zusammengedreht), in der Mitte mit dem Draht zusammenfassen. Die Drahtenden von oben durch den Kopf stecken und mit der Flachzange so die Jutehaare ca. 3 cm in den Kopf ziehen. Von unten den Zahnstocher so weit in den Kopf einstecken, dass er unten noch ca. 3 cm übersteht. Auf die Drahtenden und den Zahnstocher die beiden Filzkragen stecken.

3 Auf die Enden der beiden Armkordeln jeweils eine Holzperle ziehen und mit einem Knoten festhalten. Der Abstand zwischen den beiden Holzperlen beträgt 12 cm. Dann die Kordelenden kürzen. Die Arme zwischen die Drahtenden legen. Die Drahtenden miteinander verdrehen und nach hinten biegen.

4 Den Engelskopf (mit dem Zahnstocher) auf den Apfel stecken. Die Drahtenden durch die beiden Löcher in den Flügeln stecken und umbiegen. Wer will, bemalt die Flügel vorher mit Buntstiften. Dann die Drahtenden kürzen.

5 Die Haare entweder mit einer Schleife aus einer 30 cm langen Kordel zu einer Hochfrisur zusammenfassen oder ankleben. Zusätzlich kann noch ein Heiligenschein (ø 2 cm) eingesteckt werden.

Tipp: Die Engelsköpfe können in der Weihnachtszeit auch auf Orangen aufgesteckt werden.

Grüner Eddy

- Transparentpapier in Grün, 50 cm x 70 cm (Segel) ◆ Tonpapierreste in Weiß, Schwarz und Rot (Segel) ◆ Transparentpapierstreifen in Gelb und Grün, 2,5 cm breit (Segel) ◆ Transparentpapierbänder in Gelb und Grün, 3 cm breit (Schwanz)
- je 1 Rundholzstab, ø 6 mm, 68 cm und 50 cm lang (Drachengerüst)
- Metallring, ø 1,5 cm ◆ Rahmenschnur, 1,80 m lang ◆ Wirbel ◆ Samtfaden in Grün, ø 2 mm

Vorlage Seite 259 + 262

1 Vor Arbeitsbeginn bitte die allgemeine Anleitung auf Seite 11 beachten. Das Drachensegel gemäß Vorlage zuschneiden. Die Gesichtsteile auf Tonpapier übertragen, ausschneiden und auf das Segel kleben. In 2,5 cm Abstand parallel zum Rand mit schwarzem Filzstift Striche aufmalen, um eine Naht anzudeuten und einen Rand um das Auge aufmalen. Transparentpapierbänder an drei Drachenspitzen mit Samtfaden festbinden und mit einer Schleife abschließen.

2 Die Leisten und Hölzer für das Drachengerüst gemäß Vorlage und Skizze zuschneiden. Die Längs- und Querstrebe aufeinander legen und die Leisten mit einer Schnur kreuzförmig (Kreuzverbindung, siehe Skizze) fest umwickeln. Die Schnurenden gut verknoten. Die zugeschnittenen Leisten an den Enden mit einem Messer einkerben. Die Rahmenschnur über die Einkerbungen spannen und diese verknoten (Rahmenspannung).

3 Das Drachgerüst auf das Drachensegel legen und mit Klebefilm fixieren. Die „Nahtzugabe" über die Rahmenschnur legen und mit Alleskleber fixieren. Die Laschen umschlagen und ebenfalls mit Klebstoff befestigen.

4 Die Waagepunkte für die zweischenklige Waage (1,20 m lang) gemäß Vorlage auf das Segel übertragen und die Waageschnur anbringen. Den Bänderschwanz entsprechend der allgemeinen Anleitung auf Seite 11 und wie auf der Abbildung zu sehen herstellen und am Drachen befestigen.

15

Schwarzer Vogel

- Müllsackfolie in Schwarz, 60 cm x 1,70 m (Segel) ◆ Konturenfarbe in Schwarz (Segel) ◆ Windowcolor in Weiß, Gelb und Schwarz (Segel) ◆ Windradfolie, A4 (Segel) ◆ Rundholzstab, ø 4 mm, 1 m lang (Drachengerüst) ◆ je 1 Rundholzstab, ø 8 mm, 41,5 cm und 39 cm lang (Drachengerüst) ◆ Schaschlikstäbchen (Drachengerüst) ◆ Bohrer, ø 3 mm und 4 mm (Drachengerüst) ◆ Metallring, ø 1,5 cm ◆ Drachenschnur ◆ Wirbel ◆ Müllsackfolienstreifen in Gelb, Schwarz, Blau und Weiß, 3 cm breit (Schleifen- und Bänderschwanz)

Vorlage Seite 262 + 263

1 Vor Arbeitsbeginn bitte die allgemeine Anleitung auf Seite 11 beachten.

2 Das Kopfteil aus der Müllsackfolie ausschneiden und verzieren: Augen und Schnabel gemäß Vorlage mit Konturenfarbe und Windowcolor malen, gut trocknen lassen, ausschneiden und aufkleben. Die „Nahtzugabe" des Bespannungsmaterials umschlagen, aber noch nicht festkleben.

3 Die Holzstäbe gemäß Skizze vorbereiten, die Bohrungen (ø 3 mm und 4 mm) vornehmen. Das Rahmenrundholz (1 m lang) bis zur Mitte durch die obere Bohrung der senkrechten Drachenstrebe schieben. Verbindungen mit der waagerechten Strebe der Skizze entsprechend arbeiten und mit Holzleim verkleben. Den senkrechten Rundholzstab mit einem Schaschlikstäbchen in die waagerechte Strebe einleimen. Das Gerüst auf das Segel legen und mit Klebefilm fixieren. „Nahtzugaben" und Laschen mit doppelseitigem Klebeband um die Rahmenleisten kleben. Zwei Bänderschwänze gemäß allgemeiner Anleitung herstellen und mit doppelseitigem Klebeband am Drachenkopf festkleben. Mit zwei Schleifen aus rotem Krepppapier verzieren.

4 Aus der Müllsackfolie ein gleichschenkliges Dreieck (33 cm x 1 m) ausschneiden: Hierfür die 33 cm lange Seite halbieren, bei 16,5 cm mit dem Geodreieck eine senkrechte Linie ziehen und diese auf 1 m verlängern. Die Endpunkte der waagerechten und senkrechten Linien verbinden. Das Dreieck zwischen den beiden Bänderschwänzen mit doppelseitigem Klebeband anbringen. Die Spitze mit Klebefilm verstärken und lochen. Den Schleifenschwanz wie auf Seite 11 beschrieben herstellen und mit dem Wirbel am Drachen befestigen. Die zweischenklige Waage (1,10 m lang) anbringen.

16

Oktober

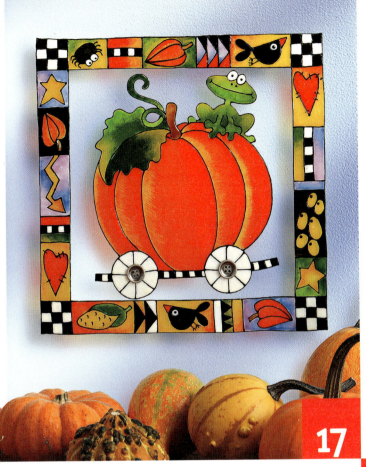

Ländliches Herbstmotiv

- Mobilefolie, 0,4 mm stark, A3 ◆ Konturenfarbe in Schwarz
- Windowcolor in Weiß, Schwarz, Gelb, Orange, Hellgrün, Hellblau, Lila, Braun und Rot ◆ 2 Metallknöpfe, ø 1,5 cm

Vorlage Seite 260

1 Das Bild auf Mobilefolie arbeiten. Für Schattierungen die Farben nass-an-nass nebeneinander setzen und mit einem Zahnstocher spiralförmig oder mit kurzen Strichen ineinanderziehen. So können Flächen im Farbverlauf gestaltet oder einzelne Bereiche schattiert werden. Die Metallräder in die noch nasse Farbe einlegen.

2 Nach dem Trocknen ausschneiden und mit Nylonfaden oder Draht ans Fenster hängen.

3 Man kann das Fensterbild auch auf einer Prospekthülle arbeiten, nach dem Trocknen abziehen und dann auf das Fenster streichen. Die freien Flächen mit Kristallklar ausmalen.

Tipp: Der Frosch auf dem Kürbis ist auch ohne Rahmen ein witziges Fensterbild.

17

18

Igel

- sägeraues Fichtenholzbrett, 2,2 cm stark, 18 cm x 50 cm (Rumpf, Beine)
- sägeraues Fichtenholzbrett, 1 cm stark, 15 cm x 15 cm (Arme) ◆ Acrylfarbe in Elfenbein, Ocker, Zimt und Grün ◆ geglühter Draht, ø 1,65 mm, 20 cm lang
- Stoffrest, 4 cm x 2,5 cm ◆ Bohrer, ø 2 mm

Vorlage Seite 257

1 Den Igel gemäß der Grundanleitung von Seite 8 von den Vorlagen auf das angegebene Holz übertragen und ausarbeiten. Dazu alle fünf Teile aussägen, schleifen und durchbohren.

2 Den Igel gemäß Foto flächig mit Acrylfarbe bemalen. Nach dem Trocknen Hose, Hände, Füße und die Stacheln mit einem Malschwämmchen in Elfenbein leicht überwischen, das Gesicht und das Oberteil in Zimt.

3 Die Arme und Beine mit zwei 10 cm langen Drahtstücken am Körper befestigen.

4 Aus dem Stoffrest zwei Flicken schneiden und mit Holzleim befestigen. Das Gesicht und die Flickenlinien mit wasserfestem Filzstift einzeichnen.

Tipp: Der Igel kann unterschiedlich sitzen – auf einer ebenen Fläche mit waagerechten Beinen oder als Kantenhocker mit einem herunterbaumelnden Bein.

Das Licht in der Tüte

◆ 3 Butterbrottüten, 10,5 cm breit, 15 cm hoch ◆ Schablonierfarbe in Rot, Dunkel- und Hellgrün ◆ 3 Gläser, ø 7 cm, 6 cm hoch ◆ 3 Teelichter ◆ ggf. Schablonierpinsel

Vorlage Seite 260

1 Aus dünnem Karton nach Vorlage die Schablonen ausschneiden.

2 Die Schablonen auf die Papiertüten auflegen und sie gemäß der Abbildung mit der Schablonierfarbe austupfen. Dabei nicht zu viel Farbe aufnehmen, den Pinsel am besten vor dem Auftupfen mehrmals auf Papier abstreifen. Einen Schablonier- oder Borstenpinsel dazu verwenden.

3 Die Vorlagen vorsichtig abheben und die Motive sehr gut trocknen lassen.

Tipp: Das Licht in der Tüte wird zum kleinen Mitbringsel, wenn Sie es noch mit Chiffonbändern dekorieren.

19

Apfel und Birne

Birne ◆ Fichtenleimholz, 1,8 cm stark, 25 cm x 20 cm ◆ Acrylfarbe in Gelb, Weiß, Braun und Dunkelbraun ◆ Lackdraht in Schwarz, ø 0,5 mm, 6 x 10 cm lang ◆ Edelstahldraht in Schwarz, ø 1 mm, 2 x 8 cm lang (Fühler) ◆ Abacafaser in Schwarz ◆ 2 Holzperlen in Schwarz, ø 8 mm ◆ Bohrer, ø 1 mm und 3 mm
Apfel ◆ Fichtenleimholz, 1,8 cm stark, 20 cm x 20 cm ◆ Acrylfarbe in Rot, Gelb, Weiß und Schwarz ◆ Lackdraht in Schwarz, ø 0,5 mm, 4 x 10 cm lang ◆ Edelstahldraht in Schwarz, ø 1 mm, 2 x 8 cm lang (Fühler) ◆ Abacafaser in Schwarz ◆ 2 Holzperlen in Schwarz, ø 8 mm ◆ Bohrer, ø 1 mm und 3 mm

Vorlage Seite 265

Birne

1 Birne, Schnecke und Schneckenhaus zunächst als ein Teil aussägen, dann erst trennen.

2 Am Kopf der Schnecke von oben drei Löcher bohren (siehe Pfeile auf den Vorlagen): zwei Fühlerlöcher, ø 1 mm, dazwischen ein Loch für das Haarbüschel, ø 3 mm.

3 Sämtliche Kanten mit der Feile leicht abrunden.

4 Die Holzteile bemalen, etwas abschleifen und die Gesichter zeichnen.

5 Die Teile mit dem Lackdraht verbinden. Die Enden auf der Rückseite miteinander verdrehen und kürzen.

6 An den Fühlerdrähten der Schnecke jeweils eine Perle anbringen.

7 Abschließend den „Kopfschmuck" aus Abacafasern einstecken und fixieren.

Apfel

Diese zwei Freunde werden genauso gefertigt wie die Birne. In das noch nasse Rot dezente gelbe Streifen einarbeiten und leicht verwischen. Die Wangen der Raupe mit stark verdünntem Rot auftupfen.

20

Oktober

Im Herbstwald

- Fotokartonreste in Weiß, Braun und Rot ◆ Regenbogenfotokartonrest
- Ast, ca. 30 cm lang ◆ 5 Holzperlen in Rot, ø 8 mm ◆ Holzperle in Natur, ø 8 mm ◆ 2 Holzstückchen, ø 1 cm, 4 cm lang ◆ 3 Tannenzäpfchen
- 2 kleine Ästchen ◆ 3 Baumscheiben-Streuteile ◆ Islandmoos
- Plusterfarbe in Weiß ◆ Bohrer, ø 2 mm

Vorlage Seite 261

1 Alle Teile aus Foto- bzw. Regenbogenfotokarton zuschneiden. Beim letzteren genau beachten, wie jeweils die Schattierungen im Motiv verlaufen sollen.

2 Dann die Motivteile mit Filz-, Bunt- oder Plusterstift dekorieren und laut Abbildung zusammenkleben.

3 Mit einer Nadel jeweils einen Nylonfaden auffädeln und alle Motive, Perlen und Naturmaterialien wie abgebildet von unten bis zum Ast oben auffädeln. Die Zapfen nicht auffädeln, sondern den Faden rundherum führen und mit einem Knoten fixieren. Die Ästchen und Baumscheibchen zuvor mittig durchbohren.

4 Zuletzt die Fäden am Ast festknoten oder mit Heißkleber fixieren. Das Islandmoos an drei Stellen am Ast festkleben. Den fertigen Ast mit zwei Nylonfäden aufhängen.

21

22

Wenn der Herbstwind bläst

- Tonzeichenpapier in Grün, 2 x A4 ◆ Transparentpapier mit floralem Muster in Hellgrün, 2 x A4 ◆ Fotokartonreste in Orange, Pink, Gelb und Bordeaux
- 2 Rundstäbe, ø 1 cm, 70 cm lang ◆ je 4 Holzperlen in Gelb und Weiß, ø 8 mm
- Blumendraht in Kupfer, ø 0,5 mm, 2 x 20 cm lang ◆ ggf. Filzstift in Orange

Vorlage Seite 256

1 Zuerst alle Blumenteile ausschneiden, mit Bunt- oder Filzstift dekorieren und dann pro Blume die drei Teile zusammenkleben.

2 Mit einer Prickelnadel in der Mitte jeder Blume ein Loch einstechen und mit einem Schaschlikstäbchen nachbohren und schön abrunden.

3 Die zwei Windräder jeweils aus Tonzeichenpapier und Transparentpapier ausschneiden und übereinander legen, so dass einmal das Transparentpapier oben liegt, einmal das Tonzeichenpapier.

4 Jetzt werden die Windräder zusammengesteckt (siehe Vorlagenskizze). Dafür zuerst das Drahtende mehrmals um das obere Ende des Holzstabes wickeln. Dann eine Perle auffädeln und die Windradteile aufstecken. Dazu vier Spitzen zur Mitte nehmen und auf den Draht schieben. Nun zwei Perlen auffädeln und die Blumen aufstecken, zuletzt noch eine Perle. Das restliche Drahtstück zu einem kleinen Knoten drehen und abschneiden.

Clematiskranz

- Clematiskranz, ø 25 cm ◆ Schaufel in Rost mit Vogelscheuche und Welcome-Schild, 9 cm x 24 cm ◆ 2 Hypericum-Picks in Rot ◆ Beerenranke in Braun, 35 cm lang ◆ Draht in Braun, ø 0,35 mm ◆ Sonnenblumen-Pick mit 3 Blüten ◆ Phalaris in Naturgrün ◆ Bast in Natur

1 Als Aufhänger ca. 1 m Bast am Kranz befestigen. Den Bast durch das Loch im Schaufelstiel ziehen und die Schaufel mit Heißkleber auf dem Kranz fixieren.

2 Eine Bastschleife binden, mit Draht fixieren und neben der Schaufel am Kranz anbringen. Die Beerenranke, die Sonnenblumen, das Hypericum und die Phalaris mit Heißkleber auf den Kranz kleben.

Tipp: Sie können Ihre Schaufel auch selbst gestalten, mit einer kleinen Gartenschaufel aus dem Gartenmarkt. Streichen Sie sie mit einer Metallgrundierung vor, bemalen Sie sie mit brauner Acrylfarbe und versehen Sie das Metall mit Rostpatina. Malen Sie dann Ihre Vogelscheuche darauf – es können aber auch Sonnenblumen, Igel oder Pilze Ihre Schaufel zieren. Das Schild können Sie aus einem Holzrest, 8 mm stark, fertigen und mit Hasel- oder Weidenruten und Draht an der Schaufel befestigen.

23

24

Ein Genesungsgeschenk

Banane ◆ Wäscheklammer, 4,5 cm lang ◆ Acrylfarbe in Rot
◆ Tonkarton in Gelb und Weiß
Zitrone ◆ Wäscheklammer, 4,5 cm lang ◆ Acrylfarbe in Grün
◆ Tonkarton in Zitronengelb und Grün
Vorlage Seite 257

Banane

1 Die Klammer farbig bemalen.

2 Das Gesicht auf das Tonkartonmotiv aufmalen und mit Lackmalstift weiße Punkte als Lichtreflexe auf die Augen tupfen.

3 Die Banane auf die Klammer und das Schild auf die Banane kleben.

Zitrone

Die Zitrone wie die Banane arbeiten.

Tipp: Diese lachenden Früchtchen können z. B. auch als Kühlschrankmagnet verwendet werden. Einfach die Vorlagen etwas verkleinern und einen runden Magneten auf der Rückseite aufkleben.

Oktober

Eine Pause muss sein

- Konturenfarbe in Schwarz ◆ Windowcolor in Mittelbraun, Hellbraun, Hautfarbe, Bernstein, Azurblau, Korallenrot, Weiß, Hellgrün und Reseda
- Windrad- bzw. Mobilefolie, 0,4 mm stark, 30 cm x 20 cm
- Glaskügelchen in Weiß, ø 2 mm ◆ Miniglaskügelchen in Grün, ø 0,5 mm
- Satinband in Dunkelblau, 3 mm breit, 40 cm lang

Vorlage Seite 263

1 Mit der Konturenfarbe alle Linien nachziehen, die Wangen und die Pilzpunkte aufmalen und alles trocknen lassen.

2 Die restlichen Farbflächen ausmalen. das Rot der Fliegenpilznase mit einem Zahnstocher in die weiße Farbe ziehen. Die Schwanzfedern der Eule mit Glaskügelchen und das Gras mit Miniglaskügelchen bestreuen.

3 Das Motiv trocknen lassen, ausschneiden und lochen. Ein Satinband als Aufhängeband durch das Loch ziehen und verknoten.

25

Feld-Beobachter

- Fotokarton in Gelb, A2

Vorlage Seite 264

1 Die Vorlage mit Hilfe eines Kopierers vergrößern. Die Vorlage auf den passenden Fotokarton übertragen.

2 Das Motiv mit Schere und Cutter ausschneiden. Vorhandene Bleistiftstriche vom Kopieren der Vorlage mit einem weichen Radiergummi entfernen. Kleine Kreise mit einem Bürolocher oder einer Lochzange ausstanzen.

Tipp: Die kleine Vogelscheuche kann auch als Türschild gebastelt werden.

26

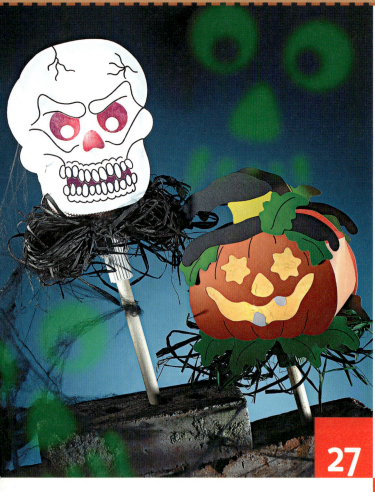

Grusel-Laternen

Totenkopf ◆ Tonkarton in Weiß, A3 ◆ Wellpappestreifen in Weiß, 35 cm x 13 cm, 5 cm x 30 cm und 2 cm x 30 cm ◆ Transparentpapier in Violett, A4 ◆ Ölkreide in Schwarz ◆ Kerzenhalter und Kerze ◆ Rundholz, ø 1,5 cm, 30 cm lang ◆ Bast in Schwarz
Kürbis ◆ Tonkarton in Orange, A3 ◆ Tonkarton in Hellgrün und Schwarz, A4 ◆ Tonkartonreste in Weiß und Gelb ◆ Strohseide in Gelb, A4 ◆ Wellpappestreifen in Grün, 2 cm x 30 cm und 5 cm x 30 cm ◆ Kerzenhalter und Kerze ◆ Rundholz, ø 1,5 cm, 20 cm lang ◆ Bast in Grün ◆ Bindedraht, ø 0,3 mm

Vorlage Seite 264 + 265

Totenkopf

1 Alle Motivteile zuschneiden, die Konturen mit einem schwarzen Stift aufmalen und die Schattierungen mit der Ölkreide aufbringen.

2 Mit Transparentpapier hinterkleben und die Laterne gemäß Anleitung auf Seite 6/7 zusammensetzen.

3 Das eine Ende des Rundholzes mit den beiden Wellpappestreifen bekleben, zuerst mit dem breiten und darauf den schmaleren.

4 Die Laterne aufkleben und noch zwei Büschel Bast am Stiel fixieren.

Kürbis

1 Alle Motivteile zuschneiden, die Strohseide hinter die Ausschnitte kleben und zur Laterne gemäß Anleitung auf Seite 6/7 zusammensetzen.

2 Um das eine Ende des Rundholzes zuerst den breiteren und darauf den schmaleren Streifen Wellpappe kleben.

3 Die Laterne nun auf dem Rundholz fixieren. Aus dem Bast zwei Büschel wickeln und mit Bindedraht zusammenhalten. Beidseitig unter die Laterne kleben.

Hinweis: Die Laternen nie unbeaufsichtigt brennen lassen.

27

28

Nicht vergessen!

◆ Magnettafel, 33 cm x 42 cm ◆ evtl. matter Acryllack in Blau
◆ Moosgummireste in Weiß, Schwarz und Gelb, 2 mm stark
◆ 6 Scheibenmagnete, ø 2 cm, 4,5 mm stark ◆ 3 Pompons in Rot, ø 7 mm

Vorlage Seite 263

1 Moosgummiteile gemäß der Vorlage ausschneiden. Die Gesichter und Innenlinien mit feinem Stift in Weiß bzw. Schwarz ergänzen.

2 Die Wangen der Gespenster und des Mondes röten. Dazu etwas Farbe von der Buntstiftspitze schaben und mit einem Wattestäbchen im Gesicht verreiben. Die Pompons als Nase fixieren.

3 Jedes Teil mit einem Scheibenmagneten auf der Rückseite bekleben.

Tipps: Sie können statt der Scheibenmagnete auch Magnetfolie benützen. Die Magnetfolie lässt sich individuell dem Motiv entsprechend mit einer Schere zuschneiden, z. B. für kleine oder längliche Motive.

Wenn Sie die Magnettafel noch mit blauem Acryllack lackieren möchten, müssen Sie zusätzlich etwas Zeit einrechnen. Ansonsten haben Sie so ganz schnell eine süße und nützliche Halloween-Deko gebastelt!

Oktober

Witzig, frech!

- Kürbis in Orange, ca. ø 15 cm, 20 cm hoch ◆ Teelicht
- Esslöffel ◆ großes und kleines scharfes Messer

Vorlage Seite 262

1 Mit Hilfe der Vorlage das Gesicht auf den Kürbis übertragen. Den Kürbisdeckel mit einem großen scharfen Messer abschneiden.

2 Den Kürbisinhalt mit einem Esslöffel aushöhlen. Einen etwa 2 cm dicken Rand stehen lassen.

3 Mit einem kleinen, scharfen Messer das Gesicht entlang der Linien ausschneiden und das Teelicht einsetzen.

Tipp: Sollten Sie einen Speisekürbis aushöhlen, können Sie davon ein herrliches Kürbisgericht kochen. Auch die Kerne der meisten Kürbisse lassen sich trocknen und essen.

29

30

Ritt auf dem Hexenbesen

Für beide Motive ◆ 2 Holzwäscheklammern, 7,5 cm lang
◆ Fotokartonreste in Schwarz, Rot, Dunkelgrün, Hellgrün, Blau, Orange und Hautfarbe ◆ Acrylfarbe in Scharlachrot und Schilf ◆ Reisigzweige
◆ gerader Ast ◆ Paketschnur ◆ ggf. Motivlocher: Herz

Vorlage Seite 255

1 Die Klammern in Scharlachrot und Schilf anmalen. Alle einzelnen Teile aus Fotokarton ausschneiden. Das Herz ausstanzen oder von Hand ausschneiden.

2 Den Hexenkopf mit der Nase, den Haaren und dem kompletten Hut bekleben und am Kleid anbringen. Das Gesicht aufmalen. Von hinten beide Beine samt Schuhen und beide Hände fixieren. Auf die Strümpfe kleine weiße Pünktchen mit Lackmalstift malen. Die fertige Hexe auf die schilffarbene Klammer kleben.

3 Das Katergesicht gestalten und die Nase ankleben, den Kopf am Rumpf anbringen. Den Kater auf die scharlachrote Klammer kleben.

4 Reisigzweige mit Paketschnur an einen geraden Ast binden. An den Reisigbesen die Hexe und den Kater klammern.

Putzige Fledermäuse

Pro Fledermaus ♦ Haselaststück, ø 1,8 cm, 5 cm lang ♦ Pinsel, Größe 0 ♦ Plüsch in Blond, 1 cm x 5 mm ♦ Fotokartonrest in Elfenbein ♦ Acrylfarbe in Schwarz und Weiß ♦ Zwirn in Schwarz ♦ Schnitzmesser ♦ Bohrer, ø 1 mm

Vorlage Seite 259

1 Für die Fledermaus das Aststück von oben 3 cm tief einsägen. Als Kopf an der eingesägten Seite das Ende 1,5 cm lang abschrägen. Ggf. die Unterseite mit dem Messer etwas abrunden. Die Augen auftupfen und das Gesicht mit einem sehr feinen Pinsel, am besten Größe 0, aufmalen.

2 Vom Ohren-Flügelteil eine Schablone anfertigen. Den Umriss auf Fotokarton übertragen und ausschneiden. Den Aufhängefaden an das eingestochene Loch im Ohren-Flügelteil anknoten. Das Ohren-Flügelteil in den Einschnitt im Rumpf kleben. Das Plüschteil als Haarbüschel ankleben.

Tipp: Alternativ kann auch ein Loch in den Fledermausrücken gebohrt und der Aufhängefaden eingeklebt werden.

31

Wenn der Herbstwind bläst
Seite 249
Bitte auf 200 % vergrößern

Kaffeezeit
Seite 244
Bitte auf 200 % vergrößern

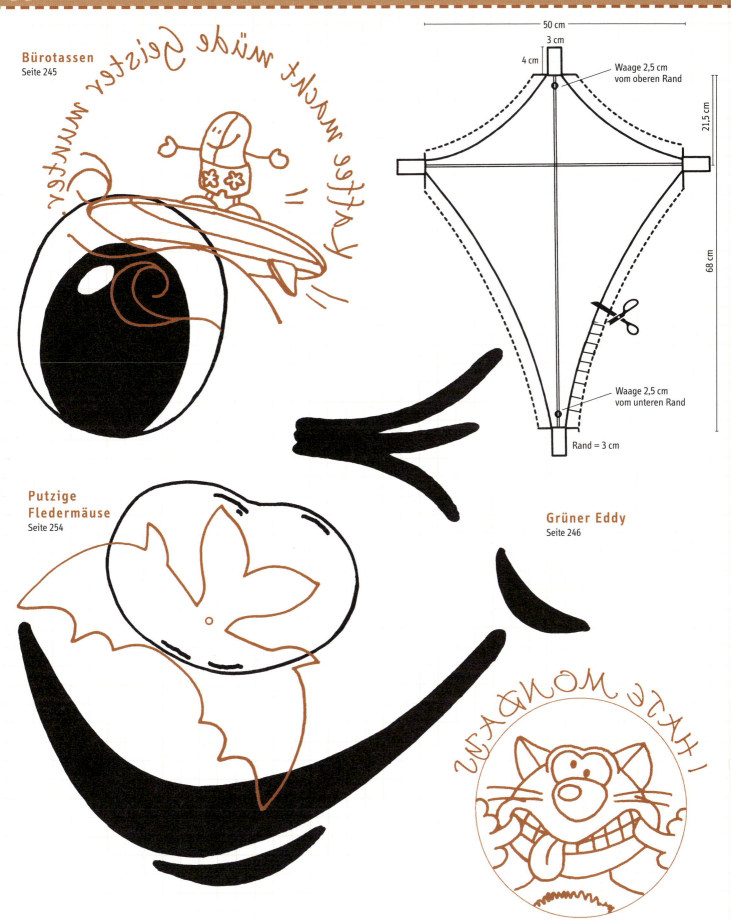

Oktober

Im Herbstwald
Seite 249

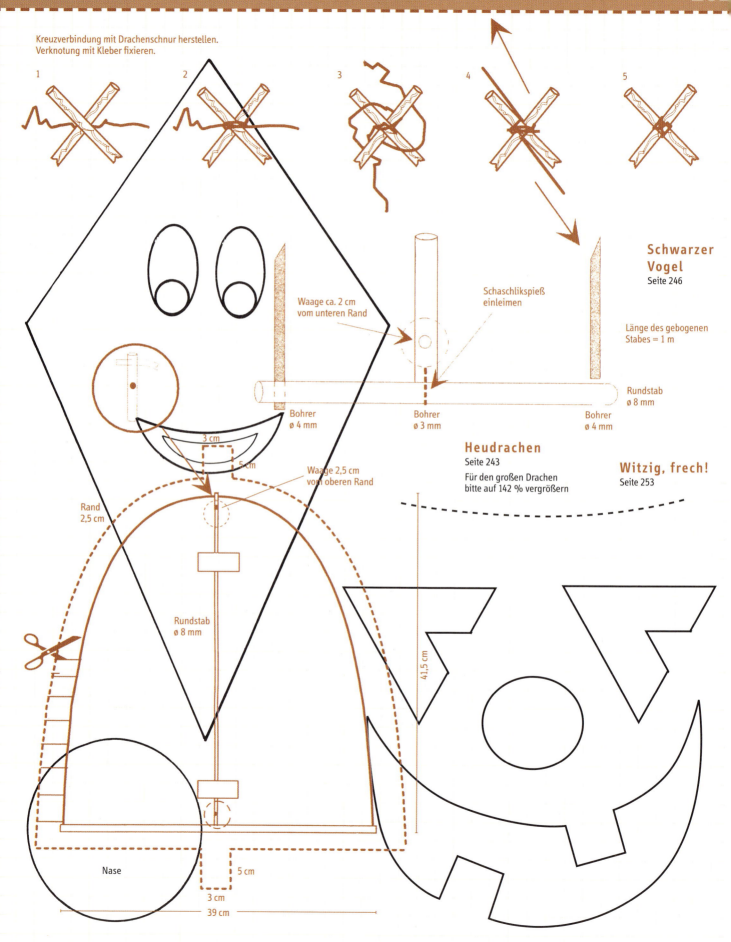

Oktober

Eine Pause muss sein
Seite 251

2 x

2 x

Schwarzer Vogel
Seite 246

Nicht vergessen!
Seite 252

Grusel-Laternen
Seite 252
Bitte auf 200 % vergrößern

Feld-Beobachter
Seite 251
Bitte auf 200 % vergrößern

264

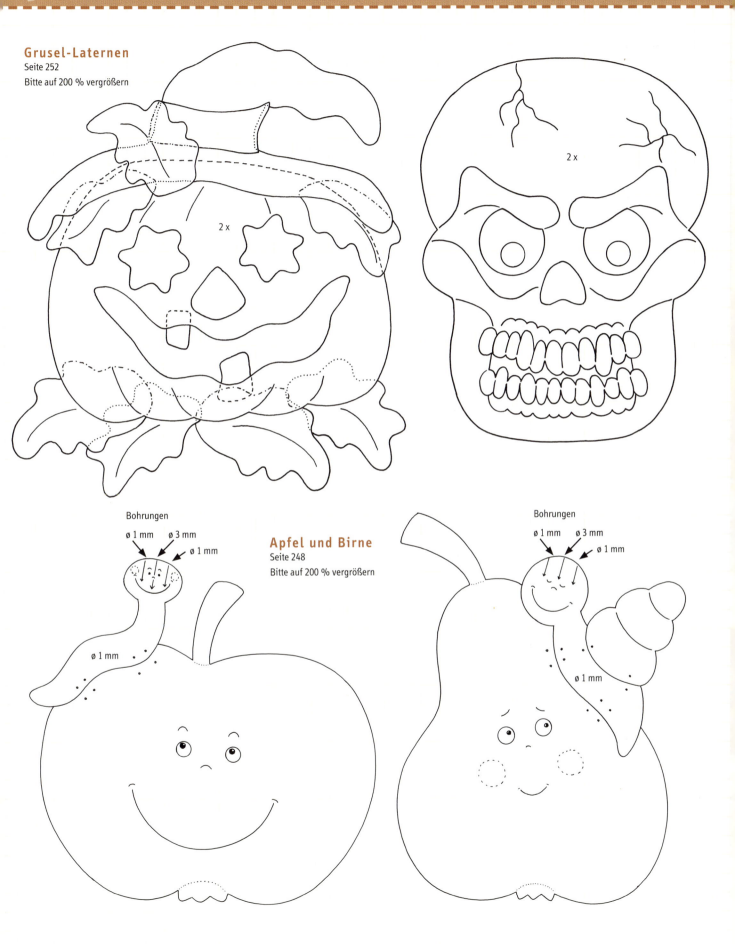

November

November

Blätterzauber

Blätter-Vase ◆ Leimholz, 1,8 cm stark, 19 cm x 20 cm ◆ Acrylfarbe in Terrakotta ◆ Aludraht, ø 2,5 mm, 40 cm lang ◆ Draht, ø 0,35 mm ◆ Minitontopf, ø 2 cm ◆ Maiskörner ◆ Reisig ◆ Perl-Blattkordel, 45 cm lang ◆ Reagenzglas, ø 2,5 cm, 15 cm lang ◆ Bohrer, ø 3 mm
Blatt-Windlicht ◆ Leimholz, 1,8 cm stark, 14 cm x 12 cm ◆ Acrylfarbe in Blattgrün und Gelb ◆ Windlichtglas, ø 4,4 cm, 9 cm hoch ◆ Minikürbis, ø ca. 2 cm ◆ Reisig ◆ Draht, ø 0,35 mm
Vorlage Seite 282 + 285

Blätter-Vase

1 Das Blatt aussägen, abschleifen und das Loch bohren.

2 Mit verdünnter Farbe zügig anmalen. Wenn das Motiv vollständig trocken ist, die Kanten mit Schmirgelpapier anschleifen.

3 Den Aludraht in das Bohrloch stecken und mit Heißkleber fixieren. Das Reagenzglas auf das Blatt halten, mit Draht gleichmäßig umwickeln, das freie Ende zur Schnecke formen.

4 Das Reisig zum Kränzchen binden, zusammen mit dem Tontöpfchen auf das Motiv kleben. Von der Kordel ein Blatt ablösen und auf das Tontöpfchen kleben. Die restliche Kordel um den Aludraht wickeln.

5 Das Reagenzglas zu einem Drittel mit Maiskörnern füllen und nach Belieben dekorieren.

Blatt-Windlicht

1 Das Blatt aussägen, grün anmalen und Kanten gelb betonen.

2 Etwas Reisig mit Bindedraht umwickeln, mit Heißkleber auf das Blatt kleben. Den Minikürbis ebenfalls festkleben.

3 Das Teelicht in die Mitte des Blattes stellen, den Glasaufsatz darüber stülpen.

Achtung! Lassen Sie das Windlicht nie unbeaufsichtigt brennen!

1

2

Spuk auf der Burg

◆ 6 Holzwäscheklammern, 3 cm lang ◆ Fotokartonreste in Gelb, Grau, Petrol, Schwarz, Weiß, Rot und Hellgrau ◆ Acrylfarbe in Schwarz und Dunkelblau ◆ Bastelfilzrest in Hellblau ◆ Bindedraht, ø 1,4 mm ◆ Zahnstocher
Vorlage Seite 282

1 Die Burg ausschneiden, die Fensteröffnungen und alle Einzelteile ebenfalls. Das Tor, den Torbogen, den Fensterbogen und das Dach aufkleben.

2 Den Zahnstocher schwarz, die Wäscheklammern dunkelblau anmalen.

3 Nach dem Trocknen den Zahnstocher mit der Fahne aus Filz bekleben und am Dach anbringen. Die Klammern mit dem Mond, den Sternen, den Fledermäusen und dem Gespenst bekleben.

4 Die Fledermäuse und das Gespenst laut Abbildung bemalen. Die Nase und die Wangen des Gespenstes mit einem Buntstift röten.

5 Mit der Lochzange Löcher für die Aufhängung stanzen. Die Burg an den geschwungen gebogenen Draht hängen.

Geisterhaus

- Kürbis in Hellgelb, ca. ø 13 cm, 20 cm hoch ◆ Golddraht, ø 0,5 mm, ca. 3,60 m lang ◆ 3 Holzstreuteile: Geister in Weiß, 3,5 cm groß ◆ 9 Holzstreuteile: Sterne in Rot, Gold und Blau, 2,5 cm groß ◆ Lackmalstifte in Gelb, Rot, Blau und Braun

Vorlage Seite 288

1 Mit Hilfe der Vorlage das Dach, die Fenster und die Tür auf den Kürbis übertragen. Die Ziegel mit Braun, die Fenster und die Tür mit Schwarz nachmalen. Das Dach, die Fenster und die Tür mit den entsprechenden Farben ausmalen.

2 Sechs etwa 60 cm lange Drahtstücke zuschneiden, zusammen um den Kürbisstiel wickeln und festdrehen.

3 Die Drahtstücke auseinanderziehen, etwas biegen und an jedes umgebogene Ende ein Holzstreuteil kleben.

Tipp: Sollten Sie die Holzstreuteile nicht finden, können Sie auch nur Sterne aus Moosgummi ausschneiden und festkleben. Vorlagen für Gespenster finden Sie aber auch auf Seite 263 und 282.

Der Buh-Mann

- Fotokarton in Weiß, 2 x A3 ◆ Fotokartonreste in Rot und Orange ◆ Mini-Lichterkette mit Batterie in Weiß ◆ Kürbis-Metallglöckchen in Orange, ø 2,5 cm ◆ dünner Blumendraht, ca. 20 cm lang

Vorlage Seite 283

1 Das Gespenst zweimal ausschneiden, Linien und Punkte aufmalen und die Ränder des Körpers blau schattieren. Das Vorderteil wird aus zwei deckungsgleichen Stücken zusammengeklebt, damit es stabiler ist. Mit der halben Rückseite (gestrichelte Linie) mittels eines Papierstreifens zusammenfügen: Wie bei einer Laterne einen Mittelstreifen, der mit Klebezacken versehen ist, einkleben (Länge ca. 40 cm, Breite 10 cm, zuzüglich Klebezacken).

2 Bei den angezeichneten Punkten mit einer Zirkelspitze kleine Löcher einbohren und mit einem Holzstäbchen weiten. Dort die einzelnen Lämpchen einstecken.

3 In der Hand hält das Gespenst ein zuerst kariert bemaltes, dann mit Lackmalstift beschriftetes und auf ein dunkleres Rechteck geklebtes Schild. Mit einem ca. 2 mm breiten Rand ausschneiden.

4 Das Kürbis-Glöckchen mit Blumendraht anknoten.

Tipp: Verwendet man nur das Vorderteil und beschriftet es z.B. mit „Bitte nicht stören", wird ein originelles Türschild aus dem Buh-Mann.

November

Clownfisch-Laterne

- Laternenzuschnitt mit Wassermotiv, 20 cm x 51 cm
- Käseschachtel-Laternenboden und -deckel in Weiß, ø 15,3 cm
- Tonkartonrest in Orange ◆ Hologrammfolienrest in Silber
- Glitzersand in Blau ◆ Muscheln, Schneckenhäuser, Deko-Gräser
- Silberdraht, ø 0,4 mm ◆ Laternen-Tragebügel

Vorlage Seite 282

1 Den Laternenzuschnitt überlappend zusammenkleben, im Käseschachtel-Laternenboden befestigen und den bemalten Deckel oben aufkleben.

2 Den Boden frei Hand mit Glitzersand bemalen und nach dem Trocknen die Muscheln und Schnecken auf den Laternenboden kleben. Die Gräser mit Heißkleber befestigen.

3 Die Fische und die Hologrammfolienstreifen ausschneiden. Die Hologrammfolie auf die Fische kleben, die Fische bemalen und mit den ausgestanzten Luftblasen auf der Laterne platzieren.

4 Zwei Löcher in den Laternendeckel bohren und den Tragebügel durchstecken. Zusätzlich ein paar Muscheln mit gelocktem Silberdraht versehen und am Tragebügel befestigen.

5

6

Marienkäfer und Raupe

Marienkäfer ◆ Rundlampion in Pink oder Rot, ø 25 cm ◆ Fotokartonreste in Weiß, Hellgrün, Pink und Schwarz ◆ Aludraht in Schwarz, ø 2 mm, 2 x 12 cm lang ◆ 2 Klebepunkte in Schwarz, ø 1 cm (für Augen)

Raupe ◆ Zuglaterne in Grün, ø 15 cm, 20 cm hoch ◆ Fotokartonreste in Hellgrün, Weiß, Pink und Schwarz ◆ Chenilledraht in Hellgrün und Dunkelgrün, ø 6 mm, jeweils 4 x 20 cm lang ◆ Aludraht in Schwarz, ø 2 mm, 2 x 12 cm lang ◆ 2 Klebepunkte in Schwarz, ø 1 cm (für Augen)

Vorlage Seite 284

Marienkäfer

1 Im Lampion ist ein Kerzenhalter bereits enthalten. Alle Teile ausschneiden und das schwarze Käppchen auf den Kopf kleben. Hinter dem Kopf die beiden gebogenen Drahtstücke als Fühler fixieren. Die Nase mit Lichtpunkt sowie die Augen aufkleben. Den Mund mit Buntstift aufmalen und die Wangen röten.

2 Den Kopf zuerst auf dem grünen Kragen und dann auf der Laterne fixieren. Einige schwarze Punkte ausschneiden und festkleben.

Raupe

1 Die Raupe wird genauso gearbeitet wie der Marienkäfer, nur das Gesicht ist spiegelverkehrt.

2 Zusätzlich für Arme und Beine Chenilledrahtstücke in zwei Grüntönen zusammendrehen und zwischen den Händen bzw. Schuhen befestigen. Die anderen Enden der Beine zwischen den grünen „Hosenbeinen" fixieren und diese mit der Klebelasche an der Unterseite der Laterne befestigen.

3 Die Laterne auffalten. Die Arme hinter das Gesicht kleben und den Kopf an der Laterne fixieren.

Mond und Sterne

◆ Fotokarton mit Sternenhimmelmotiv, 50 cm x 70 cm ◆ Käseschachtel-Laternenboden, ø 15,3 cm ◆ Transparentpapierreste in Hellgelb, Dunkelgrün, Mittelrot, Rosa, Violett und Orange ◆ Bast in Gelb ◆ Glitterstift in Gold ◆ Silberdraht, ø 0,4 mm

Vorlage Seite 285

1 Die Vorlage auf den Fotokarton übertragen, die Sterne und den Mond mit dem Cutter ausschneiden und mit Transparentpapier hinterkleben. Die Konturen des Mondes mit dem Glitterstift nachziehen und das Gesicht aufmalen.

2 Den Fotokarton seitlich lochen und über Kreuz mit Bast an beiden Seiten zusammenbinden. Zwischen die beiden Teile den Käseschachtel-Laternenboden kleben; dort kann man eine Kerze hineinstellen. Mit einer Schere Löcher in die markierten Stellen bohren, den Silberdraht durchziehen und auf der Innenseite den Draht umbiegen.

3 Drei 30 cm lange Silberdrahtstücke über einen dicken Stift zu Spiralen winden, auf die Enden jeweils einen ausgeschnittenen und mit Glitterstift umrandeten Stern kleben und die Drähte am Tragebügel bzw. in den oberen Löchern befestigen.

7

8

Fledermaus-Laterne

◆ Fotokarton in Schwarz, 50 cm x 70 cm ◆ Fotokartonreste in Rot und Gelb
◆ Strohseide in Orange, 50 cm x 70 cm ◆ Strohseidenreste in Weiß und Violett
◆ Wellpappe in Schwarz, A3 ◆ Mobilefolie, 0,4 mm stark, 50 cm x 70 cm
◆ Mittelstreifen: 42 cm x 15 cm (zuzügl. 2 x 8 mm für die Klebelaschen)
◆ Sprühkleber

Vorlage Seite 285

1 Die Vorlagen auf den schwarzen Karton übertragen. Oder die Vorlage mit Klebefilm an den Rändern des schwarzen Kartons befestigen und den Fledermauskörper samt Füßen komplett mit dem Cutter ausschneiden.

2 Die Augen und die Nase aus dem Fotokarton ausschneiden und die Augen mit schwarzem Filzstift bemalen. Strohseide mit Sprühkleber auf Mobilefolie aufziehen, glatt streichen und passend zuschneiden. Gesicht-, Flügel- und Körperfüllung ausschneiden (den Kleberand nicht vergessen!) und aufkleben. Den Mund mit Buntstift aufmalen und die Wangen röten. Die Augen und die Nase fixieren und Lichtpunkte aufmalen. Auf der Rückseite kann das Gesicht weggelassen werden.

3 Den schwarzen Mittelstreifen aus Wellpappe vorsichtig an der Form entlang Stück für Stück ankleben (gestrichelte Linie, siehe auch S. 6). Löcher für den Drahtbügel einstechen und diesen befestigen. Für die Fledermaus ist ein elektrischer Laternenstab zu empfehlen, weil der Boden uneben ist.

November

Herbstlich Willkommen!

◆ Fotokarton in Orange und Grün, A4 ◆ Buntstifte in Gelb, Rosa, Braun, Weiß, Schwarz und Orange ◆ Schleifenband in Orange kariert, 1,20 m lang ◆ 8 Haferähren ◆ Acrylfarbe in Schwarz, Grau und Braun

Vorlage Seite 286

1 Alle Einzelteile ausschneiden.

2 Zuerst das grüne Blatt auf den Kürbis kleben und dann mit orangefarbenen Streifen, schwarzen Punkten und Linien verzieren.

3 Abwechselnd den Zeigefinger mit brauner, grauer und schwarzer Acrylfarbe bestreichen und die Körper der Tiere nebeneinander auf den Kürbis drucken.

4 Nach dem Trocknen den Tieren mit Buntstiften Ohren, Stacheln, Flügel und Gesichter aufmalen.

5 Den Schriftzug aufschreiben. Das Schleifenband in vier 30 cm lange Stücke schneiden.

6 Zwei um die Ähren knoten und das andere Ende hinter den Kürbis kleben. Aus den beiden anderen Bändern zwei Schleifen binden und auf die Knoten an die Ähren kleben.

9

10

Hexenzauber

◆ Fotokarton in Lila, A3 ◆ Fotokarton in Schwarz, A5 ◆ Fotokartonreste in Weiß, Hautfarbe, Grün, Rot und Gelb ◆ Buntstifte in Orange und Grau ◆ 4 Wackelaugen, oval, ø 1 cm ◆ Chenilledraht in Schwarz, 60 cm lang ◆ Nähgarn in Weiß

Vorlage Seite 286

1 Die Einzelteile ausschneiden und die Köpfe zuerst gestalten. Der Kragen und die Haare der Hexe hinter den Kopf kleben. Den Hut von vorne am Kopf befestigen. Zwei Augen aufkleben und ein Gesicht aufmalen. Der Katze eine Schnute und zwei Augen aufmalen.

2 Alle Körper gleich arbeiten: Zwei lange Streifen im rechten Winkel übereinander kleben und abwechselnd übereinander falten, so dass eine Hexentreppe entsteht (siehe Seite 7). Die beiden Streifen für die Katze sind jeweils 1,5 cm breit und 18,5 cm lang. Die Streifen für die Hexe sind jeweils 3 cm breit und 49,5 cm lang.

3 Das vorletzte Endstück mit Klebstoff ankleben und am letzten Stück die Köpfe ankleben.

4 Die Hexe erhält nun ihre Schuhe und Arme und die Katze einen Schwanz. Zum Schluss die Aufhängefäden befestigen.

Mädchen beim Laternenlauf

◆ Fotokarton in Gelb, A3

Vorlage Seite 288

1 Die Vorlage mit Hilfe eines Kopierers vergrößern. Die Vorlage auf den passenden Fotokarton übertragen.

2 Das Motiv mit Schere und Cutter ausschneiden. Vorhandene Bleistiftstriche vom Kopieren der Vorlage mit einem weichen Radiergummi entfernen. Kleine Kreise mit einem Bürolocher oder einer Lochzange ausstanzen.

Tipp: Schneiden Sie aus der Laterne des Mädchens einen Kreis aus und hinterkleben Sie diesem mit Transparentpapier in Orange oder Rot. Wenn Sie dahinter eine Kerze stellen (Achtung: Abstand lassen, da Brandgefahr!), leuchtet die Laterne schön!

11

12

Rabe und Hexenbesen

Hexenbesen ◆ Wellkarton in Dunkelblau, 50 cm x 70 cm ◆ Fotokarton in Braun und Gelb, A4 ◆ Wellkartonstreifen in Dunkelblau, 15 cm x 58 cm (Mittelteil) ◆ Transparentpapierreste in Rot, Grün, Lila, Schwarz und Haut ◆ Nachtleuchtpapier, A4 ◆ Architektenpapier in Weiß, A3 ◆ Buntstifte in Orange und Braun ◆ Motivlocher: kleiner und großer Stern ◆ Abstandsband
Rabe ◆ Fotokarton in Schwarz, 50 cm x 70 cm ◆ Fotokarton in Sonngelb, A4 ◆ Fotokartonstreifen in Schwarz, 15 cm x 36 cm (für das Mittelteil) ◆ Fotokartonrest in Weiß ◆ Transparentpapier in Blau mit Sternenmotiv, A3 ◆ Bindedraht, geglüht, ø 0,65 mm

Vorlage Seite 287 + 289

Hexenbesen

1 Die Motive mit Hilfe von Schablonen ausschneiden. Architektenpapier hinter die beiden blauen Bogen und zwischen das Mittelteil kleben.

2 Besen zusammensetzen und den Körper der Hexe hinter den Besenstiel kleben. Schuhe hinter die Beine kleben und diese mit den Händen am Körper platzieren. Die Hose mit einem kleinen Flicken schmücken. Haare hinter den Kopf und den Hut auf den Kopf kleben. Gesicht aufmalen und den Kopf auf den Körper kleben.

3 Den Besen mit der Hexe auf der unteren Seite der Laterne anbringen. Aus dem Nachtleuchtpapier große Sterne ausstanzen und am Laternenrand befestigen. Die kleinen Sterne mit Abstandsband auf die großen kleben. Den Mond hinzufügen und weitere Sterne auf den Hintergrund kleben.

Rabe

1 Schablonen auf den jeweiligen Fotokarton legen und alle Teile ausschneiden.

2 Den Bauch mit dem Transparentpapier hinterkleben. Dem Raben die Augen und den Schnabel aufkleben. Mit einer Lochzange die Löcher für die Beine lochen.

3 Alle schwarzen Innenlinien aufmalen und das zweite Seitenteil genauso, nur spiegelverkehrt, arbeiten.

4 Das Mittelteil zwischen die Seitenteile kleben und nach dem Trocknen die Füße einhängen (siehe S. 6/7).

November

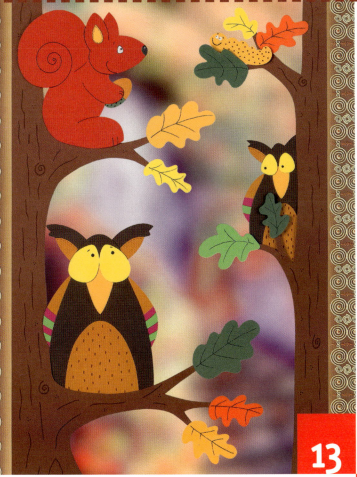

Wer guckt denn da?

- Fotokarton in Braun, A2 ◆ Fotokarton in Dunkelbraun, A3 ◆ Fotokartonreste in Gelb, Hellorange, Pink, Orange, Hellgrün, Olivgrün, Ocker und Rostbraun
- Tonkarton mit Bordüren in Braun, Bordüre ca. 6 cm breit, 2 x 60 cm lang
- Filzstift in Braun

Vorlage Seite 289

1 Die braunen Bordüren hinter die bemalten Baumstämme kleben, dann die Blätter anbringen.

2 Die Flügel mit den Streifen verzieren, dann hinter den Eulenkörper kleben. Die Ohren zusammenfügen und aufkleben, die Augen über die Schnäbel kleben.

3 Das Eichhörnchen zusammenfügen und mit Filzstiften und Lackmalstift bemalen. Alle Motivteile auf den Ästen arrangieren.

13

14

Ein vergnügter Drachen

- Fotokarton in Gelb, Orange und Rot, A4 ◆ Fotokartonreste in Weiß und Hellgrün ◆ gestreiftes Transparentpapier in Orange und Grün, A4
- gemustertes Transparentpapier in Orange, A4 ◆ dünner Draht von der Rolle
- Organzaband in Orange mit Plastikperlen, ø 8 mm, 1 m lang
- Motivlocher: Blume und Spirale ◆ Zackenschere

Vorlage Seite 284

1 Das Transparentpapier mit dem orangefarbenen Wellenmuster auf den gelben Fotokarton-Drachen kleben. Den Rahmen in Orange mit dem Cutter zuschneiden und aufkleben.

2 Den ganzen Drachen auf roten Fotokarton kleben und mit der Zackenschere rundherum zuschneiden.

3 Die Rechtecke für die Schleifen aus Transparentpapier schneiden und mit 5 mm Abstand ziehharmonikaartig falten. In der Mitte mit Draht zusammenbinden, auffächern und an die Ecken des Drachens kleben. Auf jeder Schleife noch eine mit dem Motivlocher ausgestanzte Blüte sowie eine Spirale fixieren.

4 Auch auf dem Organzaband Schleifen mit Blumen befestigen und das Band als Schweif fixieren. Das Gesicht des Drachens aufmalen, Nase und Augen fixieren und mit Lichtpunkten (Lackmalstift) versehen.

5 Ein Stück Organzaband am oberen Eck als Aufhänger anbringen.

Blätterkranz

- Fotokarton mit Prägung in Rot, A2 ◆ Seidenpapier in Hellgelb, Gelb, Orange, Rot, Braun und Grün, jeweils A2

Vorlage Seite 288

1 Die inneren Felder und die Felder zwischen den Blättern mit einem Cutter ringsherum herausschneiden. Ebenfalls mit einem Cutter die Mitte entfernen und anschließend den äußeren Rand arbeiten.

2 Das Motiv gemäß Abbildung mit dem farblich passenden Seidenpapier hinterkleben.

Tipps: Dieser schöne Papierkranz eignet sich auch für die Dekoration eines Herbsttisches. Sie können zum Beispiel eine Vase mit Herbstblumen oder einen Obstkorb in die Mitte des Blätterkranzes stellen.

Wenn Sie den Kranz beidseitig arbeiten möchten, muss die Angabe für den Fotokarton verdoppelt werden. Nach dem Ausschneiden einfach die zweite Kartonhälfte passgenau auf der mit Seidenpapier beklebten Rückseite befestigen.

15

16

Bäume mit Landschaft

- Künstlerkarton in Braun, A3 ◆ Bananenpapier in Orange, Gelb, Hellbraun und Dunkelgrün, jeweils A3 ◆ Seidenpapier in Hellblau und Gelb, jeweils A3
- Seidenpapierreste in Weiß und Rot

Vorlage Seite 287

1 Die einzelnen Felder des Landschaftsmotivs wie folgt ausschneiden: erst die Innenfelder der kleinen Bäume und des Hauses, dann die Innenfelder des mittleren Baumes und Waldes, anschließend die Innenfelder der großen Bäume von links nach rechts. Danach den Himmel und die restlichen Felder von oben nach unten ausschneiden.

2 Die Felder wie abgebildet hinterkleben: Einige werden nur mit orangefarbenem Bananenpapier hinterklebt, andere zusätzlich mit gelbem Seidenpapier hinterlegt. Bei den zwei dunkler wirkenden Grasflächen erst gelbes Bananenpapier und anschließend gelbes Seidenpapier aufbringen. Für den Herbstwald verschiedene farblich passende Bananenpapierreste in kleine Stücke reißen und mit Klebstift überlappend aufkleben. Den Himmel mit doppelt gelegtem Seidenpapier gestalten.

3 Damit das Motiv aufgestellt werden kann, einen 4 cm breiten und 40 cm langen Streifen aus Künstlerkarton ausschneiden, in der Mitte falten und beide Hälften zusammenkleben. An beiden Enden jeweils 2 cm des Streifens nach innen knicken, die Rückseite der Laschen mit Klebstoff bestreichen und den Streifen damit gemäß Vorlagenskizze erst auf der einen, dann auf der anderen Seite am unteren Rand des Landschaftsmotivs befestigen.

November

275

Herbstliche Fingerpuppen

◆ Fotokarton in Braun und Schwarz   ◆ Fotokartonreste in Beige, Dunkelgrün, Gelb und Hautfarbe   ◆ 6 Wackelaugen, oval, 8 mm hoch

Vorlage Seite 283

1 Alle Einzelteile gemäß Vorlage aus Fotokarton ausschneiden. Mit einer Prickelnadel die Löcher für die Finger fertigen. Dafür auf der gezeichneten Linie dicht an dicht viele kleine Löcher stechen.

2 Für die Eule den beigefarbenen Bauch auf den Körper kleben und den Kopf mit der grünen Haube anbringen.

3 Der Rabe und die Eule erhalten einen Schnabel, der Igel ein Gesicht mit Nase.

4 Den Igel und die Eule mit Stacheln und Gefieder bemalen. Zum Schluss erhalten alle Tiere ihre Wackelaugen.

17

18

Tontopf-Kürbisfrau

◆ Kürbis in Orange, ca. ø 6 cm   ◆ glockenförmiger Tontopf, ø 9 cm, 7 cm hoch
◆ Holzhände, 1 cm x 1,8 cm und -füße, 1,5 cm x 2,5 cm
◆ Chenilledraht in Grün und Gelb, je ø 7 mm, 28 cm lang   ◆ Acrylfarbe in Rot, Schwarz, Weiß, Gelb und Grün   ◆ Strohhut, ø 7 cm   ◆ Bast in Rot

Vorlage Seite 285

1 Den Tontopf gelb, die Hände grün und die Füße rot anmalen. Die Schürze anhand der Vorlage aufmalen und das Muster mit grüner Farbe und der Rückseite des Pinselstiels auftupfen.

2 Das Gesicht anhand der Vorlage auf den Kürbis übertragen und mit Acrylfarbe aufmalen. Den Bast etwa zehnmal locker um die Hand schlingen, in der Mitte abbinden und unter den Hut auf den Kürbis kleben.

3 Die Hände und die Füße jeweils auf die Enden des Chenilledrahts kleben. Die Beine im Topfinnern festkleben. Die Arme werden um den Kopf gelegt und auf dem Tontopfrand festgeklebt.

Tipps: Statt dem Tontopf können Sie auch einen zweiten, in der Größe passenden Kürbis verwenden.

Arbeiten Sie auch einen Kürbismann, der dem Fräulein Gesellschaft leistet. Einfach statt der Schürze eine bunte, kurze Latzhose aufmalen und die Haare aus Bast in Natur gestalten.

Schwarzes und weißes Schäfchen

- 2 Holzkochlöffel mit runder Kelle, ø 5,5 cm, 36 cm lang
- Acrylfarbe in Hautfarbe, Weiß und Schwarz ◆ Fotokartonreste in Blau, Gelb, Hautfarbe, Grau und Rot ◆ Papierdraht in Natur, ø 2 mm ◆ Bohrer, ø 2 mm
- Bastelfilzreste in Rot bzw. Blau ◆ Pompon in Rot bzw. Weiß, ø 2 cm
- Reliefschere

Vorlage Seite 290

1 9 cm und 21,5 cm vom Stielende entfernt den Stiel durchbohren (ø 2 mm). Den Löffel grundieren, nach dem Trocknen die Bemalung übertragen (die Kringel gemäß der Abbildung mit wasserfestem Filzstift oder Lackmalstift).

2 Den Papierdraht (11 cm für die Arme, 14 cm für die Beine) durchziehen. Die Teile aus Fotokarton ausschneiden, bemalen bzw. beschriften, zusammenfügen und dann aufkleben. Aus Filz einen Schal zuschneiden (2,5 cm x 20 cm), an beiden Enden in Fransen schneiden und um den Löffelstiel binden. Zum Schluss den Pompon aufkleben.

19

20

Holundertrolle

- Holunderzweige, ø 2,5 cm bis ø 3,5 cm, 13 cm bis 19 cm lang, und ø 1 cm, 5 mm lang (Ohren und Knöpfe) ◆ Acrylfarbe in Braun und Weiß
- Pinsel, Größe 0 ◆ Plüsch in Blond ◆ Jutekordel in Natur, ø 2,5 mm, 50 cm lang ◆ Rundholzstäbchen, ø 3 mm (Augen auftupfen)
- Schnitzmesser ◆ Bohrer, ø 4 mm

Vorlage Seite 290

1 Für das Gesicht mit dem Schnitzmesser die Rinde entfernen. Das Aststück für die Armkordel durchbohren.

2 Die Augen mit dem Rundholzstäbchen auftupfen und das Gesicht mit dem feinen Pinsel aufmalen.

3 Der Zuschnitt des Plüschhaarteils und der Plüschbärte richtet sich nach dem Durchmesser des Aststücks.

4 Kleine Zweigscheiben als Ohren bzw. Knöpfe ankleben. Die Armkordel durchziehen und an den Enden jeweils einen Knoten machen.

Tipp: Sie können das Gesicht auch mit Filzstift aufmalen, dann müssen Sie die Fläche aber zuvor mit Hautfarbe grundieren, damit der Filzstift nicht zerfließt.

November

Festliches Ensemble

- Fotokartonreste in Orange, Gelb, Grün, Rot und Bordeaux
- Blumendraht, 90 cm lang ◆ Schleifenband in Rot-Weiß kariert, Bordeaux-Weiß kariert und Orange-Weiß kariert, 5 mm breit, je 50 cm lang
- Baumwollfaden in Grün, 1 m lang

Vorlage Seite 285

1 Glocke, Tanne und Stern aus Fotokarton ausschneiden. Alle Teile mit einer Lochzange stanzen. Die Motive, die am Ende der Kette hängen sollen, nur am oberen Rand lochen.

2 Den Wickeldraht in 15 cm lange Stücke schneiden, um einen Stift wickeln und wieder abziehen.

3 Alle Motive mit den Drahtstücken verbinden. Die Schleifenbänder in 25 cm lange Stücke teilen. Farblich passende Schleifen an die Ketten knoten und diese am geteilten Baumwollfaden in unterschiedlichen Höhen aufhängen.

Tipp: Arbeiten Sie einzelne Motive und verzieren Sie Weihnachtskarten damit. Das wirkt schlicht, aber edel.

21

22

Winterspaziergang

- Fotokarton in Weiß, A2 ◆ Metalllineal

Vorlage Seite 286

1 Die Vorlage nach Grundanleitung übertragen.

2 Alle Einzelteile ausschneiden, dabei die geraden, äußeren Linien mit einem Metalllineal und Cutter schneiden.

3 Dünne Schnitte und andere Feinheiten am besten mit dem Cutter ausschneiden.

4 Die Eiskristalle mit Hilfe von Nadel und Faden befestigen.

Tipp: Machen Sie es wie der putzige Schneemann: Brechen Sie zu einem Spaziergang durch Ihre verschneite Heimat auf!

Edler Adventskalender

- Windlicht oder Vase, ø ca. 20 cm, 20 cm hoch ◆ Bänder und Kordeln in Weiß und Silber ◆ Metallpapier in Silber, A4 ◆ doppelseitiges Klebeband
- Fotokleber ◆ Rolle Regenbogenfolie ◆ Papier in Weiß, A4
- Geschenkband in Weiß, 5 mm breit

Vorlage Seite 283

1 Alle Geschenke erst in weißes Papier, dann in Regenbogenfolie verpacken und mit weißem Geschenkband verzieren. An einem Ende ein ca. 35 cm langes Band anknüpfen, das später aus dem Glas heraushängt.

2 Die erste Schicht der fertigen Päckchen im Glas rundherum drapieren und die Bänder heraushängen lassen. Die Bänder unregelmäßig abschneiden, in ungefähr gleichmäßigem Abstand am Glas verteilen und von außen nicht sichtbar mit doppelseitigem Klebeband am Glas fixieren.

3 24 verschiedene Sterne nach Vorlage zuschneiden. Die Sternchen mit Zahlen versehen (mit 24 beginnend) und auf ein Band kleben.

4 Nun die zweite, danach weitere Schichten einlegen. Genauso verfahren wie bei der ersten, dabei die Bänder immer wieder zwischen die Lücken der anderen legen. Die Zahlen werden bei jeder Schicht nach oben hin niedriger.

5 Die Päckchen immer innen um das Glas schichten. Falls in der Glasmitte noch Platz ist, mit geknüllter Regenbogenfolie ausfüllen. Nach Weihnachten das Glas als Vase oder Windlicht verwenden.

Tipp: Vorher die Päckchen probehalber ins Glas schichten, damit Sie sehen, ob sie alle hineineinpassen oder ob noch mit Folie aufgefüllt werden muss.

23

Kochlöffelwichtel

24

Pro Wichtel ◆ Kochlöffel mit runder Kelle, ø 5 cm, 28 cm lang
- Maulbeerbaumpapier in Rot ◆ Fotokarton in Rot ◆ Acrylfarbe in Hautfarbe
- je 2 Rohholzperlen, ø 1,5 cm und ø 2 cm ◆ Abacafaser in Schwarz
- Jutekordel in Rot, ø 2,5 mm, 18 cm und 20 cm lang

Vorlage Seite 291

1 Von Mütze und Körper jeweils eine Schablone herstellen. Die Löcher mit der Lochzange einstanzen. Die Umrisse und die Löcher auf das Maulbeerbaumpapier übertragen. Die Teile grob ausschneiden, auf roten Fotokarton aufkleben und dann exakt ausschneiden. Die Löcher ausstanzen.

2 Auf der Rückseite am unteren Mützenrand 3 cm lange Abacafaser ankleben.

3 Die Kochlöffelkelle hautfarben grundieren. Mütze und Körper bemalen und aufkleben. Das Gesicht aufmalen.

4 Die Arm- und Beinkordeln durch die Löcher im Körper ziehen und die Holzperlen auf die Enden kleben.

November

Aststern

- 20 Aststücke, ø 2 cm, 25 cm lang ◆ Eicheln, Lärchenzapfen, Baumscheibenstreu, Bucheckernkapseln und Waldzapfenmischung ◆ Organzaband in Apfelgrün, 4 cm breit, 90 cm lang ◆ Dekogitterband in Grün, 10 cm breit, 1,35 m lang ◆ 4 Teelichter in Hellgrün ◆ 4 Stumpenkerzen in Hellgrün, ø 9 cm, 9 cm hoch

1 Aus zehn Aststücken die Form des Sterns legen und mit Heißkleber an den Zacken zusammenkleben. Jedes Aststück liegt an einem Ende über dem nächsten, am anderen Ende unter dem nächsten Aststück.

2 Den Vorgang wiederholen und in die entstandenen Zwischenräume Lärchenzapfen, Baumscheibenstreu, Bucheckernkapseln und die Waldzapfenmischung kleben, auf die Aststücke Moos.

3 An vier Spitzen die Teelichter kleben und die Stumpenkerzen dazu stellen.

4 Aus Gitterband eine einfache Schleife legen (siehe Skizze), die Mitte mit Organzaband abbinden und die Schleife an der fünften Sternspitze befestigen.

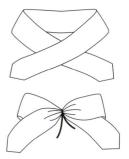

25

26

Kranz mit vielen Schleifen

- Tannengrün ◆ Strohkranz, ø 25 cm ◆ Organzaband in Hellblau, 4 cm breit, 1 m lang ◆ Organzaband in Weiß, 4 cm breit, 1 m lang ◆ Satinband in Blau, 5 mm breit, 20 cm lang ◆ Effektdraht in Silber, ø 2 mm, 20 cm lang ◆ Taftband mit Draht in Blau, 4 cm breit, 50 cm lang ◆ Taftband mit Draht in Blau, 2,5 cm breit, 40 cm lang

1 Den Kranz nach Anleitung auf Seite 8 binden.

2 Mit den Bändern dekorieren.

3 Dazu viele Schleifen binden und am Kranz mit Draht festbinden. Diesen Kranz können Sie als Türkranz verwenden oder mit Kerzen dekorieren und auf Ihren Tisch stellen.

Tipp: Wenn Sie denn Kranz nicht selbst binden wollen, können Sie auch einen fertigen Kranz im Blumenfachhandel kaufen oder Sie kaufen sich einen unechten Kranz, den Sie jedes Jahr wieder von Neuem mit anderen Farben schmücken können.

Adventskranz aus Zimtstangen

- Strohrömer, ø 20 cm ◆ 70 Zimtstangen, 8 cm lang ◆ 4 Kerzen in Honig, ø 5 cm, 6 cm hoch ◆ 4 Blumensteckdrähte in Blau geglüht, ø 1,4 mm, 35 cm lang
- 10 getrocknete Orangenscheiben ◆ 20 Erdnüsse ◆ 5 Walnüsse
- 12 Anissterne ◆ Lappenmoos ◆ Taschenband in Orange, 8 cm breit, 1 m lang
- 8 Dekonadeln mit Goldkopf, 6,5 cm lang ◆ 2 Glasherzen in Gold, ø 4 cm

1 Die Kerzen mit Steckdraht (ø 1,4 mm) in je einem Viertel auf dem Strohrömer verankern. Die Zimtstangen bis auf fünf Stangen kreuz und quer auf die Unterlage kleben. Wenn Lücken entstehen, Zimtstangen in zwei Teile brechen oder die Lücken mit Lappenmoos füllen.

2 Die Orangenscheiben (bis auf zwei) halbieren und die Erdnüsse (bis auf vier), die Walnüsse und die Anissterne (bis auf fünf) gleichmäßig verteilt auf die Zimtdekoration kleben.

3 An zwei gegenüberliegenden Seiten mit Hilfe der Dekonadeln das in der Mitte auseinander geschnittene Taschenband befestigen.

4 An einer Seite ein Glasherz und an der anderen Seite einen Anisstern auf das Taschenband kleben. Die zurückbehaltenen Materialien und das zweite Glasherz in die Taschen des Bandes füllen.

27

28

Lorbeerbäumchen

- kegelförmiges Lorbeer- oder Buchsbäumchen, ca. 60 cm hoch
- Stoff in Dunkelrot und Weiß, 10 cm x 30 cm (pro Säckchen)
- Sticktwist in Dunkelrot und Weiß ◆ Sticknadel ◆ Nähgarn in Dunkelrot und Weiß ◆ passender Keramikübertopf in Weiß, ca. 20 cm hoch
- Satinband mit Draht in Dunkelrot, 2,5 cm breit, ca. 2 m lang
- doppelseitiges Klebeband ◆ Nähmaschine

Vorlage Seite 291

1 Je zwölf rote und zwölf weiße Säckchen nach der Schablone doppelt zuschneiden.

2 Das Motiv auf den Stoff übertragen und im Nähstich mit dem jeweils andersfarbigen Garn aufsticken. Den Stoff wenden, so dass die bestickte Seite innen ist. Den oberen Rand umklappen und die Säckchen zusammennähen.

3 Die kleinen Säckchen füllen. Sie werden mit einem andersfarbigen, 20 cm langen Stück Stickgarn zugebunden. Die Enden verknoten und in dessen Mitte eine Schlinge binden. Mit dieser Schlinge die Säckchen an die Äste hängen.

4 Das rote Band einmal um den Übertopf wickeln und mit dem doppelseitigen Klebeband fixieren. Dann eine Schleife seitlich links binden. Das Bäumchen in den Übertopf stellen.

5 Bei diesem Adventskalender sind keine Zahlen vorgesehen. Wer trotzdem welche möchte, kann die Bändchen mit beschrifteten, silbernen Klebesternchen versehen.

6 Die Pflanze nach Weihnachten an einen kühlen Ort stellen. Im Frühjahr in den Garten pflanzen oder im Übertopf auf den Balkon stellen. Die Säckchen können mit Lavendel gefüllt werden, dann schützen sie im Kleiderschrank vor Motten.

Tipp: Immergrüne Sträucher wie Lorbeer oder Buchs nicht zu warm stellen, da sich diese Pflanzen in dieser Zeit in der Winterruhephase befinden.

November

Türkranz mit Schweif

- Strohrömer, ø 25 cm ◆ einige Zweige Buchs, Seidenkiefer, Efeu, Koniferengrün
- 3 Sisalsterne in Orange, ø 10 cm ◆ 2 Keramiksterne in Gold, ø 8 cm
- Drahtstern in Gold, ø 15 cm ◆ Flowerhair in Bordeaux, Rot und Orange
- Kordel in Rot, ø 5 mm, 4,5 cm lang ◆ Kordel in Orange, ø 5 mm, 3 m lang
- 3 Dekonadeln mit Goldkopf, 6,5 cm lang ◆ Effektdraht in Gold
- etwas Papier

1 Den Kranz nach der Anleitung auf Seite 8 binden. Die rote Kordel (2 m, 1,5 m und 1 m) und die orangefarbene (1,20 m, 1 m und 80 cm) in jeweils drei Stücke teilen. Aus dem Papier fünf Kugeln formen (ø 3 cm).

2 Verschiedenfarbiges Flowerhair um die Papierkugeln winden, so dass diese jeweils wie Spindeln geformt sind. Zum Fixieren Effektdraht verwenden.

3 Die Spindeln, die Keramiksterne, den Drahtstern und zwei Sisalsterne an den Kordeln festknoten.

4 Kordeln über den Kranz legen und so ziehen, das die einzelnen Schmuckteile auf unterschiedlichen Höhen hängen. Den dritten Sisalstern mit Dekonadeln auf den Kranz stecken. Das letzte Kordelstück als Aufhängung um den Kranz winden.

Tipp: Die mit Effektdraht umwickelten Sisalspindeln sehen auch am Weihnachtsbaum dekorativ aus.

29

Zartgliedriger Türschmuck

- Rocailleschnüre in Gold, Rot und Blau-Gold ◆ Facettentropfen in Rot, 1,2 cm x 1,5 cm ◆ Facettenstein in Rot, ø 1,4 cm ◆ Plastik-Eiswürfel in Gold
- 3 Christbaumkugeln in Gold, ø 5 cm ◆ Satinband in Dunkelrot, 3 mm breit, 1 m lang ◆ Stab, ø 2 mm, 24 cm lang

30

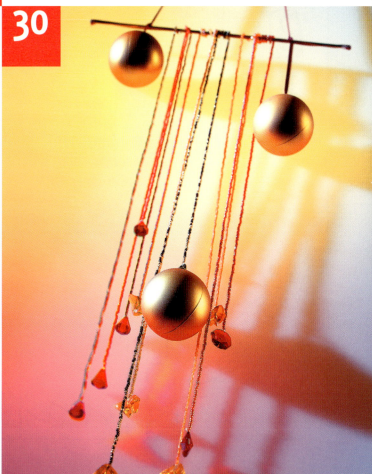

1 Den Stab an der Vorderseite mit Satinband bekleben.

2 Ca. 70 cm Satinband jeweils an den Enden des Stabes als Aufhängung festknoten und mit goldenen Christbaumkugeln abschließen.

3 Rocailleschnüre an den Enden mit Facettentropfen, Facettensteinen, goldener Christbaumkugel und Plastik-Eiswürfel schmücken. Die Schnüre um den Stab schlingen.

Tipp: Sie können diesen Schmuck auch effektvoll am Fenster dekorieren.

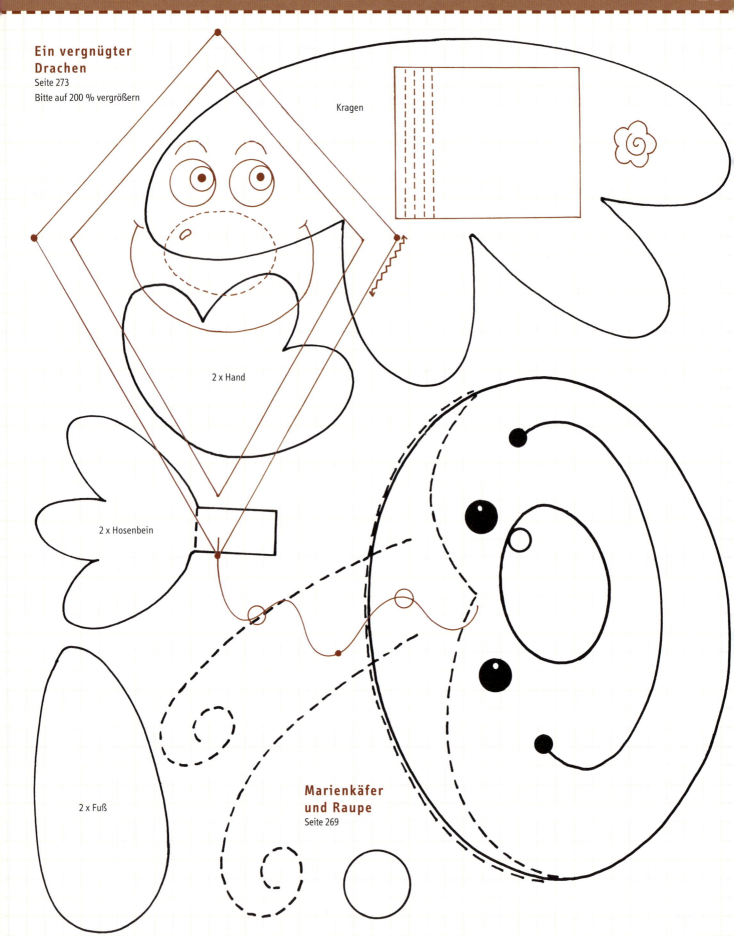

November

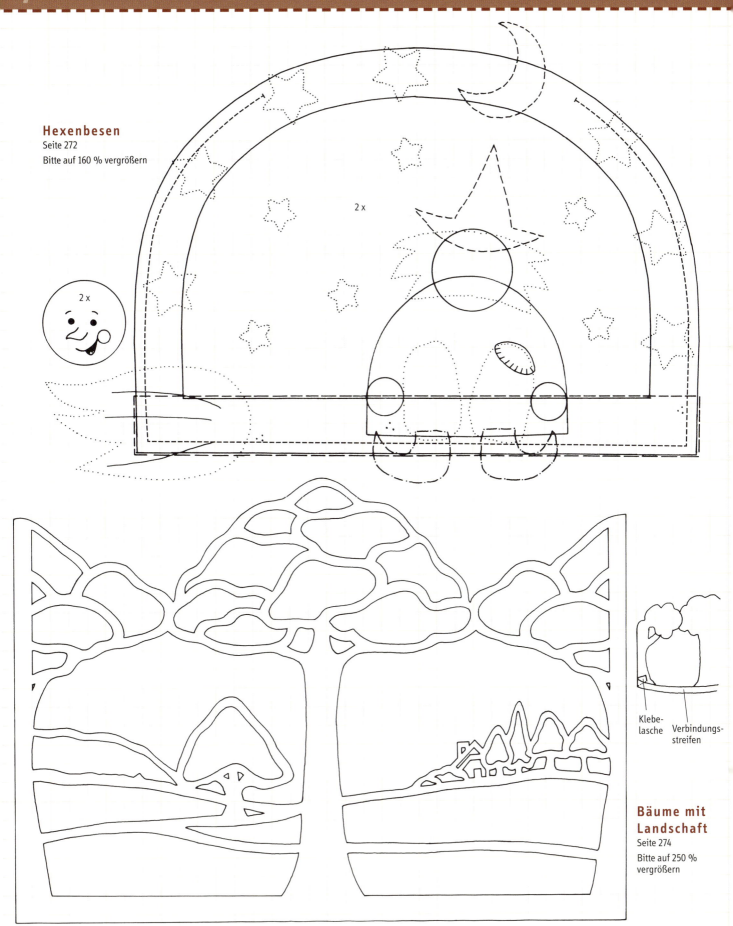

Hexenbesen
Seite 272
Bitte auf 160 % vergrößern

Bäume mit Landschaft
Seite 274
Bitte auf 250 % vergrößern

Klebelasche   Verbindungsstreifen

November

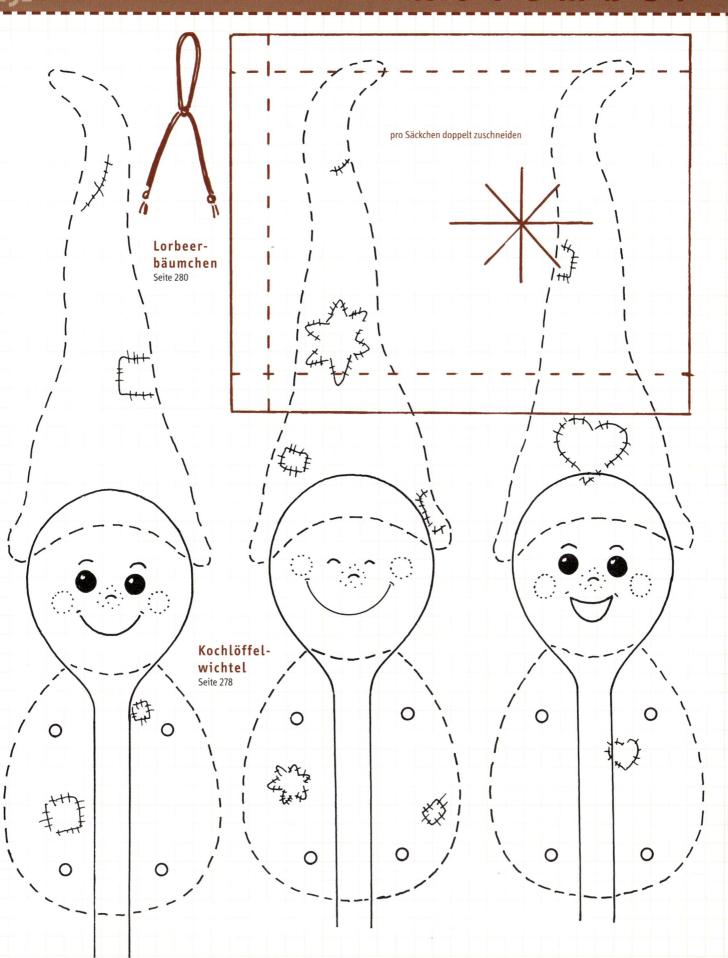

pro Säckchen doppelt zuschneiden

Lorbeer-bäumchen
Seite 280

Kochlöffel-wichtel
Seite 278

Dezember

Dezember

Lustige Adventskalender

Tischdeckenhügel ◆ Tischdecke in Rot, mind. 1,20 m x 1,60 m
◆ 24 Klebesternchen in Silber, ø 2 cm ◆ Geschenkband in Silber, 5 mm breit
◆ dünnes Papier zum Ausstopfen
Adventsschlange ◆ Schal in Rot-Orange, ca. 22 cm breit, ca. 2 m lang
◆ Mikrowellpappe in Gold, A4 ◆ Seidenpapier in beliebiger Farbe
◆ Tonkartonrest in Rot ◆ 24 Klebesternchen in Gold, ø 2 cm ◆ Geschenkband in Rot, 5 mm breit ◆ Stecknadeln ◆ 2 Wattekugeln in Weiß, ø 2 cm
◆ ggf. 2 Klebepunkte in Schwarz, ø 1 cm
Vorlage Seite 310 + 315

Tischdeckenhügel

1 Die kleinen, eher runden Geschenke zuerst in dünnes, zerknülltes Papier einwickeln.

2 Die Decke mit der Vorderseite nach unten auf dem Boden ausbreiten und die Päckchen gleichmäßig darauf verteilen. Auf der Vorderseite erst alle Päckchen am Rand mit Geschenkband abbinden, so dass die Päckchen nach unten liegen. Dann mit den restlichen Geschenken in der Mitte genauso verfahren.

3 Die Decke umdrehen. Auf jedes Sternchen eine Zahl schreiben und auf die Stoffkugel kleben. Die niedrigsten Zahlen außen herum, die höchsten in die Mitte kleben.

Adventsschlange

1 Die möglichst runden Geschenke in dünnes Seidenpapier packen, zu einer Kugel formen und in den Schal wickeln. Die unteren Schalhälften überlappen sich. Mit rotem Geschenkband abbinden.

2 Die Sternchen durchnummerieren und am Schwanz mit der „1" beginnend aufkleben.

3 Den Kopf aus der goldenen Mikrowellpappe ausschneiden und zusammenkleben. Die Zunge aus Tonkarton ins Maul kleben. Auf die Wattekugeln schwarze Pupillen malen oder Klebepunkte verwenden und aufkleben. Die Nasenlöcher aufmalen. Den Kopf unter das letzte Stück Schal schieben und mit Stecknadeln daran befestigen.

Bunte Holzsterne

◆ Pappel-Sperrholz, 1 cm stark, 60 cm x 60 cm ◆ matte Acrylfarbe in Blau, Pink und Silber ◆ 4 Teelichtgläser, ø 7 cm, 6,5 cm hoch ◆ Silberdraht, ø 1 mm und ø 0,35 mm ◆ 12 transparente Facettentropfen, 2 cm lang
◆ je 20 Pailletten in Hellblau und Rosa, ø 6 mm ◆ Schablonierpinsel
◆ 4 Klebeaufhänger, 3 cm breit ◆ Dekogranulat in Rosa ◆ 4 Teelichter
◆ Bohrer, ø 1 mm
Vorlage Seite 312

1 Die Holzsterne mit der Laub- oder Dekupiersäge aussägen und die Löcher zum Anbringen der Gläser bohren.

2 Die Sterne nach Abbildung bemalen und nach dem Trocknen die Ränder mit silberner Acrylfarbe gestalten. Dafür den Schablonierpinsel mit wenig Farbe benetzen und in schnellen, senkrechten Bewegungen aufsetzen.

3 Mit dem dicken Silberdraht die Teelichtgläser an den Sternen befestigen. Die Enden auf der Rückseite miteinander verdrehen. Mit Kraftkleber einen Klebeaufhänger auf der Rückseite des Sternes ankleben.

4 Für jede Drahtverzierung auf 60 cm dünnen Silberdraht drei Facettentropfen auffädeln. Den mittleren Glastropfen in der Drahtmitte durch Verdrehen fixieren, die beiden anderen im Abstand von jeweils 3 cm anbringen. Den Silberdraht mit den Facettentropfen um den Silberdraht am Stern wickeln, so dass die Facettentropfen vorne in der Mitte hängen.

5 Auf ein 70 cm langes Drahtstück zehn Pailletten auffädeln und den Draht dazwischen über ein Schaschlikstäbchen locken (ca. sechsmal um das Stäbchen winden).

6 Diesen Silberdraht ebenso um die Drahthalterung für die Gläser winden. Dann die Lichter auf ein Dekogranulatbett setzen.

Weihnachtswichtel

- lufttrocknende Modelliermasse in Weiß ♦ Acrylfarbe in Hautfarbe, Zinnoberrot, Antikgrün, Immergrün (Struktur), Terrakotta und Weiß
- Bindedraht, ø 0,35 mm ♦ 3 Messingschellen, ø 9 mm ♦ Gabel ♦ Klarlack

Vorlage Seite 310

1 Für jeden Wichtel aus einer Kugel aus Modelliermasse einen kegelförmigen Körper (ca. 6 cm hoch) modellieren, dann die Spitze leicht schräg ziehen und mit einem Zahnstocher ein Loch in die Spitze stechen.

2 Kegelförmige Bäume, 8 cm bis 10 cm hoch, formen und mit einer Gabel die Struktur aufbringen.

3 Nach dem Aushärten die Teile gemäß Abbildung und Vorlage bemalen, dann lackieren.

4 Mit dem Bindedraht die Messingschellen an die Zipfelmützen drahten und die Drahtenden mit Hilfe eines Rundholzstäbchens zu Spiralen drehen.

Frohes Fest!

- Fotokarton in Rot, A4 ♦ Fotokartonreste in Weiß, Hellorange, Gelb, Hellbraun und Hellgrau

Vorlage Seite 309

1 Die Einzelteile übertragen und ausschneiden. Die Augen und alle Linien (gepunktet auf der Vorlage) aufmalen. Die Nase mit Buntstift röten.

2 Den Schnauzbart auf das Bartteil und dieses auf das Mützenteil mit der Bommel kleben.

3 Das Gesichtsteil an der Strich-Punkt-Linie einschneiden und von hinten an das Bartteil kleben; dabei die Nase über den Schnauzer legen.

4 Nacheinander das untere Mantelfell, das Schild sowie die Armteile samt des Fells auf den Körper kleben. Oben den Kopf auf den Körper, unten die Beine auf die Schneefläche kleben. Die Maus mit der Glocke zwischen den linken Handteilen hinter die Jacke, eine rechte Hand darauf kleben. Zuletzt die Sterne verteilen.

Dezember

Weihnachtsmänner-Trio

Pro Weihnachtsmann ◆ Tonpapier in Rot, A4 ◆ Fotokarton- oder Tonpapierrest in Hautfarbe ◆ Pompon in Rot, ø 7 mm ◆ Pompon in Weiß, ø 1 cm ◆ Langhaarplüschrest in Weiß ◆ Rundholzstäbchen, ø 3 mm, 25 cm lang ◆ Acrylfarbe in Rot ◆ 2 Wackelaugen, ø 5 mm ◆ evtl. Pinzette
Vorlage Seite 310

1 Mütze, Ärmel und Rumpf sind drei separate Teile, die alle zu Fächern gefaltet werden: Hierzu ein Papierrechteck immer im Abstand von 1 cm abwechselnd nach vorne bzw. nach hinten falten. Die erste Faltlinie mit Bleistift und Geo-Dreieck leicht vorzeichnen und dann das Papier zum ersten Mal falten. Das Papier umdrehen und das zweite Mal falten etc. Jedes der drei Teile in gefaltetem Zustand in der Mitte mit der Lochzange lochen. Die gelochten Teile auf das rot bemalte Rundholzstäbchen aufstecken.

2 Den Kopf aus Karton ausschneiden, den Vollbart ankleben und dann den Bart kürzen (der Pfeil markiert den Haarverlauf des Plüschs). Die rote Pomponnase und die Wackelaugen ankleben (am besten mit einer Pinzette aufnehmen, mit Klebstoff bestreichen und fest andrücken). Die Stirnhaare zuerst ankleben und dann kürzen. Den Kopf auf Mütze und Ärmel kleben. An den Ärmeln von hinten die beiden Hände befestigen und den weißen Mützenpompon ergänzen.

Tipp: Die Weihnachtsmänner sind eine gern gesehene Zugabe zu einem Nikolausgeschenk.

5

6

Santa Claus

Pro Santa Claus ◆ Wäscheklammer, 7,5 cm lang ◆ Fotokartonreste in Rot, Hautfarbe und Weiß ◆ Glimmerfilzrest in Rot ◆ Bastelfilzrest in Weiß ◆ Acrylfarbe in Rot ◆ halbierte Holzperle in Rot, ø 8 mm (Nase) ◆ 2 Wackelaugen, ø 3 mm ◆ Pompon in Weiß, ø 1,5 cm
Vorlage Seite 311

1 Die Klammer rot bemalen. Das Bart-Haarteil (durchgezogene Linie auf den Vorlagen), den Schnurrbart (gestrichelte Linie) und das Gesicht (gepunktete Linie) auf Fotokarton übertragen und ausschneiden.

2 Die Umrisse der Schablonen von Mütze und Mützensaum auf roten bzw. weißen Fotokarton übertragen und beide Teile grob ausschneiden. Die Rückseite beider Teile mit Klebestift bestreichen, den gleichfarbigen Filz aufkleben und glatt streichen. Dann erst die Teile zuschneiden.

3 Den Mützensaum und den Pompon mit Alleskleber auf die Mütze kleben.

4 Auf das Bart-Haarteil das Gesicht und darauf Schnurrbart und Nase kleben. Die Wackelaugen anbringen und die Mütze aufsetzen.

5 Abschließend den Kopf in der gewünschten Position auf die Wäscheklammer setzen. Nach Belieben noch das zusammengefügte Schild anbringen.

Fliegender Hund

◆ Fotokarton in Gelb, A4 ◆ Fotokartonreste in Orange, Cremeweiß, Weiß, Hellbraun, Braun, Hellblau und Blau ◆ Nähgarn in Weiß, 20 cm lang

Vorlage Seite 312

1 Alle Einzelteile gemäß Vorlage ausschneiden. Beim Hund die Ohren nach Abbildung aufkleben. Die Nase positionieren und mit Filzstift die Augen und den Mund aufmalen.

2 Schwanz und linken Handschuh von hinten gegen den Körper kleben. Den Arm sowie den rechten Handschuh von vorn auf dem Körper fixieren. Darauf achten, dass nur der Arm, nicht aber der Handschuh auf dem Körper klebt. Den Kopf auf den Körper kleben.

3 Die Schnallen auf die Schuhe kleben. Ski und Bein von hinten am Schuh befestigen. Das rechte Bein von vorn, das linke Bein von hinten am Körper fixieren.

4 Die Streifen auf den Gleitschirm kleben. Die Seile am Hund und am Schirm befestigen, hierbei den Schirm von vorn auf die Seilenden kleben.

5 Den Kopf des Vogels auf die Mütze aufkleben. Den Schnabel positionieren und die Augen mit dem Filzstift aufmalen. Kopf, Flügel und Schwanz am Körper fixieren. Den Vogel mit Nähgarn am linken Schirmrand befestigen.

7

8

Adventskranz ganz verspielt

◆ Strohkranz, ø 25 cm ◆ Moos ◆ Golddraht, ø 0,4 mm
◆ bunte Perlen und Strasssteine

1 Den Kranz nach Anleitung auf Seite 8 binden.

2 Unterschiedlich lange Golddrahtstücke abschneiden und die Enden mit Perlen oder Strasssteinen dekorieren.

3 Die Drahtstücke mit Perlen um den Kranz legen und ein paar Mal um sich selbst drehen.

Tipps: Wenn Sie es nicht so verspielt mögen, reduzieren Sie die Perlen auf eine Art und eine Farbe.

Mooskränze können Sie im Blumenfachhandel bereits fertig kaufen.

Dezember

Drei Engel für Rudi

Pro Engel ◆ Transparentpapierrest in Gelb oder Rot mit Kreismuster ◆ Fotokartonrest in Weiß (Flügel) ◆ Silberdraht, ø 0,35 mm, 50 cm lang ◆ Holzperle in Natur, ø 2 cm ◆ 2 Holzperlen in Natur, ø 1,2 cm ◆ Acrylfarbe in Hautfarbe ◆ Baumwollkordel in Weiß, ø 2 mm, 20 cm lang (Arme) ◆ Wolle in Weiß, ø 2 mm, 20 x 8 cm lang

Vorlage Seite 313

1 Das Transparentpapier nach Vorlage zuschneiden und 13-mal im Zickzack zum Fächer falten (siehe auch S. 295, 5. Dezember). Das gefaltete Papier an der markierten Stelle mit der Lochzange lochen. Durch dieses Loch den Draht und die Kordel ziehen. Die Holzperlen als Hände anknoten.

2 Das Kragenteil aus Transparentpapier zuschneiden und fünfmal im Zickzack zum Fächer falten. Die Ecken des Kragens ggf. schräg abschneiden. In der Mitte mit der Prickelnadel zweimal lochen. Die beiden Drahtenden vom Kleid durch die beiden Löcher im Kragen ziehen (siehe Vorlagen).

3 Die Drahtenden durch den hautfarben bemalten und mit einem Gesicht versehenen Kopf ziehen. Die Wangen werden mit Buntstift gerötet, ebenso der Mund. Die restlichen Linien sind mit Bleistift aufgebracht. Zwischen die Drahtenden das 8 cm lange Haarbüschel legen, dann die Drahtenden so miteinander verdrehen, dass die Haare straff über dem Bohrloch des Perlenkopfs anliegen. Den überstehenden Draht als Aufhänger verwenden. Die Flügel aufkleben.

9

10

Grüße im Winter

Eiskristall ◆ Fotokarton in Hellblau, 28 cm x 14 cm und Mittelblau, 12 cm x 12 cm ◆ Fotokartonrest in Weiß ◆ Tonpapierrest in Weiß ◆ Silberdraht, ø 0,25 mm, 4 cm lang ◆ Motivlocher: Schneeflocke

Vogelhäuschen ◆ Fotokarton in Rot, 15 cm x 22 cm ◆ Fotokartonreste in Hellblau, Dunkelblau, Weiß, Orange und Hellorange ◆ Filzstift in Blau ◆ Motivlocher: Schneeflocke ◆ 10 Klebekissen, 5 mm x 5 mm

Vorlage Seite 313 + 314

Eiskristall

1 Den Eiskristall mit dem Cutter ausschneiden und die kleinen Schneeflocken ausstanzen. Das mittelblaue Quadrat mittig auf die Karte kleben.

2 Den Eiskristall auf die Karte legen. Mit einer Stecknadel in der oberen Spitze zwei Löcher bis zur Rückwand der Vorderseite stechen. Den Silberdraht durch die Öffnungen fädeln und auf der Rückwand der Vorderseite verdrehen.

3 Zuletzt die kleinen Schneeflocken aufkleben.

Tipp: Der Eiskristall kann nach dem Lesen der Karte an den Weihnachtsbaum oder das Fenster gehängt werden.

Vogelhäuschen

1 Alle Motivteile ausstanzen und ausschneiden. Die Vogelhäuser zusammenkleben und bemalen.

2 Erst das blaue Vogelhaus, dann die hohen Schneewehen mit Klebstoff auf der Karte befestigen. Das orangefarbene Vogelhaus und die Schneeflocken ergänzen.

3 Zuletzt die kleine Schneewehe mit Klebekissen am unteren Rand der Karte fixieren.

Tipp: Als Schneeflocken können Sie auch Locherpunkte verwenden.

Adventsschmuck

◆ FIMO® soft in Minze, Himbeere, Aqua und Zitrone ◆ pro Teil: Bindedraht, ø 0,35 mm, 26 cm lang ◆ Messingschellen, ø 9 mm ◆ Hologrammflitter ◆ Glitterspray in Gold ◆ Ausstechformen (klein): Tanne, Herz, Stern, Stern mit Schweif ◆ Wellholz

1 FIMO® soft durchkneten und auf eine Stärke von ca. 4 mm auswellen. Mit den Backformen die Motive ausstechen und mit einem Zahnstocher ein Loch zum Aufhängen bohren.

2 Im Backofen bei 130 °C 30 Minuten aushärten.

3 Mit Glitterspray besprühen, im noch feuchten Zustand mit Hologrammflitter bestreuen und nochmals mit Glitterspray besprühen.

Tipp: Zum Aufhängen fädeln Sie durch die Einzelteile den Bindedraht. An manchen können Sie eine Schelle mit auffädeln. Die Drahtenden locken Sie, indem Sie den Draht um einen Bleistift wickeln.

11

12

Auf federleichten Flügeln

Mobile ◆ Windradfolie, 0,7 mm stark, A3 ◆ Konturenfarbe in Weiß
◆ Windowcolor in Weiß und Frost ◆ Samtpuder in Weiß
◆ Eisglimmer zum Einstreuen ◆ 14 Federn in Weiß, ca. 7 cm lang
◆ Silberdraht, ø 0,3 mm
Windlicht ◆ Glaswindlicht, ø ca. 14 cm, ca. 24,5 cm hoch ◆ Malfolie
◆ Konturenfarbe in Weiß ◆ Windowcolor in Weiß und Frost
◆ Samtpuder in Weiß ◆ Eisglimmer zum Einstreuen
◆ Silberdraht, 0,3 mm stark ◆ 6 Federn in Weiß, ca. 7 cm lang
◆ Sand ◆ Kerze in Creme, ø 7 cm, ca. 12 cm hoch
Vorlage Seite 309

Mobile

1 Die Motive auf Windradfolie malen und den Eisglimmer bzw. den Samtpuder in die nasse Fläche einstreuen. Gut trocknen lassen und überschüssigen Puder sowie Glimmer auf Papier abklopfen. Die Motive ausschneiden und gemäß der Vorlage die Löcher mit Hilfe einer Nadel anbringen.

2 Die Flügel auf drei 60 cm lange Stücke Draht ziehen und die Enden verdrehen. Den Draht um die Federn wickeln und gemäß der Abbildung zum Formen um einen Stift drehen, so dass Spiralen entstehen.

3 Die Drähte durch den großen Flügel ziehen und die Enden verdrehen. Die Federn gemäß der Abbildung hinter die großen Flügel kleben. Das Mobile an Nylonfaden aufhängen.

Windlicht

1 Die Motive auf Trägerfolie malen, Eisglimmer und Samtpuder in die noch nasse Farbe streuen. Ist alles gut getrocknet, die Motive von der Trägerfolie abziehen und auf dem Glas dekorieren.

2 Die Federn auf einem Meter Draht anbringen, dazu den Draht um die Federstiele wickeln. Den verbleibenden Draht nach Belieben um einen Schaschlikstab wickeln um kleine Spiralen zu formen. Den Draht um das Windlicht schlingen und seine Enden verdrehen. Das Windlicht mit Sand füllen und mit der Kerze dekorieren.

Dezember

Verschneite Tannenbäume

Pro Tannenbaum ◆ Maulbeerbaumpapierrest in Weiß
◆ Silberdraht, ø 0,35 mm, 50 cm lang ◆ 11 bis 13 Sternchen in Silber, ø 1 cm
◆ Sternchen in Silber, ø 1,8 cm ◆ Malglitter in Silber
Vorlage Seite 315

1 Die drei Baumteile nach Vorlage ausschneiden und siebenmal falten (siehe auch S. 295, 5. Dezember). Den längsten Fächer in der Mitte zweimal mit der Vorstechnadel durchstechen und den Silberdraht durchstecken. Die Fächerenden nach unten öffnen und miteinander verkleben (siehe Vorlage Abb. 1).

2 Den Fächer für das mittlere Baumteil, der in der Mitte ebenfalls zweimal durchstochen wird, auffädeln, nach unten öffnen und so zusammenkleben, dass die beiden Drähte nicht mehr sichtbar sind (Abb. 2).

3 Den kürzesten Fächer als Baumspitze auffädeln, ebenfalls nach unten aufklappen und zusammenkleben (Abb. 3).

4 Das fertige Bäumchen mit Silbersternchen und Malglitter verzieren. Auch die Silbersternchen evtl. mit Malglitter übermalen.

13

14

Festlicher Baumschmuck

Pro Engel ◆ Konturenfarbe in Glittersilber ◆ Aludraht in Silber, ø 2 mm, 48 cm lang ◆ Strohseide in Weiß, A5 ◆ Federflügel in Weiß, ca. 10 cm x 9 cm
◆ Silberdraht, ø 0,3 mm
Pro Kugel ◆ teilbare Plastikkugel, ø 6 cm ◆ Strohseide in Weiß, A4
◆ Konturenfarbe in Glittersilber ◆ Serviettenlack ◆ 3 Federn in Weiß, ca. 5 cm lang
Vorlage Seite 311

Engel

1 Den Engel aus 48 cm Aludraht gemäß Vorlage mit der Rundzange formen und am Kopf mit Silberdraht zusammenbinden.

2 Anschließend die Strohseide ausschneiden, den Aludraht mit etwas Alleskleber bestreichen und auf das Papier kleben. Die überstehende Strohseide ca. 1 cm, an den Ecken bis zum Draht, einschneiden. Den Aludraht auf der anderen Seite mit Alleskleber bestreichen, das Papier umschlagen und festkleben.

3 Die Konturen mit Windowcolor-Konturenfarbe gemäß der Abbildung nochmals nachziehen und trocknen lassen. Die Federflügel in der Mitte durchschneiden und auf der Rückseite an den Aludraht kleben.

Kugeln

1 Die Kugelhälften mit Serviettenlack bestreichen und ausgerissene Stücke Strohseide (ca. 5 cm x 5 cm) überlappend aufkleben. Anschließend die Kugelhälften nochmals mit Serviettenlack überstreichen und trocknen lassen.

2 Spiralen mit der Konturenfarbe gemäß Abbildung aufmalen. Nach dem Trocknen drei Federn mit Alleskleber anbringen und die Kugel mit Nylonfaden aufhängen.

Schneemann

- Glas, ø 8 cm (Deckel), 12,5 cm hoch ◆ Styroporkugel, ø 10 cm
- Strukturpaste in Weiß ◆ Acrylfarbe in Karminrot und Schwarz
- Wattekarotte, 7 cm lang ◆ Bastelfilz in Lila, 3 cm x 49 cm und 5 mm x 10 cm
- je 1 Knopf in Blau und Grün, ø 2 cm ◆ 8 Perlkopfnadeln, ø 5 mm (Floristikbedarf) ◆ 2 Holzplatinen, ø 1,5 cm ◆ Socke in Blau-Grün geringelt

Vorlage Seite 314

1 Kopf und Glasdeckel mit Strukturpaste grundieren. Nach dem Trocknen zusammenkleben und das Gesicht gestalten. Die Wangen mit verdünnter Acrylfarbe in Karminrot gestalten. Perlkopfnadelköpfe und Holzplatinen vorher schwarz bemalen, auf die Augen mit Lackmalstift einen weißen Lichtpunkt setzen.

2 Die abgeschnittene Socke aufsetzen und oben mit Filz zusammenbinden. Die Knöpfe auf den Bauch kleben, den Schal umbinden und an den Enden einschneiden.

Tipp: Als Papiereinleger sieht weißes Transparentpapier mit Schneeflockenmuster sehr hübsch aus. Ggf. weißes Papier dahinter legen, so dass man nicht ins Glas schauen kann.

15

16

Tischbäumchen aus Papier

- Fotokarton in Weiß, 2 x A2

Vorlage Seite 314

1 Das Motiv mit Hilfe von Transparentpapier auf den Fotokarton übertragen.

2 Dazu mit etwas Klebefilm das Transparentpapier auf dem Karton befestigen, um ein Verrutschen zu verhindern. Den Baum so positionieren, dass das Motiv zweimal auf einen Fotokartonbogen passt.

3 Die gestrichelte, senkrecht gezogene Linie gemäß Vorlage sorgfältig unter starkem Druck mit einer Scherenspitze nachfahren, damit eine Knickfalte entsteht. Dabei ein Lineal zu Hilfe nehmen.

4 Das Motiv dreimal ausschneiden und an der Knickstelle falten. Die Knickstellen der drei Bäume dünn mit Klebstoff bestreichen und zu einem Baum zusammenfügen. Gut trocknen lassen. Den Baum anschließend vorsichtig aufklappen und die einzelnen Baumhälften so positionieren, dass das Objekt einen sicheren Stand hat.

Tipp: Sie können die Vorlage auch mit Architektenpapier übertragen. Das ist stabiler und reißt nicht so schnell.

Das filigrane Muster des Baumes sieht auch als Motiv auf einer Weihnachtskarte edel aus! Einfach die Vorlage auf die entsprechende Größe kopieren, auf farbiges oder weißes Papier übertragen, einmal komplett ausschneiden und auf die Karte kleben. Mit etwas Geduld und einer ruhigen Hand können Sie so eine stilvolle, dezente Karte arbeiten.

Dezember

Winter-Piepmatz

◆ Sperrholzrest, 1 cm stark ◆ Acrylfarbe in Antikgrün, Antikblau, Hautfarbe und Terracotta ◆ Bindedraht, ø 1,4 mm ◆ Paketschnur, ø 1,7 mm ◆ Stoffrest ◆ Bohrer, ø 3 mm

Vorlage Seite 310

1 Den Vogel aus dem Sperrholz aussägen und wie abgebildet anmalen. Das Auge mit Filzstift und Lackmalstift ergänzen und die Bohrungen ausführen.

2 Das Stoffherz aufkleben, den gebogenen Draht einhängen und die Paketschnur zum Aufhängen anbringen.

3 Einen Meisen- oder Futterknödel am Draht anhängen.

17

18

Weihnachtsgrüße

Stern ◆ Fotokarton in Dunkelrot, 15 cm x 22 cm ◆ Fotokartonrest in Rot ◆ Alu-Bastelfolie in Gold ◆ Wellpapperest in Natur ◆ Lackmalstift in Gold
Tannenbaum ◆ Fotokarton in Rot, 15 cm x 22 cm
◆ Wellpappe in Natur, 9 cm x 13 cm ◆ Tonpapierrest in Gelb
◆ Bastelfilzrest in Grün ◆ ca. 80 Rocailles in Rot, ø 2,4 mm
◆ Motivlocher: Stern ◆ Nähgarn in Rot
Herz ◆ Fotokarton in Dunkelgrün, 15 cm x 22 cm und Weiß, 9 cm x 13 cm
◆ Fotokartonrest in Rot ◆ Silberdraht, ø 0,25 mm, 12 cm lang
◆ Schleifenband in Grün-Weiß kariert, 5 mm breit, 20 cm lang

Vorlage Seite 316 + 318

Stern

1 Die Sterne ausschneiden und zuerst den goldfarbenen, dann den naturfarbenen und den roten Stern aufkleben.

2 Mit dem Lackmalstift frei Hand einen Schriftzug fertigen.

Tannenbaum

1 Auf die Rückseite der Wellpappe den Tannenbaum aufzeichnen und mit einem Cutter ausschneiden. Den Filz auf die Rückseite der Wellpappe über den Tannenbaumausschnitt kleben.

2 Nach Abbildung die Perlen auf das Nähgarn auffädeln, an den Tannenbaum nähen und die Enden auf der Rückseite des Filzes vernähen. Die Wellpappe mit dem Tannenbaum mittig auf die Karte kleben und den Stern ergänzen.

Herz

1 In die obere Mitte des weißen Rechtecks ein Häkchen mit dem Cutter schneiden. Das Rechteck mittig auf die Karte kleben, das Häkchen bleibt unbeklebt.

2 Die Herzteile ausschneiden, mit einer Stecknadel Löcher stechen und mit kurzen Drahtstücken wie auf der Abbildung zu sehen zusammensetzen. Am Aufhängedraht eine Schleife binden.

Weihnachtliche Motivketten

♦ Sperrholz, 3 mm stark, 7 cm x 5 cm pro Motiv ♦ Acrylfarbe in Rot, Gold, Grün und Weiß ♦ Deko-Painter in Grün ♦ Baumwollfaden in Rot, ø 1 mm ♦ Bohrer, ø 1 mm

Vorlage Seite 311

1 Die Motive mit Hilfe von Schablonen auf Sperrholz übertragen.

2 Die Motive aussägen, die Ränder abschleifen und die Aufhängelöcher bohren.

3 Päckchen, Herzen und Sterne wie abgebildet bemalen. Das Kreuzstichmuster und die Punkte mit dem Deko-Painter auf die Päckchen malen.

4 Mit rotem Faden beliebig viele Motive aneinander hängen.

Tipps: Verzieren Sie die Sterne und Herzen mit kleinen, dezenten Mustern.

Einzeln können Sie die Holzmotive auch als Weihnachtsbaumanhänger verwenden. Dann jeweils nur ein Loch bohren.

19

20

Festliche Karten

Karte mit Lesezeichen ♦ Fotokarton in Weiß, 15 cm x 22 cm ♦ Fotokartonrest in Dunkelrot ♦ Wellpapperest in Rot ♦ Silberdraht, ø 0,25 mm, 35 cm lang ♦ Schleifenband in Rot-Weiß kariert, 5 mm breit, 28 cm lang ♦ Lackmalstift in Silber ♦ Motivlocher: Herz
Karte mit drei Sternen ♦ Fotokarton in Weiß, 15 cm x 22 cm ♦ Fotokartonreste in Rot, Orange und Gelb ♦ Blumendraht in Braun, ø 0,3 mm, 18 cm lang
Karte mit großem Stern ♦ Fotokarton in Dunkelrot, 15 cm x 22 cm ♦ Fotokartonrest in Grün ♦ Tonpapier in Weiß, 11 cm x 15 cm ♦ Lackmalstift in Gold

Vorlage Seite 316

Karte mit Lesezeichen

1 Lesezeichen und Herz zuschneiden. Mit einem Cutter die Schlitze nach Vorlage in die Karte schneiden. Das Herz mit Silberdraht umwickeln und mit Klebstoff auf dem Lesezeichen befestigen.

2 Mit der Lochzange ein Loch für das Schleifenband ausstanzen. Das Schleifenband hindurch ziehen und verknoten. Das kleine Herz ausstanzen.

3 Mit dem Lackmalstift Sterne auf die Karte malen, den Schriftzug auftragen.

Karte mit drei Sternen

1 Mit einem schwarzen Filzstift frei Hand den Schriftzug auftragen.

2 Mit Hilfe einer Stecknadel vier Löcher gemäß Vorlage in die Karte stechen. Den Draht durch zwei Löcher schieben, die drei Sterne auffädeln und den Draht durch die letzten Öffnungen führen. Die Drahtenden um einen Stift wickeln und leicht auseinander ziehen.

Karte mit großem Stern

1 Den Stern von der Vorlage übertragen und mit einem Cutter ausschneiden. Mit dem weißen Tonpapier hinterkleben. Den kleinen Stern in der Mitte befestigen.

2 Mit dem Lackmalstift frei Hand einen Schriftzug auftragen.

Dezember

Kuschelige Botschaft

Pro Karte ◆ grober Leinen- oder Rupfenstoffrest in Natur ◆ Bügelvliesrest ◆ dicker Filzrest oder Formfilz in Gelb und Grün sowie ggf. Rot und Blau ◆ Leinenzwirn in Natur ◆ ggf. Motivlocher: Stern, ø 1,5 cm ◆ Stecknadeln ◆ Sticknadel
Zusätzlich Karte mit Päckchen ◆ Künstlerkarton in Hellgrau, A4, 17 cm x 24 cm (geklappt: 12 cm x 17 cm) ◆ Jutesnchnur in Natur, ø 2,5 mm, 30 cm lang ◆ 3 Knöpfe in Weiß, ø 8 mm
Karte mit „24" ◆ Künstlerkarton in Grün, A4, 17 cm x 24 cm (geklappt: 12 cm x 17 cm) ◆ 2 Knöpfe in Hellgrün, ø 1,5 cm ◆ Zackenschere
Karte mit Tanne ◆ Fotokarton in Rot, A4, 17 cm x 24 cm (geklappt: 12 cm x 17 cm) ◆ 13 Knöpfe in Bunt, ø 7 mm bis 1,5 cm ◆ Zackenschere
Vorlage Seite 317

1 Die Karten zuschneiden. Den Stoff auf Bügelvlies bügeln, mit einer Zacken- oder Papierschere zuschneiden und nach Abbildung auf die Karten kleben oder aufbügeln.

2 Die Motivteile auf Transparentpapier übertragen und ausschneiden. Mit Stecknadeln die einzelnen Vorlagen auf dem Filz feststecken und exakt ausschneiden. Die kleinen Sterne mit dem Motivlocher ausstanzen oder nach Vorlage ausschneiden.

3 Die Knöpfe nach Abbildung aufnähen. Den Stamm der Tanne mit einem Stück Garn umwickeln und die Enden auf der Rückseite ankleben. Das Päckchen mit Jutegarn umwickeln und eine kleine Schleife binden.

4 Die Filzteile auf den Karten fixieren. Bei der roten Karte den Schriftzug mit Leinenzwirn aufsticken: Mit einer dickeren Sticknadel vorstechen, damit die Karte beim Sticken nicht verknickt. Den Schriftzug mit kleinen Steppstichen aufbringen, die Fadenenden auf der Rückseite mit Klebefilm fixieren.

21

22

Rothaar-Engel

Pro Engel ◆ 4 Maulbeerbaumpapierstreifen in Dunkelrot, je 1 cm breit, 12 cm lang (Arme, 4 Zacken) ◆ 2 Maulbeerbaumpapierstreifen in Dunkelrot, je 2 cm breit, 30 cm lang (Rumpf, 7 Zacken) ◆ Maulbeerbaumpapierrest in Weiß (Flügel) ◆ Holzperle in Natur, ø 2 cm ◆ Acrylfarbe in Hautfarbe ◆ Glitter Glue in Gold ◆ Perlgarn in Dunkelrot, 20 x 8 cm lang ◆ Baumwollkordel in Schwarz, ø 1 mm, 50 cm lang ◆ geglühter Blumendraht, ø 0,35 mm, 10 cm lang (Befestigung der Haare)
Vorlage Seite 309

1 Die Holzperle hautfarben bemalen und das Gesicht mit Buntstift und Bleistift aufzeichnen.

2 Aus den beiden breiteren Papierstreifen den Rumpf zu einer Hexentreppe mit sieben Zacken falten (siehe Seite 7). Bevor der letzte Faltabschnitt angeklebt wird, diesen Faltabschnitt zweimal in der Mitte durchstechen (Abstand der Löcher ca. 5 mm). Durch diese Löcher den schwarzen Aufhängefaden ziehen. Den Faltabschnitt ankleben und den Aufhängefaden von unten durch den Kopf ziehen.

3 Aus jeweils zwei schmaleren Papierstreifen zwei Hexentreppen mit je vier Zacken für die Arme falten. Bei dieser Hexentreppe weder den Anfang noch das Ende ankleben! Den Anfangsfaltabschnitt der Hexentreppe für den Arm als Schulter an die Rumpfhexentreppe kleben. Nach vier Armzacken die letzten Faltabschnitte so zusammenkleben, dass ein Faltabschnitt als Hand absteht. Diesen Faltabschnitt mit der Schere abrunden.

4 Das Haarbüschel in der Mitte mit dem Draht zusammenfassen und mit dem Draht 1,5 cm in den Kopf hineinziehen. Das Haarbüschel lässt sich schwer ins Loch ziehen, also je nach Garn einige Fäden mehr oder weniger als angegeben verwenden. Gleichzeitig in entgegengesetzter Richtung den Aufhängefaden anziehen. Die unten überstehenden Drahtenden mit dem Seitenschneider kürzen.

5 Die Falten am Körper und die Flügel mit Glitter Glue verzieren. Abschließend die Flügel ankleben.

Knirpse aus Engelland

- lufttrocknende Modelliermasse in Weiß ◆ Acrylfarbe in Hautfarbe, Zartrosa, Antikgrün, Grünspan, Immergrün (Struktur), Metallic-Silber und Weiß
- Ausstechform: Stern, ø 3,3 cm ◆ Alufolienrest, 0,15 mm stark
- Silberkordel, ø 0,8 mm, 3 x 22 cm lang ◆ Bindedraht, ø 0,65 mm
- Plusterstift in Silber ◆ wasserfester Filzstift in Silber ◆ Tonkartonrest in Dunkelgrün ◆ Wellholz

Vorlage Seite 311

1 Die Modelliermasse ca. 5 mm stark auswellen. Mindestens 10 Sterne ausstechen.

2 Für jeden Engel eine Teigkugel (ø 2 cm) für den Kopf formen. Den Körper jeweils aus einer eiförmigen Teigmasse (ø 3 cm; 4 cm hoch) modellieren; mit einem Messer die Standfläche abflachen, die obere „Spitze" leicht eindrücken. Den Kopf aufsetzen und darauf einen Stern fixieren.

3 Soll der Engel ein Namensschild tragen, mit einem Zahnstocher das Loch für den Draht in den Körper stechen.

4 Die Engel und Sterne gemäß Abbildung oder nach eigenen Ideen bemalen; dabei ein Kleidchen evtl. mit Plusterstift verzieren.

5 Gemäß Vorlage die Flügel aus Alufolie zuschneiden, mit Kleber am Rücken jedes Engels fixieren und je eine Silberkordel um den Hals der Engel binden.

6 Ein Ende des Drahts zu einer flachen Schnecke biegen. Den Stern aus grünem Tonkarton beschriften und zwischen die Drahtschnecke klemmen.

23

24

Sternenschmuck

- Christbaumanhänger in Form von Sternen in Silber ◆ Organzaband in Hellblau, 4 cm breit, ca. 8 cm lang ◆ Satinband in Blau, 5 mm breit und 2 cm breit
- Effektdraht in Silber, ø 2 mm ◆ Zackenschere

1 Organzaband mit der Zackenschere abschneiden und durch die Schlaufe des Sterns ziehen.

2 Wahlweise das blaue Satinband als Schleife befestigen.

3 Ebenso das dünne Satinband durch die Schlaufe ziehen und verknoten. Zur Dekoration silbernen Effektdraht anbringen.

Tipps: Dekorieren Sie die Sterne an den Weihnachtsgeschenken. Um das Geschenk noch persönlicher zu machen, können Sie die Sterne auch mit Weihnachtsgrüßen beschriften.

Sie können die Sterne natürlich auch als Christbaumschmuck verwenden. Zusätzlich sehen kleine Schleifen am Christbaum hübsch aus. Binden Sie sie direkt am Baum fest. Silbernes Lametta dazu und der Baum ist perfekt.

Dezember

Weihnachtswunsch

- lufttrocknende Modelliermasse in Weiß ◆ Acrylfarbe in Englisch-Senf, Olivgrün, Antikolive (Struktur), Antikblau, Terrakotta und Weiß
- Paketschnur, ø 2,3 mm, 45 cm lang ◆ Bindedraht ø 0,35 mm
- Perlmuttknopf in Rot, ø 2 cm ◆ Stoffstreifen oder Band, 1 cm breit, 40 cm lang
- Plusterstift in Weiß ◆ evtl. Klebepads ◆ Klarlack

Vorlage Seite 309

1 Die Masse ca. 8 mm stark ausrollen. Gemäß Vorlage die Tafel ausschneiden. Aus einer dünneren Platte den Stern und die Tanne herstellen. Mit einem Zahnstocher zwei Löcher in die Mitte des Sterns und ein größeres Loch in den Wipfel der Tanne stechen. Aus einer 8 mm starken Rolle ein paar Zuckerstangen formen.

2 Mit einem Rundholzstäbchen (ø 4 mm) gemäß Vorlagen die drei größeren Löcher in die Tafel drücken.

3 Nach dem Aushärten alle Motivteile wie abgebildet bemalen: Für den Rand der Tafel wird Antikolive verwendet, für die Schreibfläche Antikblau. Nun lackieren.

4 Von hinten ein u-förmig gebogenes Stück Bindedraht durch die Löcher im Stern führen, den Knopf auffädeln, den Draht vorne verzwirbeln und die Drahtenden mit einem Rundholzstäbchens zu Spiralen drehen.

5 Die Tafel mit weißem Plusterstift beschriften, den Stern und die Tanne verzieren. Nun den Stern fixieren.

6 Mit der Paketschnur eine Zuckerstange und die Tanne anbinden. Der Stoffstreifen dient als Aufhängung und wird an die Tafel geknotet.

Tipps: Die weiteren Zuckerstangen evtl. mit Klebepads unter das aufgehängte Schild kleben.

Sie können das Schild auch aus Salzteig gestalten.

25

26

Knusper, knusper, Mäuschen...

Pro Maus ◆ Wäscheklammer, 4,5 cm lang ◆ Fotokarton in Grau, Hellbraun und Elfenbein ◆ Acrylfarbe in Weiß und Rot oder Grün ◆ Plusterstift in Schwarz (Nase, Schrift) ◆ geglühter Blumendraht, ø 0,35 mm, 3 x 4 cm lang
◆ Abstandsklebepads, 5 mm x 5 mm

Vorlage Seite 312

1 Die Klammer grün oder rot bemalen und weiße Streifen aufmalen. Die Einzelteile des Motivs aus Fotokarton ausschneiden.

2 Den elfenbeinfarbenen Zuckerguss beschriften und auf das Weihnachtsgebäck kleben. Das Gebäck auf den Mäuserumpf kleben. Die Vorderpfoten anbringen.

3 Am Kopf die weißen Wangen und Ohrinnenflächen aufmalen. Mit Filzstift die Augen und mit dem Plusterstift die Nase aufmalen. Die Löcher für die Barthaare mit der Prickelnadel einstechen und die Drahtstücke durchstecken. Den Kopf mit zwei Klebepads auf den Hals kleben.

4 Das Mäuschen auf die Klammer kleben.

Schneemänner

Pro Schneemann ◆ Wäscheklammer, 7,5 cm lang ◆ Fotokartonreste in Weiß, Rot, Grün, Schwarz und Braun ◆ Acrylfarbe in Rot oder Grün ◆ Strukturschnee ◆ dünne Zweigchen, ca. 10 cm lang ◆ geglühter Blumendraht, ø 0,35 mm, 20 cm (Zweige bündeln), 2 x 15 cm (Stiefel andrahten) und 10 cm lang (Bündel befestigen)
Vorlage Seite 319

1 Die Wäscheklammer bemalen und die Motivteile aus Fotokarton ausschneiden.

2 Den Schneemann gemäß Abbildung und Vorlage zusammenkleben. Beim Schneemann links den rechten Arm so ankleben, dass später noch das Zweigbüschel untergeschoben werden kann. Am Kopf die Nase nur auflegen, das Gesicht mit Bleistift leicht vorzeichnen, mit Filzstift und Buntstift nacharbeiten und erst dann die Nase aufkleben. Auf Schal, Hutband, Stiefel sowie Herz oder Stern mit dem Filzstift Nähte, Linien und Punkte aufzeichnen.

3 Am Unterleib sowie beim Herz-Schneemann an der linken Hand und beim Stern-Schneemann unter dem rechten Arm mit der Prickelnadel jeweils zwei Löcher für die Stiefel und das Zweigbündel einstechen. Die Stiefel andrahten. Eventuell den Draht nach dem Befestigen am Schneemann noch dreimal um ein Schaschlikstäbchen wickeln, abziehen, etwas dehnen und erst dann am Stiefel fixieren. Die Zweigchen bündeln und mit Draht am Schneemann befestigen.

4 Den Schneemann auf die Klammer kleben. Zuletzt mit dem Borstenpinsel den Strukturschnee auftragen, dabei den Pinsel von vorne nach hinten am Rand abstreifen.

27

28

Kerzenständer

◆ Windradfolienrest, 0,4 mm stark ◆ Metallfolie in Silber ◆ ggf. Prägestift ◆ Aludraht ø 0,2 cm, 70 cm lang ◆ Konturenfarbe in Silber ◆ Windowcolor in Weiß, Silber und Glitter Silber ◆ Kerze in Weiß, ø 2 cm, 20,5 cm hoch
Vorlage Seite 315

1 Das Motiv auf Windradfolie aufmalen und nach dem Trocknen entlang der Kontur ausschneiden.

2 Die Blätter aus Metallfolie ausschneiden, von der Rückseite her mit einem stumpfen Bleistift oder dem Prägestift prägen und von unten an den Kerzenständer kleben.

3 Den Draht laut Abbildung biegen und die Windradfolie mit dem Cutter durchstechen.

4 Den Draht durchziehen und das Ende ca. 1 cm umbiegen. Nun kann man die Kerze dekorieren.

Tipp: Das glitzernde Motiv aus Windowcolor und Metallfolie sieht auch als Fensterschmuck oder Spitze am Weihnachtsbaum edel aus. Dafür einfach ein Loch durch die Metall- oder Windradfolie stechen und einen silbernen Faden durchziehen.

Dezember

Wintersportler

Pro Eisbär ◆ Wäscheklammer, 7,5 cm lang ◆ Fotokartonreste in Weiß, Rot, Blau, Hellgelb und Schwarz ◆ Acrylfarbe in Hellblau
Hase ◆ Wäscheklammer, 7,5 cm lang ◆ Fotokartonreste in Ocker und Azurblau
◆ Acrylfarbe in Rot, Weiß (Ohrinnenflächen) und Azurblau (Skistöcke)
◆ Strukturschnee ◆ Chenilledraht in Hellblau, 12 cm lang
◆ geglühter Blumendraht, ø 0,35 mm, 2 x 5 cm lang (Barthaare)
◆ 2 Zahnstocher (Skistöcke) ◆ Chenilledraht in Azurblau, 12 cm lang
Vorlage Seite 319

Eisbär

1 Die Klammer hellblau bemalen und die Einzelteile aus Fotokarton zuschneiden.

2 Den Bären nach Abbildung und Vorlage zusammenkleben. Ein Ohr von vorne, eines von hinten anbringen. Auf den Pullover die Flicken kleben. Auf Pullover und Schal mit dem Filzstift Nähte sowie Punkte und kurze Striche aufmalen. Auch das Gesicht und die Innenohren mit Filzstift aufzeichnen.

3 Den Bären und evtl. das Schild auf die Klammer kleben.

Hase

1 Die Klammer rot, die Zahnstocher blau bemalen. Die Einzelteile aus Fotokarton ausschneiden.

2 Am Kopf das Gesicht aufzeichnen und die Ohrinnenflächen weiß ausmalen. Die Löcher für die Barthaare einstechen und die Drahtstücke durchstecken.

3 Jedes Bein auf einen Ski kleben. Die Arme am Pfotenende über eine Kante wölben und die Zahnstocher einkleben. Ein Bein, einen Arm und den Kopf von vorne, das andere Bein und den Arm von hinten an die Klammer kleben. Den Chenilledrahtschal umbinden. Mit dem Borstenpinsel etwas Strukturschnee auftragen.

29

30

Neujahrswünsche

Beide Karten ◆ Alublechrest bzw. Metallprägefolie in Silber, 0,3 mm stark
◆ Prägestift ◆ ggf. Prägelöffel oder Kochlöffelstiel ◆ Malglitter in Silber
Zusätzlich Karte mit Jahreszahl ◆ Künstlerkarton in Hellgrau, A5, 16,8 cm x 23 cm (geklappt: 11,5 cm x 16,8 cm) ◆ 8 bunte Paillettensterne, ø 1 cm ◆ Gelstift in Schwarz
Karte mit Glücksbringern ◆ Künstlerkarton in Flieder, A4, 17 cm x 24 cm (geklappt: 12 cm x 17 cm) ◆ Fotokartonrest in Mittelblau ◆ 6 Paillettensterne in Schwarz, ø 1 cm ◆ Effektdraht in Silber, ca. 1,3 m lang ◆ Gelstift in Silber
Vorlage Seite 318

1 Die Metallteile auf Transparentpapier übertragen. Das Alublech mit der Vorderseite auf eine weiche Unterlage legen und die Vorlage mit Klebefilm darauf fixieren. Mit einem Prägestift die Konturen durchdrücken.

2 Mit einer alten Schere die Blechmotive ausschneiden und die Innenseiten mit einem Prägelöffel oder abgerundetem Kochlöffelstiel nachdrücken.

3 Bei der Karte mit Jahreszahl die Sternenschweife und den Rahmen mit Malglitter aufmalen. Die Paillettensterne mit einem größeren Klecks Malglitter aufsetzen, den herausquellenden Glitter mit einer Nadel strahlenförmig verziehen und trocknen lassen.

4 Den blauen Zuschnitt bei der Karte mit Glücksbringern mit Effektdraht umwickeln und die Drahtenden an der Rückseite mit Klebefilm fixieren. Den Karton auf die Grundkarte kleben.

5 Die Blechmotive und einzelne Sternchen mit Klebstoff auf den Karten anordnen. Die Sterne auf der dunkleren Karte mit einem Tupfer Malglitter verzieren und mit Gelstiften die Neujahrsgrüße aufschreiben.

Glücksschweinchen

Pro Schwein ◆ Glas, ø 7 cm (Deckel), 9 cm oder 10 cm hoch ◆ Styroporkugel, ø 8 cm ◆ Strukturpaste in Weiß ◆ Acrylfarbe in Rosa und Karminrot
◆ Fotokartonrest in Rosa ◆ 2 Reißzwecken in Weiß, ø 1 cm
◆ Satinband in Rosa oder Hellgrün, 3 mm breit, 35 cm bzw. 50 cm lang
◆ Chenilledraht in Rosa, 12 cm lang ◆ Papier in Rosa und mit Herzchen (Einleger)
◆ 2 Wattekugeln, ø 2 cm und Styroporherz, 5 cm hoch (rechtes Schwein)
◆ Velourszylinder in Schwarz, ø 5 cm (außen), Motivlocher: Kleeblatt und Fotokartonrest in Grünverlauf (linkes Schwein)

Vorlage Seite 314

1 Kopf, Styroporherz und Glasdeckel mit Strukturpaste bemalen. Nach dem Trocknen den Kopf auf den Deckel kleben und alles rosa bemalen.

2 Die Schnauze aufkleben. Für die Augen Reißzwecken mit Lackmalstiften bemalen und einstechen, ggf. mit etwas Klebstoff sichern. Den Mund aufmalen, die Wangen auftupfen. Für Ohren und Haare Einschnitte anbringen und den Zylinder aufsetzen.

3 Ein Schweinchen trägt einen Luftballon in den Händen. Die bemalten Wattekugeln mit dem Draht dazwischen auf das Glas kleben. Das mit Acrylfarbe bemalte und mit einem Lackmalstift verzierte Styroporherz auf das mit Klebstoff versehene Drahtende stecken.

4 Auf der Rückseite die Ringelschwänzchen aus Chenilledraht anbringen. Satinbänder umbinden und den Zylinder mit einem ausgestanzten Kleeblatt schmücken. Das zugeschnittene Papier in das Glas stecken.

31

Dezember

Auf federleichten Flügeln
Seite 298
Bitte auf 180 % vergrößern

Weihnachts-wunsch
Seite 305

alle Bohrungen ø 4 mm

Rothaar-Engel
Seite 303

Frohes Fest!
Seite 294
Bitte auf 200 % vergrößern

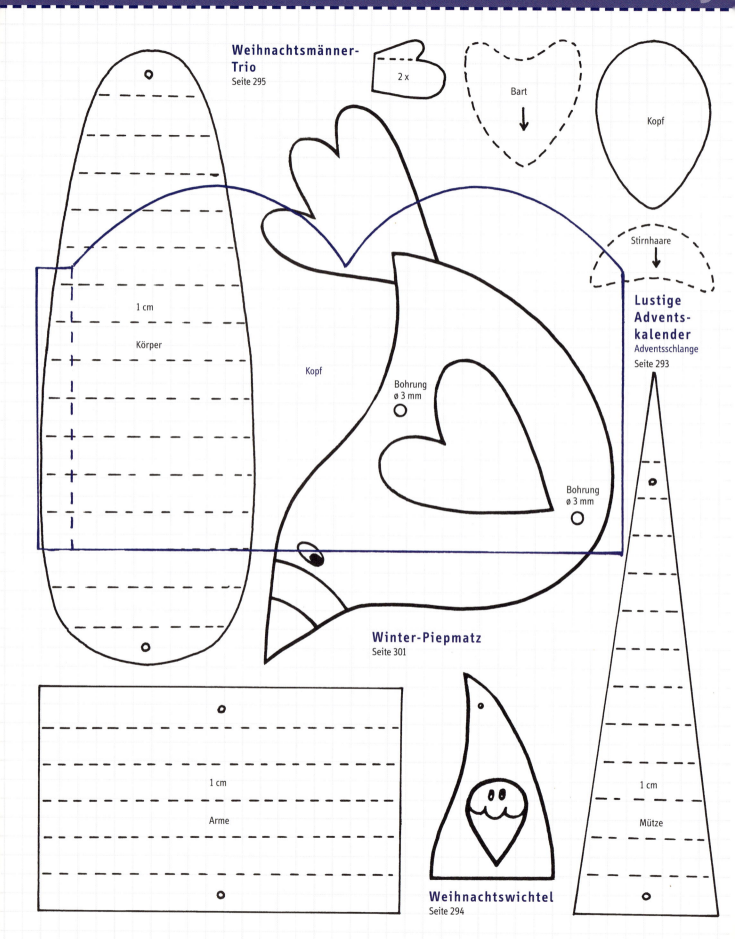

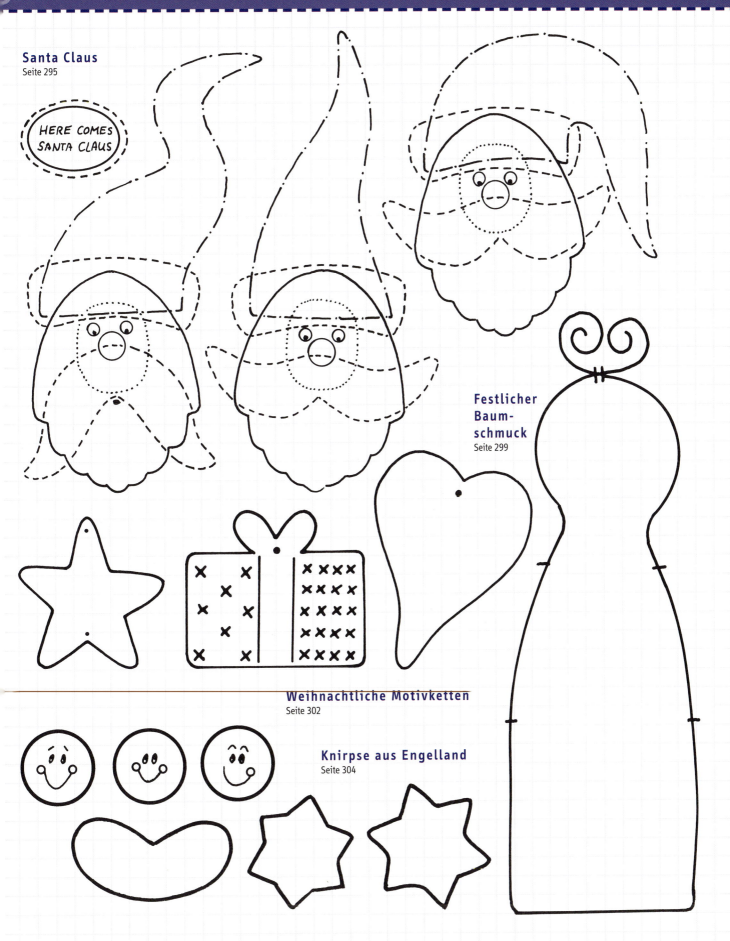

Dezember

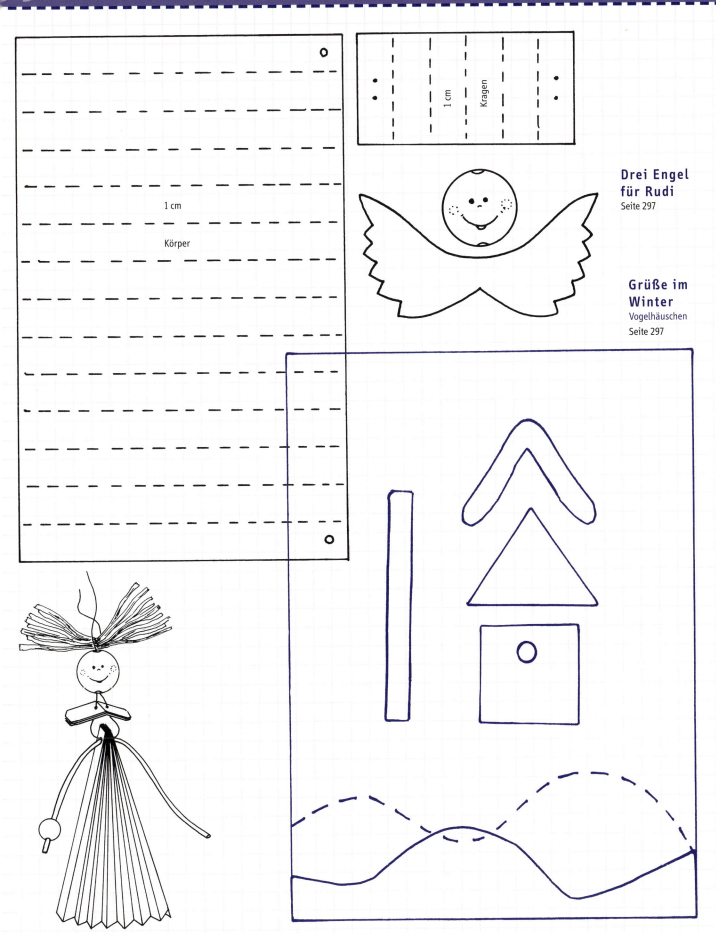

Drei Engel für Rudi
Seite 297

Grüße im Winter
Vogelhäuschen
Seite 297

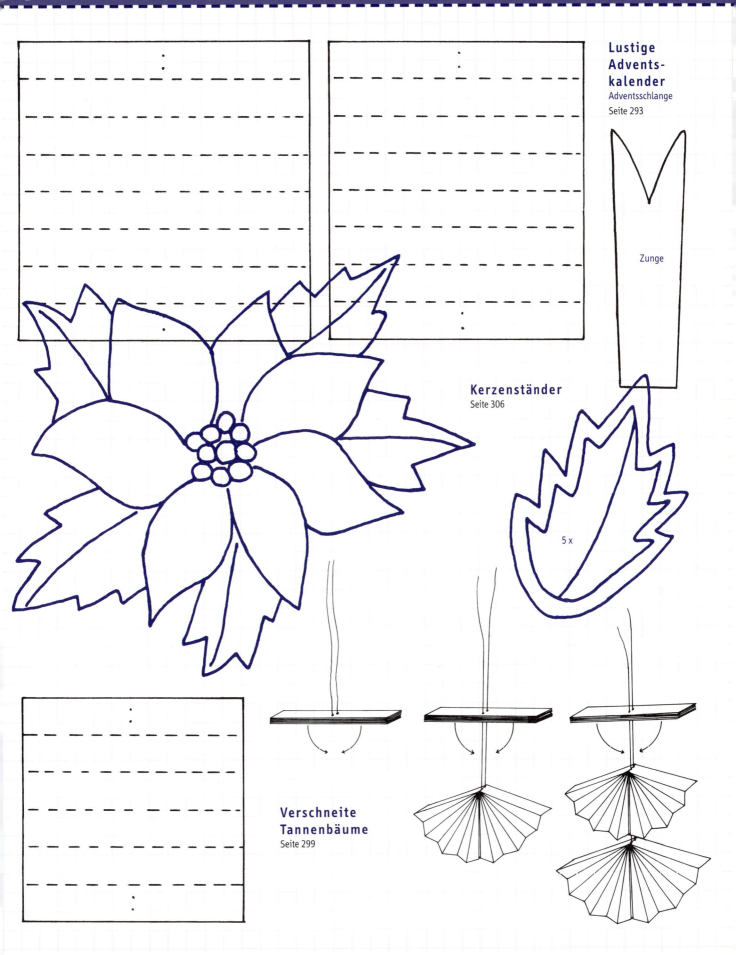

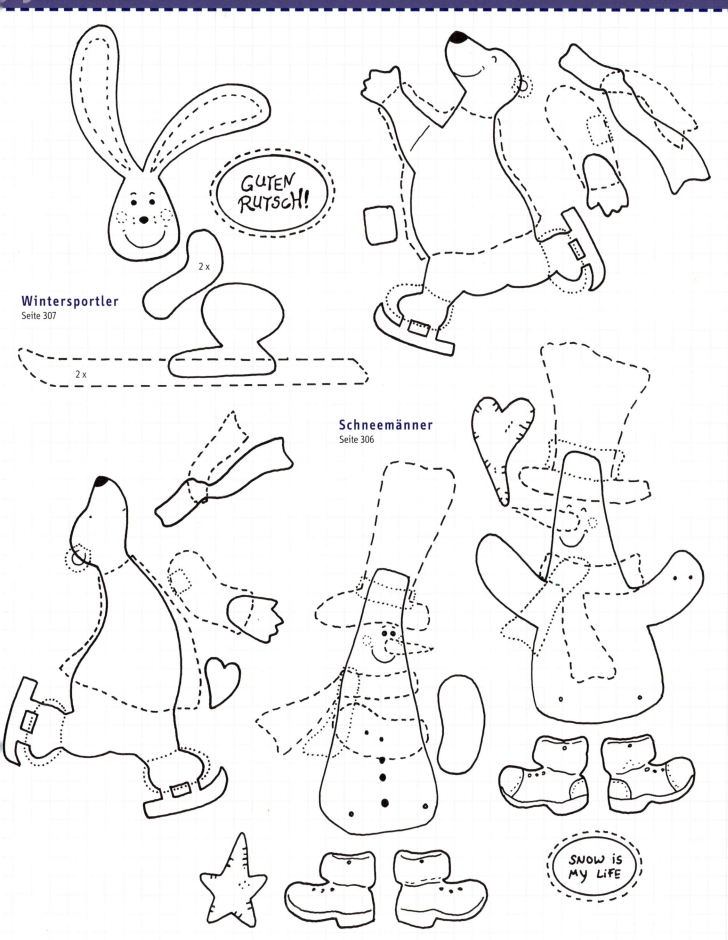

MODELLE:

Annette Bayer (S. 116 oben, 145 oben, 172 oben); Monika Berger (S. 52 oben, 100 unten, 122 unten, 126 oben, 141 oben, 240 unten, 300 oben, 308); Sandra Blum (S. 125 oben, 203 oben, 225 unten, 227 unten); Mariane Curkovic (S. 125 unten, 129 oben, 130); Heike Delhez (S. 149 unten, 192 unten); Tamara Franke (S. 26 oben, 30, 43 unten, 44 oben, 46 oben, 127 oben, 198 unten, 199 unten, 228 oben, 245 oben); Monika Gänsler (S. 18 unten, 51 oben, 54, 64 unten, 65 unten, 99 oben, 102 oben, 103 unten, 118 unten, 123 oben, 129 unten, 169 oben, 206, 216 unten, 224 unten, 227 oben, 239 oben, 240 oben, 251 oben, 252 unten, 253 unten, 267 unten, 294 oben, 298 oben, 301 oben, 304 oben, 305 oben); Monika Gänsler und Anja Ritterhoff (S. 272 unten); Stephanie Göhr (S. 219 oben); Stephanie Göhr und Sieglinde Holl (S. 153 unten, 269 oben, 270 oben); Gundula Günzel (S. 93 unten, 297 unten, 301 unten, 302 unten); Caren und Gisela Heim (S. 143 oben, 176, 192 oben, 194 unten, 195 oben, 200 unten, 205 unten); Sigrid Heinzmann (S. 180, 229 unten, 241 unten, 303 oben, 307 unten); Birgit Hertfelder (S. 48, 49 unten, 146, 151); Anja Heyducki und Anja Ludwig (S. 243 oben); Andrea Hochstrat (S. 155 oben, 197 oben, 226 unten); Sieglinde Holl (S. 64 oben, 68 oben, 96 oben, 97 oben, 219 unten, 242 oben, 253 oben, 268 oben, 275 unten, 279 oben, 293 unten); Barbara Huber (S. 20 oben, 21 unten, 24 unten, 25 unten, 28 unten, 41 unten, 127 unten, 147 unten, 166 oben, 167 unten, 174 oben, 203 unten); Silvia Hummel-Ruscher (S. 280 oben, 281 oben); Ute Iparraguirre De las Casas (S. 154) ; Ute Iparraguirre De las Casas und Gudrun Schmitt (S. 306 unten); Tanja Jacobs (S. 16, 18 oben, 19 oben, 22 oben, 296 oben); Gudrun Kaenders (S. 63 oben, 66 oben, 98 unten, 217 unten, 242 unten, 246, 247 unten, 250 oben); Angelika Kipp (S. 15 unten, 22 unten, 23 oben, 42 unten, 46 unten, 53 oben, 68 unten, 72 oben, 73 oben, 74 unten, 75 oben, 77 unten, 89 oben, 91 unten, 92 oben, 96 unten, 100 oben, 120 oben, 152 oben, 165, 169 unten, 170 oben, 173 oben, 191 unten, 197 unten, 215 unten, 241 oben, 251 unten, 272 oben, 277 unten, 294 unten, 300 unten); Silke Kobold (S. 274); Karin Köppel (S. 50 oben, 74 oben, 76, 102 unten); Ute Krämer (S. 121, 195 unten); Annette und Natalie Kunkel (S. 77 unten, 124); Helene Ludwig (S. 41 oben, 65 oben, 143 unten, 166 unten, 175 oben, 179 unten, 200 oben, 218 oben); Kornelia Milan (S. 19 unten, 43 oben, 71 unten, 221 unten); Pia Pedevilla (S. 70 unten, 95 oben, 117 oben, 201 oben, 216 oben, 220 unten, 221 oben, 222 oben, 247 oben, 249, 268 unten, 269 unten, 270 unten, 273 unten); Claudette Radtke (S. 21 oben, 24 oben, 28 oben, 89 unten, 97 unten, 218 unten, 223 unten, 224 oben, 277 unten); Claudette Radtke und Heike Wedell (S. 150 oben); Anja Ritterhoff (S. 20 unten, 115 unten, 118 oben, 123 unten, 172 unten, 201 unten, 244 unten, 271, 273 oben, 275 oben); Alice Rögele (148 oben, 193, 223 oben, 267 oben); Heidrun und Hans H. Röhr (S. 147 oben, 175 unten, 196 oben); Heike Roland und Stefanie Thomas (S. 15 oben, 47 unten, 119 unten, 152 unten, 168 unten, 177 unten, 191 oben, 198 oben, 205 oben, 220 oben, 226 oben); Annett Rosenstock (S. 149 oben, 204 oben); Gudrun Schmitt (S. 29 unten, 42 oben, 47 oben, 52 unten, 53 unten, 63 unten, 66 unten, 67 oben, 69, 71 oben, 72 unten, 75 unten, 90 unten, 94 unten, 95 unten, 98 oben, 103 oben, 119 oben, 145 unten, 153 unten, 155 unten, 167 oben, 168 oben, 171, 178 unten, 196 unten, 276 oben, 298 unten, 299 unten); Gudrun und Annika Schmitt (S. 70 oben, 73 unten, 78, 94 oben); Martina Schröder und Marion Vogel (S. 67 unten, 93 oben, 101 oben, 148 unten, 194 oben, 252 oben); Eva Sommer (S. 173 unten, 177 oben, 179 oben, 202, 239 unten, 278 oben, 280 unten, 293 oben); Armin Täubner (S. 17, 25 oben, 26 unten, 27 unten, 45 oben, 90 oben, 91 oben, 92 unten, 99 unten, 101 unten, 115 oben, 116 unten, 120 unten, 122 oben, 128, 141 unten, 144 oben, 170 unten, 178 oben, 199 oben, 204 unten, 215 oben, 217 oben, 244 oben, 245 unten, 248 oben, 250 unten, 254, 276 unten, 278 unten, 295, 297 oben, 299 oben, 302 oben, 303 unten, 305 unten, 306 oben, 307 oben); Julia Täubner (S. 23 unten, 29 oben, 51 unten, 117 unten); Julia Unger (S. 142, 174 unten); Ingrid Wurst (S. 49 oben, 144 unten, 222 unten, 225 oben); Dorothee Zepp (S. 27 oben, 44 unten, 45 unten, 50 unten, 126 unten, 150 unten, 228 unten, 229 oben, 243 unten, 248 oben, 279 unten, 281 unten, 296 unten, 304 unten)

PROJEKTMANAGEMENT UND LEKTORAT: Cosima Joerger, Susanne Kuhn

LAYOUT: Petra Theilfarth

FOTOS: frechverlag GmbH, 70499 Stuttgart; Aschaeh Khodabakhshi, Schwäbisch Gmünd (S. 52 oben, 100 unten, 122 unten, 141 oben, 240 unten, 300 oben, 308 oben); Fotostudio Ullrich & Co., Renningen (alle anderen Fotos)

DRUCK UND BINDUNG: Neografia, Slowakei

Materialangaben und Arbeitshinweise in diesem Buch wurden von den AutorInnen und den Mitarbeitern des Verlags sorgfältig geprüft. Eine Garantie wird jedoch nicht übernommen. AutorInnen und Verlag können für eventuell auftretende Fehler oder Schäden nicht haftbar gemacht werden. Das Werk und die darin gezeigten Modelle sind urheberrechtlich geschützt. Die Vervielfältigung und Verbreitung ist, außer für private, nicht kommerzielle Zwecke, untersagt und wird zivil- und strafrechtlich verfolgt. Dies gilt insbesondere für eine Verbreitung des Werkes durch Fotokopien, Film, Funk und Fernsehen, elektronische Medien und Internet sowie für eine gewerbliche Nutzung der gezeigten Modelle. Bei Verwendung im Unterricht und in Kursen ist auf dieses Buch hinzuweisen.

Auflage:	11.	10.	9.	8.	7.	
Jahr:	2014	2013	2012	2011	2010	[Letzte Zahlen maßgebend]

ISBN 978-3-7724-5138-6

© 2006 frechverlag GmbH, 70499 Stuttgart

Best.-Nr. 5138

Januar Februar März April Mai Juni